凝心聚力
共同抗击疫情

物流人勇担重任，争当“先行官”，维护“生命线”

2020年，一场突如其来的新冠肺炎疫情来势汹汹、扩散蔓延，党中央领导全国人民开展了一场波澜壮阔的“人民战争”。

在这场没有硝烟的战争中，物流人勇担重任，全行业紧急行动，积极投身于伟大抗疫斗争，争当“先行官”，维护“生命线”。

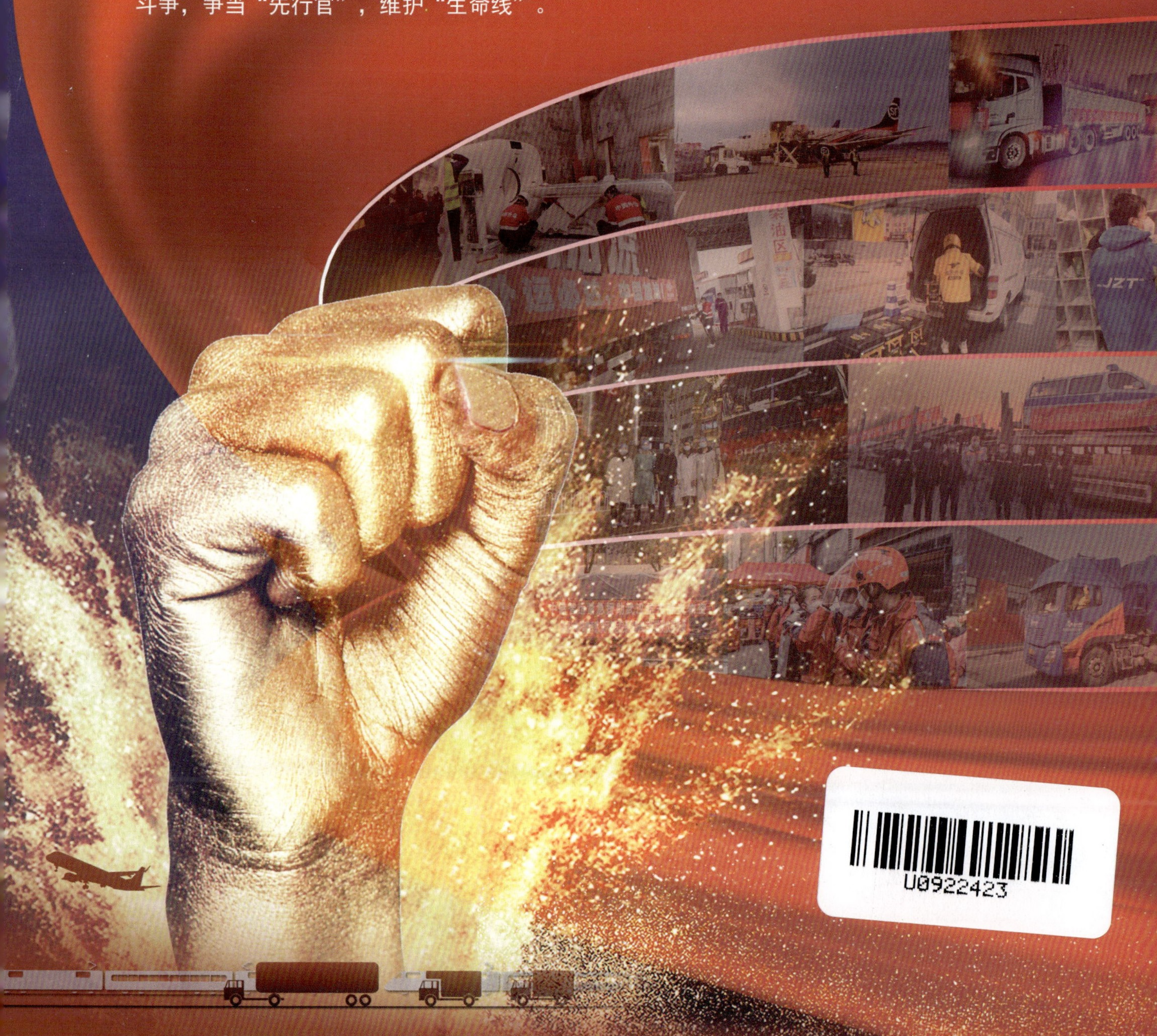

运能保大宗 | 班列提质量 | 集箱增效率 | 专业优布局 | 全程重服务

广铁集团认真贯彻落实党中央“调整运输结构、减少公路运输量、增加铁路运输量”决策部署和国铁集团具体要求，坚持“黑白并重、黑白双增”营销策略，主动担当作为，深入开展货运增量行动，深化路企合作，加快发展铁水联运，提升白货班列运量，大力拓展商品车、冷链等专业物流，全面强化货运营销，持续提高服务质量。与华菱集团、宝武中南钢铁、广东省能源集团等24家大客户签订战略合作协议，扩大战略合作“客户群”，实施大客户“运量、收入与运价优惠双互保”新模式，签订“一企一策”协议，为大客户提供运力保障。积极打造铁公水联运新模式。以粤港澳大湾区北江、西江水网和铁路为纽带，按“前移、前置、共享”思路，在港口、码头构建“无轨铁路货场”，将铁路货运服务前移至港口，推广“班轮+班列”运输模式，吸引货物“公转铁”运输，建立“无轨铁路货场”56个。积极对接市场需求，发挥敞顶箱运输绿色环保、运力充足的优势，加大“散改集”货源开发力度，拓展矿建、粮食、非金矿、水泥熟料等货源入箱运输。加强与大型生产制造和物流企业的合作，按需增开“定制化、客车化”白货班列，新增开行棠溪至萧山、大朗至无锡西、三眼桥至中鼎物流园等15趟白货班列，进一步扩大铁路快捷运输网络。服务“一带一路”建设，大力发展中欧（亚）班列运输，开行中欧（亚）班列702列，让更多的“中国制造”商品畅销至欧洲、亚洲的14个国家43个城市。

物流领域主流媒体　面向国内外公开发行

中国储运

月刊

CHINA STORAGE & TRANSPORT

国内统一刊号　CN12—1204/F
国际标准刊号　ISSN1005—0434
广告经营许可证　1201024000022
国内发行　全国各地邮局
发行代号　6—151
国外发行　中国国际图书贸易总公司
国外发行代号　BM1821
创刊时间　1990年
每期定价　国内RMB20.00
国外$10.00

透视物流晴雨

探索物流商机

见证物流成长

地址：天津市河东区八经路23号方达大厦5F　邮编：300012　传真：022-24228078
网址：www.chinachuyun.com　电邮：zgcyzzs@163.com　zgcyzzs@sohu.com
电话：022-24228068　022-24228078　022-24211068　022-24228368

ABOUT US
万联网简介

万联网是国内专业的供应链金融智慧服务平台，专注于物流、供应链及其与互联网、金融跨界创新领域。

作为供应链金融的连接器，万联网通过供应链金融会议、活动、传媒等服务，连接供应链金融生态，深度打通“政–产–学–研–媒–金–用”；作为供应链金融加速器，万联网依托多年来在产业、金融、科技领域的资源积累，为供应链金融生态各主体提供知识、人才、系统、资金等多方面智慧赋能。

未来，万联网将一如既往地致力于推动中国产融结合，助力各细分产业领域的供应链金融创新实践，与生态圈内伙伴共同推动构建共生共享共赢的中国供应链金融生态。

中国物流年鉴

2021（下册）

CHINA LOGISTICS YEARBOOK 2021

中国物流与采购联合会编

图书在版编目（CIP）数据

中国物流年鉴．2021．下册／中国物流与采购联合会编．—北京：中国财富出版社有限公司，2021.10

ISBN 978－7－5047－7559－7

Ⅰ.①中…　Ⅱ.①中…　Ⅲ.①物流—中国—2021—年鉴　Ⅳ.①F259.22－54

中国版本图书馆 CIP 数据核字（2021）第 211729 号

策划编辑 郑欣怡　**责任编辑** 白　昕　张宁静
责任印制 梁　凡　**责任校对** 杨小静　**责任发行** 敬　东

出版发行	中国财富出版社有限公司		
社　址	北京市丰台区南四环西路 188 号 5 区 20 楼	**邮政编码**	100070
电　话	010－52227588 转 2098（发行部）		010－52227588 转 321（总编室）
	010－52227566（24 小时读者服务）		010－52227588 转 305（质检部）
网　址	http：//www.cfpress.com.cn	**排　版**	宝蕾元
经　销	新华书店	**印　刷**	北京欣欣和一印刷厂
书　号	ISBN 978－7－5047－7559－7/F·3383		
开　本	880mm×1230mm　1/16	**版　次**	2021 年 12 月第 1 版
印　张	40.75　**彩　页**　2.25	**印　次**	2021 年 12 月第 1 次印刷
字　数	1069 千字	**定　价**	480.00 元（全 2 册）

《中国物流年鉴》（2021）编委会

袁美仪　香港物流协会会长
徐劲松　马钢集团物流有限公司党委书记、董事长
徐胜明　四川安吉物流集团有限公司党委书记、董事长
黄有方　上海海事大学原校长、教授、博士生导师
龚　琰　玖隆钢铁物流有限公司总经理
董礼华　国家统计局贸易外经统计司司长
韩　骏　中远海运物流有限公司董事长、党委书记
雷钧友　秀山华渝物流投资有限公司总经理
裴　亮　中国连锁经营协会会长
薄世久　北京长久物流股份有限公司董事长

特别支持单位

中远海运物流有限公司 COSCO SHIPPING Logistics Co., LTD　中远海运物流有限公司

长沙金霞经济开发区 CHANGSHA JINXIA ECONOMIC DEVELOPMENT ZONE

长久物流 CHANGJIU LOGISTICS　北京长久物流股份有限公司

荣庆物流供应链有限公司

联邦快递（中国）有限公司

中物华商集团股份有限公司

四川安吉物流集团有限公司

《中国物流年鉴》（2021）编撰者

主　　办　中国物流与采购联合会
承　　办　《中国物流与采购》杂志社
主　　编　何黎明
副 主 编　崔忠付　蔡　进　贺登才
编辑部主任　刘乃杰
编　　辑　崔　冬　朱贝特　杜　林　贾　丽
发　　行　高　威
广告设计　阳光设计工作室

编辑部电话　010-83775835
邮　　箱　gwrshk@126. com
发　　行　010-63738995
传　　真　010-63738995

《中国物流年鉴》（2021）供稿者

（按姓氏笔画排序）

马增荣　王　沛　王方春　王国文　王国清　王思雨　王继祥　王婧锟　田　征　白　甜　冯耕中
庄　陇　刘长庆　刘汉才　刘伟华　刘宇航　刘陶然　刘馨允　闫　鸣　孙熙军　李　鹏　李　潇
李红梅　李新波　张　洁　张晋姝　张晓东　金妲颖　周　媛　周增宝　孟　圆　赵　方　赵东月
赵培源　胡　焓　姜　旭　秦玉鸣　秦华侨　袁超伦　顾宁军　晏庆华　徐　勇　高　珉　郭肇明
戚丽丽　韩兆轩　焦　飞　谢文卿　谢雨蓉　谢宝贵　樊一江　穆宏志

国家发展改革委、国家发展改革委综合运输研究所、内蒙古自治区发展改革委、黑龙江省发展改革委、山东省发展改革委、河南省发展改革委、湖南省发展改革委、海南省发展改革委、四川省发展改革委、乌兰察布市发展改革委、南昌市发展改革委、郴州市发展改革委、山西省工业和信息化厅、福建省工业和信息化厅、甘肃省工业和信息化厅、青海省工业和信息化厅、内蒙古自治区统计局、河南省统计局、四川省统计局、郴州市统计局、青岛市交通运输局、中国粮食行业协会、河北省现代物流协会、内蒙古物流协会、安徽省物流协会、浙江省物流协会、河南省物流与采购联合会、四川省现代物流协会、重庆市物流与供应链协会、宁夏现代物流协会、中国仓储与配送协会、中国国际货运代理协会、郴州市物流与采购联合会、宜昌市物流业发展中心、西安市道路货物运输行业协会、中国物流信息中心、中物联网络事业部、中物联行业事业部、中物联教育培训部、中物联标准化工作部、中物联评估办、中国物流发展专项基金“宝供物流奖”办公室、中物联汽车物流分会、中物联危化品物流分会、中物联医药物流分会、中物联冷链委、中物联托盘委、中汽研（天津）汽车信息咨询有限公司、中国工程机械工业协会工业车辆分会、上海国际航运研究中心、蜂网投资、北京物资学院、北京交通大学、天津大学、大连理工大学、西安交通大学、《物流技术与应用》杂志社、《中国出版传媒商报》社、北京兰格电子商务有限公司、供应链管理专业协会（CSCMP）、长沙浩通国际货代有限公司

《中国物流年鉴》（2021）
广告提供单位

上册

长沙金霞经济开发区管理委员会
北京长久物流股份有限公司
德邻陆港供应链服务有限公司
荣庆物流供应链有限公司
联邦快递（中国）有限公司
秀山华渝物流投资有限公司
四川安吉物流集团有限公司
中铁物资集团有限公司
青海省物资产业集团有限公司
马钢集团物流有限公司
中物华商集团股份有限公司
玖隆钢铁物流有限公司

下册

中国铁路广州局集团有限公司
青岛铁路经营集团有限公司
《中国物流与采购》杂志社
中国物流与采购联合会物流信息服务平台分会
《中国储运》杂志社
万联网

第八部分

宜昌三峡物流园有限公司
中远海运物流有限公司
北京长久物流股份有限公司
广西玉驰智联科技有限公司
广东秦粤物流股份有限公司
我的法务

编辑说明

一、《中国物流年鉴》（以下简称《年鉴》）是中国物流与采购联合会主办、《中国物流与采购》杂志社承办的大型文献性工具书。自2002年创办至今，已经连续出版发行二十年。二十年来《年鉴》的编纂质量不断提升，赢得了业界广泛好评。《年鉴》具有的权威性、可读性和资料性，使其成为业界人士查询、引用、论证、存档不可或缺的工具书。

二、2020年是极不平凡的一年，既是我国全面建成小康社会和“十三五”规划收官之年，也是全国人民共克时艰、团结抗疫、努力拼搏的一年。

在新冠肺炎疫情的冲击下，我国物流业一方面积极应对自身发展所面临的考验，另一方面紧急行动投身抗疫前线，用专业与责任筑起了生命的补给线。

2020年，全球暴发的新冠肺炎疫情减缓了世界经济的发展，却激发了我国内需增长，驱动了民生物流。在国内国际双循环的战略指引下，电商快递、冷链物流、即时配送、物流装备制造业等领域保持较快增长，全国快递服务业务量累计完成833.6亿件，业务收入累计完成8795.4亿元。同时全球受新冠肺炎疫情影响停工停产情况严重，加大了对我国商品的需求。据国家统计局数据显示，截至2020年年底，我国货物进出口总额达到321557亿元，比上年增长1.9%，其中，出口179326亿元，增长4.0%，从而实现了工业品物流总额269.9万亿元，按可比价格计算，同比增长2.8%，占我国社会物流总额的90%。取得如此成绩，有赖于国家将“保产业链供应链稳定”纳入“六保”工作，同时各相关部门相继多次出台保供、保畅政策，加开国际航线，全货机起飞超过3万架次；中欧班列开行超过1.2万列；市场集中度进一步提升，截至2020年年底，全国A级物流企业达到6882家，企业间通过联盟合作、重组整合等方式共同抵御新冠肺炎疫情风险。新冠肺炎疫情加速了我国物流行业数字化转型，推动传统物流向线上线下融合转变，智能化装备渐成主流模式。

面对新冠肺炎疫情对人民财产生命安全造成的损害，广大物流企业积极投入人力、物力、运力，全力参与国家抗疫保卫战。全行业同心同志，为各地运输疫情防控物资提供物流服务，2020年2月下旬开始复工复产。中国物流与采购联合会（以下简称“中物联”）第一时间响应中共中央号召，配合有关部门积极组织并密切联系重点物流企业，保障疫情防控物资和生活物资的应急运输，同时向国家有关部门及时反映保通保畅和复工复产的政策诉求，提出建议，制定《新型病毒流行期间公路货运企业运营防控指南》和《骑手心理防护手册》等指南。在此次抗疫保卫战中，物流人用专业和爱心向党和国家提交了优秀的答卷，其中有230家企业被中物联授予“全国物流行业抗疫先进企业”称号。在历史的重大事件面前，物流业勇担重任，成为抗疫生命补给线上的“筑造之星”。

2020年我国物流业的发展虽受到了新冠肺炎疫情的严重影响，但却在完成历史重任的同时，实现了新的发展飞越，加大海外仓建设力度、中欧班列稳步增长、批量规模型骨干物流企业形成、数字化转型和智能化改造走在世界前列。在中共中央、国务院的坚强领导下，我国物流业经受住了考验，还探索了新的发展路径，加快了传统物流业的转型升级。

三、2021 版《年鉴》的组稿、编纂工作得到了国家发展改革委、商务部、交通运输部、国家统计局等中央部委和部分省（直辖市、自治区）政府部门，物流行业团体，相关行业协会，中国物流信息中心、全国物流标准化技术委员会等机构，以及中远海运物流有限公司、中铁物资集团有限公司、长沙金霞经济开发区、中国铁路广州局集团有限公司、中物华商集团股份有限公司、荣庆物流供应链有限公司、鞍钢汽车运输有限责任公司、联邦快递（中国）有限公司、北京长久物流股份有限公司、青海省物资产业集团有限公司、四川安吉物流集团有限公司、秀山华渝物流投资有限公司、广东秦粤物流有限公司等企业的大力支持，对此我们表示衷心的感谢。

四、对不符合《年鉴》编辑要求的来稿，编辑人员做了谨慎认真的删改，由于时间原因这部分稿件来不及请作者核校，希予见谅。

五、因编辑部人员水平有限，如有不妥之处，恳请批评指正。

六、2021 版《年鉴》在框架结构和主体内容上将继续 2020 版的风格，力求真实地展示行业发展变化的全貌，继续加大数据和图表的内容，继续扩充地区物流的篇幅，使《年鉴》更具可读性、资料性，成为社会了解行业发展的窗口。

欢迎大家继续对 2022 版《年鉴》的组稿和编辑工作给予支持!

《中国物流年鉴》编辑部

二〇二一年八月三十日

前　　言

2020年，在全面建成小康社会决胜之年和“十三五”规划收官之年，一场突如其来的新冠肺炎疫情来势汹汹，扩散蔓延，中共中央领导全国人民开展了一场波澜壮阔的“人民战争”。物流行业紧急行动起来，积极投身于伟大抗疫斗争，争当“先行官”，维护“生命线”。全行业紧跟中共中央决策部署，扎实做好“六稳”工作、全面落实“六保”任务，统筹推进抗击新冠肺炎疫情和现代物流体系建设，为抗疫保供、复工复产作出了重要贡献。

一、总体运行指标转正回稳

2020年，我国社会物流总额实现300.1万亿元，按可比价格计算，同比增长3.5%，增速比上年回落2.4个百分点。其中，1—2月，全国社会物流总额同比下降11.8%；2月中国物流业景气指数跌至26.2%，7月起主要指标由负转正；11月中国物流业景气指数达57.5%，升至年内最高点；12月中国物流业景气指数为56.9%，继续保持高位运行，公路物流、仓储、快递物流、电商物流等各项指数均处于扩张区间，物流业具有的强大韧性为我国经济运行率先由负转正做出了重要贡献。2020年，我国物流业总收入达到10.5万亿元，比上年增长2.2%。社会物流总费用与GDP的比率为14.7%，与上年基本持平，物流市场运行基本恢复到正常水平。

二、积极投身抗疫斗争

物流是国民经济发展的动脉和基础产业，面对2020年突发的新冠肺炎疫情，物流业迎难而上，积极投身抗疫斗争。

（一）保通保畅，冲锋在前

疫情初期，全国多地封城断路，物流运行严重受阻。中物联积极响应中共中央号召，向全国物流行业发起了《关于做好新型冠状病毒肺炎防控工作的紧急倡议》。广大物流企业争当逆行者，全力打赢武汉保卫战、湖北保卫战。有关部门委托中物联提供疫情防控和生活物资应急运输保障重点物流企业名单，增强应急物流运力储备。物流企业纷纷组建应急运输车队，投身一线抗疫物资保供。多家骨干物流企业开通疫情防控物资“绿色通道”，航空货运企业增开抗疫物资全货运航班，一批国家物流枢纽、示范物流园区无偿开放应急仓储与中转服务，一批公路货运企业驰援雷神山医院建设，湖北物流企业协助武汉红十字会分发社会捐赠物资。全行业群策群力，为各地疫情防控物资提供物流服务，有效筑起了应急保供的“生命线”。

（二）复工复产，坚强后援

随着疫情逐步得到控制，各部门及时出台一系列保通保畅政策，坚持“一断三不断”，阶段性免收收费公路车辆通行费，设立应急转运中心，取消对货车通行和司机隔离的限制等政策措施，物流业从 2 月下旬开始复苏。邮政快递业率先复工复产，到 3 月 10 日复工率达 92.5%。货运物流企业到第二季度末复工率达到 99.6%，陆续推出铁路运输“七快速”、公路运输“三不一优先”、水路运输“四优先”、航空运输“运贸对接”等措施。示范物流园区到 2020 年上半年基本全面复工复产，减免物流租金政策切实有效，区域物资调运配送保障供应。物流业保供保畅坚强有力，成为各行业复工复产的“先行官”。

（三）使命光荣，责任担当

行业社团组织勇担社会责任，配合有关部门带动行业加大物流保障力度，为打赢疫情防控阻击战提供坚实基础。中物联与企业联系密切，积极反映保通保畅和复工复产政策诉求，提出的政策建议被政府有关部门采纳，转化为政策措施；制定《新型病毒流行期间公路货运企业运营防控指南》和《骑手心理防护手册》等指南，帮助行业企业在新冠肺炎疫情期间规范防控措施；联合 200 多家物流企业、行业协会及有关单位共同发起《驰援疫情防控阻击战一线卡车司机的倡议书》；组织应急物资运输需求对接与援助，搭建信息平台完成超过数万项全国运力的调配；组织开展疫情援助捐款捐物活动，协助数千家爱心会员企业落实捐赠对接。各地方行业协会纷纷成立抗疫应急办公室，密切联系企业，积极配合政府，做好应急物流保障协调工作，涌现了一批先进典型案例。招商局集团“灾急送”应急物流志愿服务队等先进集体、湖北顺丰速运有限公司分部经理汪勇等先进个人受到中共中央、国务院和中央军委表彰。九州通医药集团物流有限公司等 230 家企业被中物联授予“全国物流行业抗疫先进企业”称号。广大物流人和全国各行各业的伟大抗疫精神将永载史册，成为我们进入新阶段，迎接新挑战的宝贵精神财富。

三、大灾之年取得新进展

（一）民生物流、产业物流呈现新亮点

内需驱动的民生物流成为新冠肺炎疫情下增长亮点，助力国内市场发展。无接触配送、社区电商物流、统仓统配，共同化、多频次的物流模式才能适应消费即时化、个性化、多样化的需求转变。电商快递、冷链物流、即时配送等民生物流领域经受住了新冠肺炎疫情考验仍保持较快增长。全年单位与居民物品物流总额同比增长约 13.2%，超过社会物流总额增速近 10 个百分点。全年全国快递业务量达到 833.6 亿件，同比增长达到 31.2%。冷链物流市场规模超过 3800 亿元，同比增长 10% 以上，冷链需求总量约 2.65 亿吨。

实体经济推动制造业等产业物流需求稳步增长。疫情影响下，全球对中国商品的需求上升，12 月进出口额 3.2 万亿元，创单月最高纪录。工业品物流需求稳步增长，仍然是社会物流需求的主要来源。全年工业品物流总额同比增长 2.8%，其中，高技术制造、装备制造等中高端制造物流需求全面回升，增速超过 10%。制造业服务化提速，带动制造业物流一体化、精益化、集成化发展，支撑实体经济稳定向好。进口物流需求增势良好，原油、钢材、农产品、机电产品等重要原材料和零部件市场保持较快增长，大宗商品物流全力保供，有力保障生产供应和国内经济正常运转。

（二）国际物流保障能力开辟新路径

受贸易霸凌和疫情阻断冲击，国际供应链“断链”风险增加。新冠肺炎疫情初期，国际客运航线停飞，腹仓资源大幅缩减，国际航空货运短板凸显，严重影响国家防疫物资运输保供。随着新冠肺炎疫情全球蔓延，境外港口压港情况严重，舱位紧张和空箱不足导致价格大幅上扬。中共中央和国务院及时决断，将“保产业链供应链稳定”纳入“六保”工作，交通运输部等部门共建国际物流工作专班，畅通国际物流大通道。航空货运全货机加开国际航线，中欧班列逆势增长。全年国际航线全货机起飞超过3万架次，中欧班列开行超过1.2万列，同比增速均超过50%。航空货运枢纽、中欧班列集结中心、海外仓获得政策支持，快递物流企业加大航空货运枢纽规划建设力度，5地区获批铁路集结中心建设许可，海外仓超过1800个，有力支撑产业链供应链安全稳定。

（三）物流企业分化调整显现新格局

2020年年初，受新冠肺炎疫情影响，部分中小微物流企业抗风险能力不足，生存困难，因此退出市场。一批骨干物流企业迎难而上，市场集中度有所提升。截至2020年年底，全国A级物流企业达到6882家，其中规模型5A级企业367家。50强物流企业的物流业务收入合计1.1万亿元，占物流业总收入的10.5%，进入门槛提高到37.1亿元，比2019年增加4.5亿元。首批网络货运平台企业和供应链服务企业评估工作启动，星级冷链物流、星级车队逐步形成规模。电商快递、零担快运、合同物流、航空货运、国际航运、港口物流等细分市场集中度有所加强，涌现出一批规模型骨干物流企业。企业间形成多种形式的联盟合作、重组整合，共御疫情风险，一批物流企业上市发展。传统物流企业逐步从物流提供商向物流整合商和供应链服务商转变，物流核心竞争力显著增强。

（四）数字化转型智能化改造迈开新步伐

新冠肺炎疫情加速行业数字化转型。实物商品网上零售额占社会消费品零售总额的比重首次超过25%。传统企业积极向网上转移，带动传统物流发展方式向线上线下融合转变，全程数字化、在线化和可视化渐成趋势。头部物流企业加大智能化改造力度，物流机器人、无人机、无人仓、无人配送、无人驾驶卡车、无人码头等无人化物流模式走在世界前列。连接人、车、货、场的物流互联网正在加速形成，物流数据中台助力企业“上云用数赋智”。网络货运日均运单量13万单，车货匹配向承运经营转变。运力服务、装备租赁、能源管理、融资服务等借助互联网平台服务中小物流企业，助推中小物流企业数字化转型。物流业作为现代信息技术应用场景最多的服务业，迎来数字化转型的加速期。

（五）现代供应链创新应用取得新进展

受国际贸易摩擦和新冠肺炎疫情影响，对供应链弹性和柔性化提出更高要求。全球产业格局深化调整，现代供应链出现短链、内生、协同、智能新局面。一些发达国家推动制造业回流计划，倒逼国内制造业向中高端延伸，提升国内配套能力。中间投入产品转向国内生产，缩短产业供应链长度。国内市场消费能力提升，推动本土市场替代国际市场。供应链核心企业带动产业链上下游协同发展，与物流、采购、金融等服务业深化融合，助力模式创新和价值增值，拓展产业链供应链深度。数字供应链加快发展，广泛应用现代信息技术，结合智能制造实现大规模定制，提升产业链供应链运行速度。现代供应链试点城市及企业创新驱动，供应链金融规范发展，在新冠肺炎疫情阻击战中发挥重要作用。中物联首批A级供应链服务企业出炉，引导供应链内部管理向供应链外部服务转变，创新企业增长新范式。

（六）物流基础设施建设引入“新基建”

传统物流基础设施和物流新基建投入保持高位运行。2020年全年完成交通固定资产投资

34752 亿元。全国铁路固定资产投资完成 7819 亿元，投产新线 4933 公里，其中高速铁路 2521 公里，新改（扩）建高速公路约 1.3 万公里，智能快递箱超 40 万组。针对疫情防控中暴露出来的物流短板，我国发布了首批 17 个国家骨干冷链物流基地建设名单，农产品仓储保鲜冷链物流设施得到支持，国家冷链物流网络开始搭建。第三批示范物流园区工作组织开展，铁路专用线建设得到政策支持。国家物流枢纽再添新成员，第二批 22 个国家物流枢纽建设名单发布。国家物流枢纽联盟组建运行，45 家枢纽运营主体单位加入。智慧物流基础设施建设发力，智慧物流园区、智慧港口、智能仓储基地、数字仓库等一批新基建投入，促进"通道 + 枢纽 + 网络"的物流基础设施网络体系加快布局建设。

（七）行业基础工作得到新提高

物流标准化工作有新突破。自 2003 年 9 月全国物流标准化技术委员会建立以来，已制定并发布国家标准 77 项、行业标准 57 项、团体标准 23 项，国际标准推进实现实质性突破。教育培训工作有新提升。目前，全国已有 698 个本科物流专业点和 2000 多个中职、高职物流专业点，五年培养物流毕业生近 80 万人。全国已有 60 万人参加了物流、采购等职业能力等级培训与认证，高素质物流人才队伍成长壮大。统计信息工作有新成绩。自 2004 年 10 月物流统计制度建立以来，已形成中国及全球制造业采购经理指数、物流业景气指数、公路运价指数、仓储指数、电商指数、快递指数等指数系列。

（八）行业营商环境展现新风貌

面对新冠肺炎疫情冲击，中共中央、国务院建立联防联控机制，各部门及时推出一系列保通保畅、援企稳岗、复工复产政策，助力物流企业纾困解难，轻装上阵。疫情带动电子政务、数字监管发力，各类政务服务"网上办、在线办"便民利民。国务院办公厅发布多条降低物流成本的政策措施，继续推动降低各项物流成本。安全、环保、技术等政策措施和标准规范陆续出台，引导强化行业合规发展，环保治理、超限超载、非法改装、货车通行等政策措施出台，努力创造公平竞争物流市场环境。

总体来看，2020 年我国物流业经受了严峻考验，顶住了冲击挑战，取得了不凡业绩。但是我们也要清醒地认识到，物流发展不平衡、不充分、不协调问题依然存在，物流业整体发展水平和应对不确定因素的能力有待提高，国际物流、应急物流、绿色物流等方面尚有短板，运行规模和质量方面表现出"大而不强"，与人民群众日益增长的美好生活需要和经济高质量发展的要求还有一定差距，"物流大国"向"物流强国"转变任重道远。

《中国物流年鉴》是中国物流与采购联合会主办、《中国物流与采购》杂志社承办的大型文献性工具书。二十年来，《中国物流年鉴》坚持用数据和事实反映物流业发展变化的轨迹，记录我国物流业发展的历程，赢得了业界好评。面对我国物流业不断发展变化的新形势，《中国物流年鉴》将继续以求真务实、严谨负责的态度做好资料收录工作。同时，真诚地希望业界同人提出宝贵意见，使其越做越精、越做越好。

何黎明

二〇二一年八月三十日

目　录

上　册

第一部分·物流政策法规

第二部分 · 物流统计

第三部分・物流产业

第四部分・行业物流

下　册

第五部分・地区物流

第九部分·物流综合

第五部分

地区物流

2020年河北省物流业发展情况

2020年是我国“十三五”的最后一年，也是全面建成小康社会、实现第一个百年奋斗目标的关键之年。一年来，在河北省委、省政府的领导下，河北省物流行业积极融入“一带一路”建设，围绕京津冀协同发展、雄安新区规划建设和冬奥会筹办等国家重大发展战略，深入落实新发展理念和构建新发展格局，按照高质量发展要求，深化供给侧结构性改革。2020年年初，新冠肺炎疫情给河北省经济社会发展带来前所未有的冲击，企业生产经营受到严峻挑战，特别是中小微企业受疫情影响尤为严重。第一季度社会物流总额同比降幅超过6%，面对严峻的疫情形势，全省物流行业积极响应党中央、国务院和省委、省政府号召，全面投入疫情防控物资运输、生活物资保障和复工复产服务中，成为保障疫情防控和复工复产的“先行军”。面对严峻挑战，全行业奋起追赶。第二季度实现快速反弹，第三季度转正，全年呈现快速触底反弹态势。物流需求增长基本平稳，需求结构持续优化，物流服务水平进一步提升。

一、物流业运行缓中有进

2020年，河北省社会物流总额为7.04万亿元，比上年增长1.4%。其中，工业品物流总额为3.65万亿元，比上年增长4.2%，占社会物流总额的比重为51.8%；单位与居民物品物流总额2505.3亿元，比上年增长12.8%；省外流入物品物流总额为2.35万亿元，比上年下降5%；全省物流业增加值占服务业增加值的比重为15%，占GDP的比重为7.8%。全省社会物流总费用为5751.7亿元，同比增长3.2%；社会物流总费用占GDP比率为15.9%，与上年持平。全社会货运量完成24.8亿吨，同比增长2%，货物周转量13736亿吨公里，同比增长1.2%；营业性道路货运量21.2亿吨、货物周转量8103.3亿吨公里，同比分别增长0.2%和0.9%，12月实现了由降转升；铁路货运量完成3.1亿吨，同比增长14.8%。2020年河北省分季度社会物流总额如表1所示。

表 1　　2020 年河北省分季度社会物流总额

指标	第一季度	上半年	前三季度	全年
社会物流总额（万亿元）	1.53	3.42	5.39	7.04
增长（%）	-6.2	-0.5	1.6	1.4

二、邮政快递业稳步增长

内需驱动的民生物流成为新冠肺炎疫情下增长亮点，无接触配送、多频次的社区团购物流模式更加适应消费即时化、个性化、多样化的需求。电商快递、冷链物流、即时配送等民生物流保持快速增长。单位与居民物品物流总额同比增长 12.8%，超过社会物流总额增速 11.4 个百分点。全年河北省邮政企业和快递服务企业业务总量为 853.7 亿元，同比增长 53.2%；业务收入累计完成 421.6 亿元，同比增长 30.6%。邮政寄递服务业务量累计完成 11.1 亿件，同比增长 7.3%；邮政寄递服务业务收入累计完成 15.4 亿元，同比增长 15.2%。全省快递服务企业业务量累计完成 37 亿件，同比增长 60.7%；业务收入累计完成 335 亿元，同比增长 38.2%。其中，同城业务量累计完成 3.2 亿件，同比增长 43.4%；异地业务量累计完成 33.7 亿件，同比增长 62.7%；国际及港澳台业务量累计完成 331.7 万件，同比下降 6.2%。同城快递业务量的比重下降 1.05 个百分点，异地快递业务量的比重上升 1.12 个百分点，国际及港澳台业务量的比重下降 0.06 个百分点；同城快递业务收入的比重下降 0.45 个百分点，异地快递业务收入的比重下降 0.17 个百分点，国际及港澳台业务收入的比重下降 0.12 个百分点。2016—2020 年河北省快递服务企业业务收入如表 2 所示，2020 年河北省分地市快递业务量和快递业务收入如表 3 所示。

表 2　　2016—2020 年河北省快递服务企业业务收入

指标	2016 年	2017 年	2018 年	2019 年	2020 年
快递业务收入（亿元）	94.0	128.5	180.8	242.4	335.0
增长（%）	67.8	36.7	40.7	34.1	38.2

表 3　　2020 年河北省分地市快递业务量和快递业务收入

单位	快递业务量（万件）	增长（%）	占全省比重（%）	快递业务收入（万元）	增长（%）	占全省比重（%）
河北省	370249.80	60.70	100.00	3349963.58	38.23	100.00
石家庄市	113498.15	65.59	30.654	876566.97	28.05	26.17

续 表

单位	快递业务量（万件）	增长（%）	占全省比重（%）	快递业务收入（万元）	增长（%）	占全省比重（%）
保定市	85673. 24	57. 94	23. 14	643196. 72	34. 04	19. 20
廊坊市	46427. 65	70. 57	12. 54	552640. 37	62. 34	16. 50
邢台市	39333. 90	63. 32	10. 624	266471. 21	36. 25	7. 95
沧州市	32875. 39	51. 89	8. 88	324244. 28	40. 09	9. 68
衡水市	19447. 29	73. 36	5. 25	168713. 74	45. 90	5. 04
邯郸市	13841. 60	78. 45	3. 74	168668. 10	65. 10	5. 03
唐山市	10340. 09	16. 52	2. 793	170731. 47	24. 23	5. 10
秦皇岛市	3646. 59	19. 70	0. 985	72094. 17	20. 88	2. 15
张家口市	3410. 78	37. 48	0. 921	63934. 77	40. 12	1. 91
承德市	1755. 11	36. 68	0. 474	42701. 78	36. 89	1. 27

三、港口物流发展良好

2020 年，河北省港口完成货物吞吐量 12 亿吨，同比增长 3. 4%，增幅较 1—11 月加快 0. 3 个百分点。完成集装箱吞吐量 446. 8 万标准箱，同比增长 8. 3%，增幅较 1—11 月加快 1. 1 个百分点。2016—2020 年河北省港口货物吞吐量如表 4 所示。

表 4　　2016—2020 年河北省港口货物吞吐量

指标	2016 年	2017 年	2018 年	2019 年	2020 年
港口货物吞吐量（亿吨）	9. 5	10. 9	11. 56	11. 6	12. 0
增长（%）	4. 4	14. 7	6. 1	0. 3	3. 4

唐山港完成货物吞吐量 7. 02 亿吨，同比增长 7%。随着国内经济持续向好，加上全国大范围地区寒潮等多种因素影响，用电需求持续增长。河北港口集团秦港股份公司生产业务部主动与铁路部门对接沟通，研究分析各环节高效衔接，在确保安全的前提下，保障船舶海上运输通畅。全面组织协调各单位生产作业，提高船货匹配度，确保装船效率最大化，共完成 100 余艘告急船舶的装运任务，保暖、保电、保民生的绿色通道始终安全高效、畅通无阻。

四、海关监管进一步优化

2020年石家庄海关以“两段准入”“两步申报”为主线，耦合推进海关业务改革，进一步提升监管通关效能，2020年12月，河北省进口、出口整体通关时间分别为26.07小时、2.22小时，较2017年压缩83.72%和86.28%；贸易便利化水平进一步提升，有力助推河北省外贸稳增长。全年监管进出口货运量3.53亿吨、货值497.07亿美元，同比分别增长9%和2%。营商环境持续优化，推行“审批转备案”等15项涉企行政审批事项改革，取消了84项证明材料提交，推广应用国际贸易“单一窗口”，提供了18类729项服务事项，助力企业复工复产。推进汇总征税、关税保证保险、财务公司担保等多元化担保方式，为企业减少资金占压12.79亿元，降低了物流企业制度性交易成本。

石家庄海关作为中欧班列的监管单位，保障了河北省“一带一路”国际物流通道畅通，拉动了河北省进出口贸易增长。同地方政府、班列运营企业、主要进出口厂商建立联系配合机制，就增加班列货源、推动回程运输、申建指定监管作业场地等事项进行现场办公。指导企业按需采取转关或一体化申报方式，降低报关成本，帮助企业用好、用足便利通关政策。实行预约通关、预约查验制度，通过培训提高企业申报质量，保证监管链条顺畅高效。推动冀中南智能港保税物流中心（A型）建设，运用海关保税优势助力中欧班列常态化运营。全省设立各类海关特殊监管区（场所）98个，其中自贸试验区片区4个、综合保税区5个、保税物流中心（B型）3个、指定进境口岸8个。培育省级跨境电商园区18个、平台23个、示范企业136个。

“十三五”期间石家庄海关监管进出口货运量17.5亿吨，增长30.7%；审核报关单58.3万票，增长38.9%；落实税收优惠政策减免税款18.3亿元；检出进口大宗商品短重1.5万批次，短重重量326.8万吨；同时，口岸营商环境持续优化，进出口环节监管证件由86种减少到41种，进出口整体通关时间大幅压缩，进出口环节经营服务性收费明显降低。

五、物流需求保持稳定

2020年河北省生产总值为36206.9亿元，同比增长3.9%，第二产业增加值为13597.2亿元，同比增长4.8%，规模以上工业增加值同比增长4.7%，高于全国1.9个百分点；第三产业增加值为18729.6亿元，同比增长3.3%，服务业增加值比重达到51.7%，比2019年提高了0.4个百分点。全省社会消费品零售总额为12705.0亿元，同比下降2.2%。其中，限额以上单位消费品零售额实现3537.1亿元，同比下降1.3%。全省市场主体总量达到692.90万户，比2019年年底净增76.01万户，同比增长12.32%。全省大型批零企业近200家，亿元以上商品市场200个，进出口额3000万元以上外贸企业1448家。2016—2020年河北省社会消费品零售总额如表5所示。

表 5　　2016—2020 年河北省社会消费品零售总额

指标	2016 年	2017 年	2018 年	2019 年	2020 年
社会消费品零售总额（亿元）	14364.7	15907.6	16537.1	17934.2	12705.0
增长（%）	10.6	10.7	9.0	8.4	-2.9

六、进出口贸易实现有序增长

2020 年，面对严峻复杂的国际形势，河北省外贸经济实现了有序增长，全年进口、出口增速均高于全国，外贸进出口总额为 4410.4 亿元，同比增长 10.2%。其中，出口 2521.9 亿元，增长 6.4%；进口 1888.5 亿元，增长 15.8%。一般贸易占比近九成，进出口达到 3843.4 亿元，增长 10.7%，占进出口总额的 87.1%。以保税物流方式进出口 256.9 亿元，增长 70.9%。加工贸易进出口 244.6 亿元，下降 9.2%。民营企业进出口 2899.6 亿元，增长 14.1%，占全省进出口总额的 65.7%。国有企业进出口 915.9 亿元，增长 5.6%。外商投资企业进出口 594 亿元，增长 0.4%。曹妃甸综合保税区注册企业进出口 136.3 亿元，增长 358.7%；石家庄综合保税区注册企业进出口 128.3 亿元，增长 68.5%；秦皇岛综合保税区注册企业进出口 44.9 亿元，增长 12.3%；辛集保税物流中心（B 型）注册企业进出口 43.8 亿元，增长 313.5%；廊坊综合保税区注册企业进出口 9.1 亿元，增长 590.1%。河北武安保税物流中心（B 型）注册企业进出口 1087 万元，增长 701.8%。2016—2020 年河北省外贸进出口总额如表 6 所示。

表 6　　2016—2020 年河北省外贸进出口总额

指标	2016 年	2017 年	2018 年	2019 年	2020 年
进出口总额（亿元）	3074.7	3375.8	3551.6	4001.6	4410.4
增长（%）	-3.7	9.8	5.2	12.7	10.2
进口总额（亿元）	1060.2	1249.6	1308.7	1631.3	1888.5
增长（%）	-7.8	17.9	4.7	24.7	15.8

中欧、中亚班列全年开行 175 列，运送货物 16818 标准箱。2020 年受新冠肺炎疫情影响，空运、海运发展受限，中欧班列开行需求格外旺盛。中铁集装箱北京分公司、中国铁路北京局集团有限公司与河北远鹏物流有限公司加强合作，调整班列计划，确保了中欧班列常态化运营，为冀企在特殊时期构建了一条连接欧亚大陆的“绿色通道”，将更多的“河北制造”陆续发往俄罗斯、白俄罗斯及中亚等数十个国家和地区，有力带动了河北及周边地区的对外贸易发展。

七、物流基础设施建设加快

2019—2020 年，国家发展改革委、交通运输部共布局建设了 45 个国家物流枢纽，2020 年共有 22 个物流枢纽入选国家物流枢纽建设名单，河北省唐山港口型（生产服务型）国家物流枢纽名列其中。2020 年，全省开工建设重大商贸物流园区 56 个，其中综合物流园区 27 个、快递物流园区 19 个、大宗物流园区 10 个，当年完成 5 个，其余将在两年内陆续建成运营。截至 2020 年年底，投入运营的 10 万平方米以上省级物流园区 102 个、省级快递物流园区 16 个、省级快递分拨中心 65 个。完成 11 条港口集疏运铁路、大型工矿企业和新建物流园区铁路专用线核准，水曹铁路及唐山港陆钢铁、松汀钢铁专用铁路等工程基本建成，集港煤炭全部实现铁路运输。全省铁路总里程近 8000 公里，居全国第 2 位。高速公路通车里程 7809 公里，居全国第 4 位。黄骅港续建矿石码头和 3 号、4 号新建杂货码头的建设有序推进，秦皇岛、唐山、沧州 3 大港口均跻身 2 亿吨大港俱乐部。张家口、邯郸机场完成改扩建并投入使用，石家庄、邢台机场改扩建正在施工，全省运输机场达到 6 座，通用机场达到 7 座。

八、物流标准化工作取得新进展

推进物流标准化工作取得明显成效，2020 年全省新评 A 级物流企业 19 家，其中 5A 级物流企业 1 家，截至目前，全省共有 148 家物流企业通过评估，现存 A 级物流企业 124 家（其中 5A 级 14 家、4A 级 47 家、3A 级 56 家、2A 级 7 家）。部分仓储企业参加了国家星级仓库等级评定。通过 A 级物流企业评估和星级仓库等级评定，全省物流企业贯彻国家物流标准的自觉性明显增强，企业管理水平和服务质量也得到了进一步提升。物流企业综合评估工作的深入开展，为加快推进全省物流业规范化、标准化，提升物流企业的综合服务管理水平和服务质量发挥了积极作用。

九、试点示范有序推进

3 批 4 个国家多式联运示范项目进展顺利，开通多式联运线路 30 条，辐射全国 133 个城市，在北京、新疆等地建成内陆港 24 个，完成多式联运集装箱运量 30.1 万标准箱。推进石家庄流通供应链国家试点工作。打造供应链 5 条，培育试点企业 13 家，落实中央财政资金 6000 多万元。实施城乡高效配送专项行动。承德、唐山、保定先后列为国家试点，培育 100 家重点企业、200 家配送中心，大力发展统一配送、集中配送、共同配送等模式。发展绿色低碳物流。积极推进石家庄、邯郸、衡水、唐山、秦皇岛 5 市的绿色货运配送示范城市创建，新增新能源汽车 4.5 万辆，邮政快递电子面单使用率达到 98%，全省绿色商场达到 24 家、绿色餐饮企业达到 180 家。

十、物流车辆通行效率和安全得到提升

2020 年 1 月 1 日零时起，河北省 43 座省界收费站、2 座省内主线站已全部取消，所有车辆可不停车、快捷地通行，在省界的通行体验与在高速主线上行驶完全一样，可以彻底解决省界拥堵问题，大幅提高通行效率，减少污染排放。加大了危化品运输车辆的路检路查。河北省是危化品运输大省，又是危化品运输的

重要通道和目的地，每天全省道路上约有 1.4 万辆危化品车辆通行。全省纳入源头监管服务平台危化品运输企业共 853 家，危化品运输车 43385 辆，保有量居全国第 3 位。

十一、“三件大事”有效促进物流业发展

2020 年，京津冀三地加快构建快速、便捷、高效、安全的互联互通综合交通网络，全面提升交通基本公共服务共建共享水平，京津冀协同发展不断取得新进展。京津冀三地加快构建开放互联的区域公路网络，目前，天津与北京、河北的高速公路接口已达 16 个。雄安新区周边路网建设新上了 10 个对外骨干项目。其中，与北京、天津各对接了两条高速公路，目前都提前完成了年度修建任务。

4 月 8 日，河北港口集团与天津港集团正式签署《世界一流津冀港口全面战略合作框架协议》。双方将按照“一个目标、两个港口、四个升级”的工作思路，以构建世界一流津冀港口群为目标，以天津港集团与河北港口集团为支点，共同推动区域合作升级、港口经营模式升级、全程物流供应链网络升级和津冀港航协同升级，进一步增强港口辐射和带动作用，为京津冀协同发展提供有力支撑。

北京大兴国际机场综合保税区于 11 月 5 日获国务院批复，成为全国唯一一个跨省市综合保税区，致力构建全国首创综合保税区跨界共商共建共享新模式的标杆。综合保税区聚焦“高质量发展”，遵循“创新、协调、绿色、开放、共享”的规划设计理念，按照综合服务型保税区的概念和标准进行规划和建设，形成“一心、两轴、一环、五大板块”的总体布局结构。北京大兴国际机场综合保税区由北京市、河北省、首都机场集团两地三方共同建设管理运营，为国内首个跨省级行政区域建设的海关特殊监管区域。京冀两地将依托北京大兴国际机场和临空经济区，立足京津冀、面向全球，重点发展现代物流、国际贸易、保税加工、保税服务等业务，按照综合保税区“五大中心”的功能指引，积极推进“保税 + 口岸 + N”的业务发展，以物流汇聚商流、信息流和资金流，以供应链融合产业链、创新链和消费链，统筹推进与临空经济区、自贸试验区和雄安新区的协同发展，对标国际一流自贸区，不断提升投资和贸易便利化水平，优化国际营商环境，以开放促进产业聚集和创新，将北京大兴国际机场综合保税区打造成为东亚地区连接全球的资源要素配置中心、京津冀自由贸易港探索建设先行区、临空经济区发展核心引擎和全国综合保税区的标杆和典范。

12 月 15 日，京雄高速公路雄安新区段 7.4 公里全幅贯通，北京通往雄安新区的交通大动脉——京雄高速自 2021 年 6 月底通车后，北京到雄安新区将实现 1 小时通达，为进一步推进京津冀区域社会经济协调发展提供高质量交通保障。

12 月 22 日，天津市至石家庄市高速全线通车运营。津石高速公路是国家公路网规划中的京沪高速公路联络线，是连接天津市、雄安新区和石家庄市的重要联络通道，是雄安新区“四纵三横”区域高速公路网新建项目中第一个率先启动并率先建成通车的重大项目。津石高速公路自东向西贯通京沪、京台、大广、保沧、曲港、京港澳、新元等多条高速，石家庄市至天津市高速公路通行时间由过去 4 小时缩短至现在的 3 小时，改变了以往需绕行保定市或沧州市的历史。它的通车完善了河北省区域高速公路网络，密切了天津市和河北省腹地的

联系，极大促进了沿线地区社会经济快速发展，对加快京津冀协同发展和雄安新区规划建设具有重大意义。

12 月 26 日，黄大铁路正式开通运营，这是我国西煤东运大通道朔黄铁路新添的第三条下海便捷通道。黄大铁路与黄万铁路有机连接，对于完善天津市、河北省和山东省货物运输“公转铁”路网基础，打赢京津冀和黄河三角洲地区蓝天保卫战具有重要意义。该铁路可有效缓解环渤海地区能源运输“瓶颈”制约，带动沿线地区物流园区、大型工矿企业、物流企业建设合作，有力促进环渤海区域经济发展。同时，将构筑起一条环渤海的能源通道，实现我国西煤东运大通道朔黄铁路“一路对三港（天津港、黄骅港、龙口港）”的能源运输格局。

积极承接北京农产品、小商品、汽车配件、建材等市场转移，累计签约北京商户 4 万余户，入驻经营 2.5 万户。围绕首都快递物流业疏解，积极推动北京快递企业迁移，韵达集团北方区域总部、苏宁天天快递、北京韵达速递、百世北方分拨中心、中通京南快递集散中心 5 家快递企业落户河北省，年快递量合计超过 5 亿件。围绕建设环首都 1 小时鲜活农产品流通圈，建成农产品批发市场、配送中心和冷链物流类项目 31 个。全省蔬菜产品北京市场占有率达四成。

河北省 11 个冬奥会交通基础设施建设项目已完工 8 个，分别是崇礼城区至万龙公路、崇礼城区至长城岭公路、万龙至转枝莲公路、太子城至古杨树至棋盘梁公路、宁远机场改扩建工程、张家口南综合客运枢纽北广场、崇礼城区至太子城公路、太子城至云顶公路。张家口宁远机场改扩建工程是河北省冬奥会交通基础设施建设项目中唯一的机场项目，T2 航站楼已于 8 月 3 日竣工运营。

十二、利好政策不断推出

2020 年 6 月 10 日，经河北省政府同意，河北省现代物流业发展领导小组办公室印发《河北省智慧物流专项行动计划（2020—2022 年）》，推进智慧港口和智慧公路建设，建成数字化快递园区和大型分拨中心 17 个、自动化分拣流水线 152 条、智能转运中心 94 个。2020 年 11 月 20 日，河北省人民政府办公厅印发《河北省人民政府办公厅关于进一步深化商事制度改革激发企业活力的通知》，着力解决“准入不准营”问题，推进宽进严管、协同共治，加快一流营商环境建设。2020 年 7 月 1 日起，在全省对 244 项涉企经营许可事项进行分类改革，河北省成为全国第 5 个实现“证照分离”改革全域覆盖的省份。创新推行“网上办、即时办、联合办、一日办”审批模式，实现了全省企业开办“全程网办、一日办结”，一日办结率达 99%。

加大商贸物流基地建设支持力度。物流业增值税率下调减税 2.76 亿元。大宗商品仓储设施用地税率减半惠及 317 家企业，减税 2.12 亿元。全省银行业金融机构交通运输、仓储和邮政业贷款余额 6495.5 亿元，较年初增长 6.9%。

十三、物流基础性工作稳步推进

第七届中国国际物流发展大会在唐山市召开，大会期间，河北省物流企业通过线上线下多种渠道，积极与境内外 320 多家客商广泛对接，寻求合作，深入洽谈，共有 123 个物流项目达成合作意向，总投资 756.35 亿元，其中利用省外资金365.19亿元。涉及京津冀协同发展项目13个、大型物流园区和配送中心项目42个、供应链综合物流项目23个、冷链物流项目24个、智慧物流信息平台项目11个、铁路、港口、航空等物流基础设施项目10个。全省有15家企业被评为2020年全国先进物流企业，河北省现代物流协会和唐山市发展改革委荣获“全国先进物流企业评选优秀组织奖”。

中国物流与采购联合会（以下简称“中物联”）评选出2020年物流统计工作先进单位和先进工作者，河北省发展改革委、河北省统计局和河北省现代物流协会等获评先进单位。在中物联组织的“2020年全国物流行业抗疫先进企业”评选活动中，全省有5家企业荣获“全国物流行业抗疫先进企业”荣誉称号；在中物联组织的“2020年度优秀物流园区”评选活动中，全省有10家物流聚集区（园区）被评为“2020年度优秀物流园区”。

总体来看，2020年河北省物流业顶住了冲击挑战，实现了缓中趋稳、稳中有进。但发展不平衡、不充分、不协调问题依然存在，去产能、结构调整对物流业影响还很明显，物流业整体发展水平和应对不确定因素的能力有待提高，运行规模和质量方面与经济高质量发展的要求还有一定差距，“物流大省”向“物流强省”转变还需时日，营商环境还需大力改善。

（河北省现代物流协会）

2020 年山西省物流业发展情况

2020 年，山西省物流业聚焦新冠肺炎疫情防控和转型发展，物流运行持续稳定恢复，社会物流总费用与 GDP 的比率为 17.3%，比上年降低 0.5 个百分点，为全省经济高质量发展提供支持。

一、社会物流总额持续回升

2020 年，山西省社会物流总额为 32590.1 亿元，按可比价格计算，同比增长 3.5%，增速低于上年 3 个百分点。

从构成来看，农产品物流总额为 1878.1 亿元，按可比价格计算，同比增长 4.2%；工业品物流总额为 19470.7 亿元，同比增长 5.7%；进口货物物流总额为 628.8 亿元，同比下降 2.0%；再生资源物流总额为 71.9 亿元，同比增长 85.7%；外省流入货物物流总额为 8279.8 亿元，同比下降 6.7%；单位与居民物品物流总额为 2260.8 亿元，同比增长 28.4%。

二、社会物流总费用与 GDP 的比率下降

2020 年，山西省社会物流总费用为 3058.5 亿元，同比增长 0.7%，增速低于上年 2.2 个百分点。社会物流总费用与 GDP 的比率为 17.3%，比上年降低 0.5 个百分点。

从结构来看，运输费用 1869.5 亿元，同比增长 0.2%；保管费用 927.7 亿元，同比增长 2.2%；管理费用 261.3 亿元，同比下降 1.2%。

三、物流业总收入实现小幅增长

2020 年，山西省物流业总收入 2055.2 亿元，同比增长 1.6%。

（山西省工业和信息化厅）

2020年内蒙古自治区物流业发展情况

2020年，随着新冠肺炎疫情常态化防控取得显著成效，有效地推动生产生活秩序恢复，内蒙古自治区物流业主要指标逐季回升，社会物流总额、社会物流总费用等指标稳步回暖，特别是民生领域物流需求持续向好，物流市场规模稳步提升。

一、总体发展情况

（一）物流运行持续向好，物流需求总体回暖

2020年，内蒙古自治区社会物流总额完成34180.8亿元，按可比价格计算，同比下降0.2%，与前三季度相比，降幅收窄2个百分点，全年呈逐季恢复态势。从社会物流总额构成看，工业品物流总额占48.7%，农产品物流总额占10.2%，进口货物物流总额占2%，单位与居民物品物流总额占0.2%，其他货物物流总额占38.9%。其中，工业品物流需求稳步回升，工业品物流总额同比增长0.1%，较前三季度降幅回升3.2个百分点。全区规模以上工业企业实现利润1315.1亿元，比上年下降10.9%，前三季度增速同比下降25.7%；进口货物物流需求降幅有所收窄。进口货物物流总额同比下降3.7%，较前三季度收窄2.7个百分点。进口以资源性商品为主，其中铜矿砂、铁矿砂、原油进口额分别达到126.8亿元、95.4亿元、42.6亿元，同比分别增长48.8%、10.2%、54.6%；煤炭进口额达到132.06亿元，同比下降36.1%；上述进口产品合计占全区进口总额的57.2%。单位与居民物品物流总额保持高速增长，受新冠肺炎疫情因素的影响，消费观念的改变，单位与居民物品物流总额保持高速增长，单位与居民物品物流总额同比增长26.4%，较前三季度提高3.5个百分点。2020年内蒙古自治区社会物流总额构成情况如图1所示。

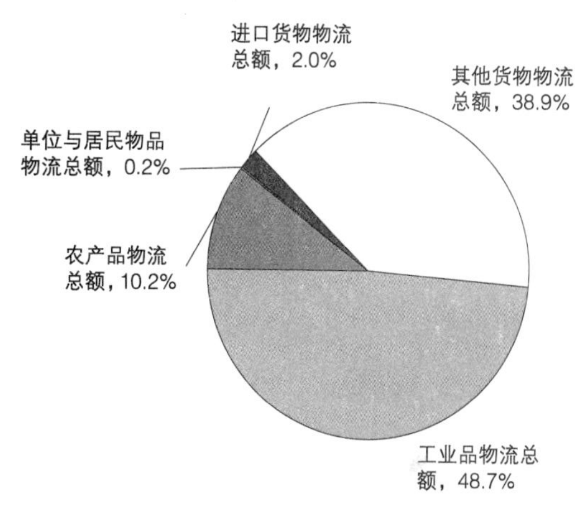

图1　2020年内蒙古自治区社会物流总额构成情况

（二）物流总费用降幅继续收窄

2020 年，内蒙古自治区社会物流总费用完成 2878.5 亿元，同比下降 2.6%，较前三季度降幅收窄 5.2 个百分点。社会物流总费用与 GDP 的比率为 16.6%，社会物流总费用与 GDP 的比率较上年同期下降 0.1 个百分点。

分环节来看，运输、保管和管理环节物流成本降幅均呈收窄态势，物流活跃度与新冠肺炎疫情暴发期间相比有较大程度改善。运输、保管和管理环节物流成本增速分别比前三季度收窄 6.5 个、1.1 个和 1 个百分点。分结构来看，运输、管理环节结构略有改善，保管环节成本上升。其中，运输费用与 GDP 的比率为 12%，与上年同期持平。保管费用与 GDP 的比率为 3.3%，较上年同期增长 0.2 个百分点；管理费用与 GDP 的比率为 1.2%，与上年同期持平。2020 年内蒙古自治区社会物流总费用构成情况如图 2 所示。

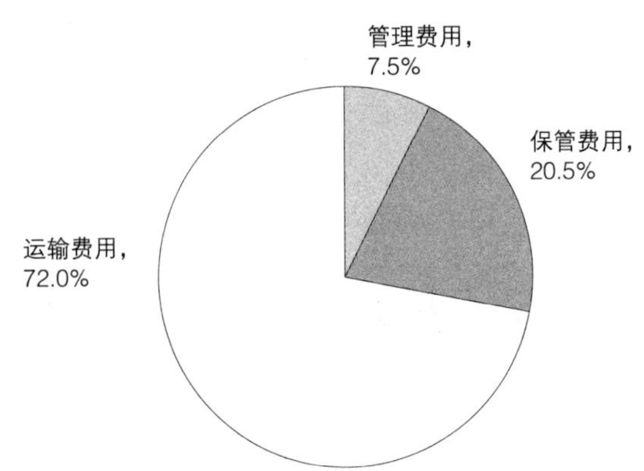

图 2　2020 年内蒙古自治区社会物流总费用构成情况

二、市场发展亮点

（一）市场规模稳步扩大，活跃度增强

2020 年，内蒙古自治区物流相关行业总收入完成 2499.6 亿元，同比下降 1.1%，较前三季度降幅收窄 6.1 个百分点。与物流业相关的邮政行业增势良好，邮政业务收入完成 69.3 亿元，同比增长 19.3%。物流业景气指数保持活跃。进入第四季度，快递行业在“双十一”“双十二”等电商购物节的带动下，业务量大幅上涨；由于天然气价格上涨以及供应量受限影响，燃气汽车运输成本上升，部分企业业务量萎缩。总体上看第四季度物流业景气指数增势放缓，全年呈稳步回升态势。2020 年 1—12 月内蒙古自治区物流业景气指数如图 3 所示。

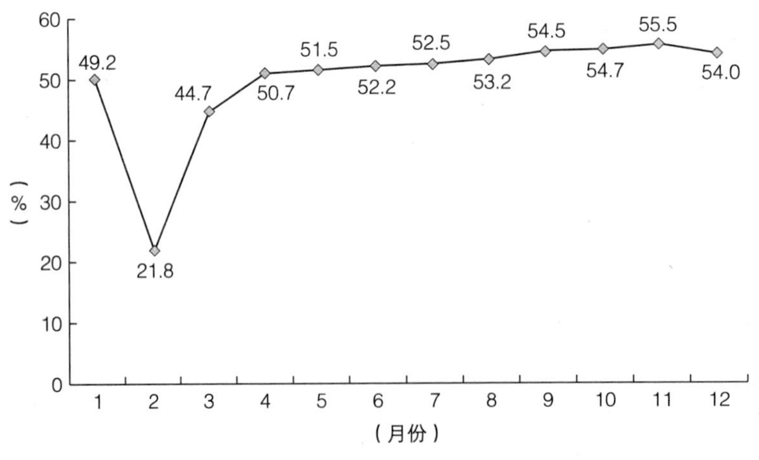

图 3　2020 年 1—12 月内蒙古自治区物流业景气指数

（二）货运市场总体向好，降幅持续收窄

2020 年，内蒙古自治区货运量完成 17.1 亿吨，同比下降 6.7%，较前三季度降幅收窄 1.7 个百分点；货物周转量完成 4431.5 亿吨公里，同比下降 3.4%，较前三季度降幅收窄 1.9 个百分点。

（三）快递业持续发力，保持高速增长

2020 年，内蒙古自治区快递服务企业业务量累计完成 19557.6 万件，同比增长 37.1%；业务收入完成 42.1 亿元，同比增长 27.9%。其中，同城业务量累计完成 2874.1 万件，同比增长 14.2%；异地业务量累计完成 16522.5 万件，同比增长 41%；国际及港澳台业务量累计完成 161 万件，同比增长 500.1%。同城、异地、国际及港澳台快递业务量分别占全部快递业务量的 14.7%、84.5% 和 0.8%；业务收入分别占全部快递收入的 8.3%、48.8% 和 2.1%。与 2019 年同期相比，同城快递业务量的比重下降 2.9 个百分点，异地快递业务量的比重上升 2.3 个百分点，国际及港澳台业务量的比重上升 0.6 个百分点。

三、存在的问题及建议

（一）物流企业经营面临困难，盈利能力偏弱

虽然物流企业经营水平比年内前期有所恢复，但劳动力、资金成本压力依然较大；物流企业利润额虽有增长，但盈利水平仍不容乐观，企业盈利持续稳定增长仍面临一定压力。2020 年，物流企业主营业务收入同比下降 1.1%，较前三季度收窄 6.7 个百分点。主营业务成本同比增长 2.1%，物流人员劳动报酬同比增长 2.3%，平均利润率同比下降 14.9%，反映出物流企业经营困难，盈利能力偏弱。建议继续完善物流业扶持政策，畅通物流企业融资渠道，改善营商环境。

（二）物流服务价格指数仍不景气，物流企业经营成本偏高

物流服务价格指数调查显示，2020 年平均物流服务价格指数位于 50% 荣枯线以下，由于受新冠肺炎疫情影响，物流行业需求订单减少，物流服务价格竞争矛盾突出，使得物流服务价格低位运行，运行价格仍未恢复至上年同期水平。从第四季度景气指数综合来看，随着物流周转效率提升，库存水平虽有回落，但依然位于较高水平。加之在需求回暖的带动下，企业或将进入新一轮补库周期，后续仓储物流成本趋升的压力依然较大。建议关注物流企业运营成本，减轻物流企业负担。

（内蒙古自治区发展改革委　内蒙古自治区统计局　内蒙古物流协会　周媛　王方春）

2020 年黑龙江省物流业发展情况

2020 年，黑龙江省物流业受新冠肺炎疫情影响，总体运行呈现先抑后扬、逐步平稳态势，物流服务保障能力和水平不断提升，运输结构调整取得成效，社会物流运行宏观指标数据变化处于合理区间。

一、社会物流总额小幅下降

2020 年，黑龙江省社会物流总额为 33596 亿元，按可比价格计算（以下同），同比下降 2.9%，增速比上年回落 6.3 个百分点。

从构成来看，农产品物流总额 6265 亿元，占社会物流总额的比重为 18.6%，同比增长达到 8.7%，增速较上年提高 6.2 个百分点；工业品物流总额 14327 亿元，占社会物流总额的比重为 42.6%，同比增长 0.6%，增速较上年下降 2 个百分点；进口货物物流总额 1172 亿元，占社会物流总额的比重为 3.5%，同比下降 22.7%，增速较上年下降 26.6 个百分点；再生资源物流总额 110 亿元，占社会物流总额的比重为 0.3%，同比增长 2.2%，增速较上年下降 4.9 个百分点；单位与居民物品物流总额 171 亿元，占社会物流总额的比重为 0.5%，同比增长 23%，增速较上年提高 2.4 个百分点；省外流入物流总额 11135 亿元，占社会物流总额的比重为 33%，同比下降 10.4%，增速较上年下降 15 个百分点；出口过境物流总额 415 亿元，占社会物流总额的比重为 1.2%，同比增长 2.7%，增速较上年下降 2.3 个百分点。（注：此部分数值因四舍五入而有差异。）

二、社会物流总费用同比下降

2020 年，黑龙江省社会物流总费用为 2129 亿元，同比下降 5.2%，增速比上年提高 12.3 个百分点。其中，运输费用 1101 亿元，占社会物流总费用的比重为 51.7%，同比下降 7.4%，增速比上年提高 11.3 个百分点；保管费用 779 亿元，占社会物流总费用的比重为 36.6%，同比下降 2.8%，增速比上年提高 6.6 个百分点；管理费用 249 亿元，占社会物流总费用的比重为 11.7%，同比下降 2.8%，增速比上年提高 29.4 个百分点。2020 年黑龙江省社会物流总费用构成情况如下图所示。

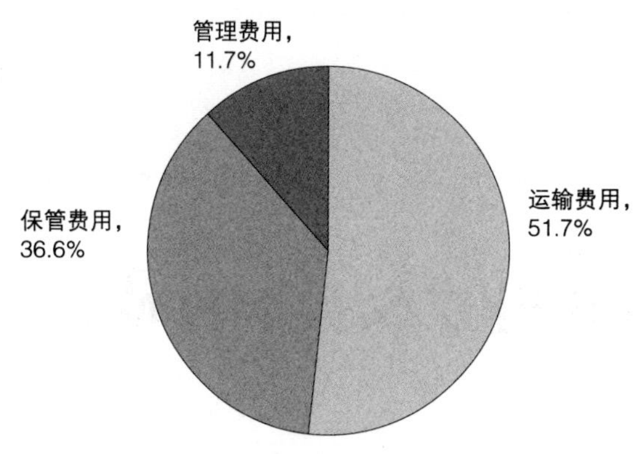

2020 年黑龙江省社会物流总费用构成情况

三、物流相关行业固定资产投资总体放缓

2020 年，黑龙江省物流相关行业固定资产投资同比下降 3%。其中，铁路运输业固定资产投资同比下降 17.7%；贸易业投资同比下降 59.7%；仓储业投资同比增长 18.7%；邮政业投资同比增长 17%。

四、货运结构呈现进一步优化态势

2020 年，黑龙江省货运量小幅下降，各类运输实现货运总量为 56030 万吨，同比下降 3.5%，增速比上年提高 3.3 个百分点。其中，铁路运输货运量 12603 万吨，占总货运量的 22.5%，比上年提高了 1.7 个百分点；道路运输货运量 35521 万吨，占总货运量的 63.4%，比上年下降了 1.4 年百分点；水路、航空和管道运输货运量 7906 万吨，占总货运量的 14.1%。铁路货运量同比增长 4.2%，道路、水路、航空和管道运输货运量同比下降分别为 5.6%、31.1%、17.7%和 2.6%，除铁路货运量有所增长，其他运输方式的货运量都有不同程度的下降。

（黑龙江省发展改革委经济运行处）

2020 年浙江省物流业发展情况

2020 年，面对严峻复杂的国内外环境特别是新冠肺炎疫情的严重冲击，浙江省物流活动波动明显，物流运行总体出现“前期起伏明显，后期企稳回暖”的态势，实现二季红、半年正、三季进、全年赢。

新冠肺炎疫情期间，广大物流企业、企业家和物流从业者积极投身“抗疫”一线，承担疫情防控应急物资和居民生活物资的运输保障任务，确保物流服务不断流、不断链，物流业成了疫情防控的“生命线”和复工复产的“先行官”。

新冠肺炎疫情冲击加速了浙江省物流行业的转型升级，物流企业以高质量发展为方向，逐步探索出一条业态创新、组织变革的新路径。2020 年，全省物流规模再上新台阶，效率进一步提升，物流业总收入保持增长，物流运行实现提质增效，单位成本缓中趋稳，为抗击疫情、保障民生、促进经济发展提供了有力支撑。

一、社会物流规模持续扩大

2020 年，浙江省社会物流总额达到 18.96 万亿元，同比增长 5.77%；全省社会物流总收入 6837 亿元，同比增长 4.89%；全省物流业增加值 6580 亿元，占 GDP 比重为 10.2%，占服务业比重为 18.3%。全省铁路、公路和水运货物周转量 12323 亿吨公里，同比基本持平。全省港口货物吞吐量 18.5 亿吨，同比增长 6.0%，其中，沿海港口 14.1 亿吨，同比增长 4.5%。宁波舟山港货物吞吐量 11.7 亿吨，连续 12 年居全球第一，集装箱吞吐量 2872 万标准箱，连续 3 年全球第三。全省邮政业务总量 4311 亿元，同比增长 35.7%。

受新冠肺炎疫情冲击，2020 年年初国民经济瞬间处于“停摆”状态，直至 3 月开始回升。其中，工业生产快速恢复，成为经济复苏回升的主要动力，38 个工业行业大类中，22 个行业增加值增长较快，特别是计算机通信电子、化学原料、医药、专用设备、通用设备和电气机械等行业产品产销量高速增长拉动，工业品物流需求增速明显，工业品物流总额 13.99 万亿元，同比增长 3.66%。

受国内供给侧结构性改革、基础设施投资带来大批百亿级项目实施等多重影响，大宗矿产、化工原料、机电等产品进口物流需求保持较高增速，进口货物物流总额 0.86 万亿元，同比增长 11.16%。

受新冠肺炎疫情下保障民生所需倡导无接触物流及居民消费品类多样化发展等因素带动，居民消费物流需求继续保持快速增长势头，单位与居民物品物流总额 0.43 万亿元，同比增长 35.65%。

二、物流总费用继续下降

2020 年年初，受新冠肺炎疫情影响带来的各地管控措施影响，造成物流通道不畅、部分区域资源紧缺、服务时效放缓等，带来物流成本上升问题，第二季度起逐步缓解，浙江省物流运行效率提升明显，物流发展的质量和效益不断上升。2020 年，全省社会物流总费用为 9244 亿元，同比增长 3.4%，比上年增幅下降 5.7 个百分点，占 GDP 比重为 14.31%，同比下降 0.02 个百分点。社会物流总费用与 GDP 的比率实现连续 6 年下降。从 2015 到 2020 年下降近 1.5 个百分点，呈现连续回落态势。2015—2020 年浙江省社会物流总费用占当年 GDP 比重变化情况如下图所示。

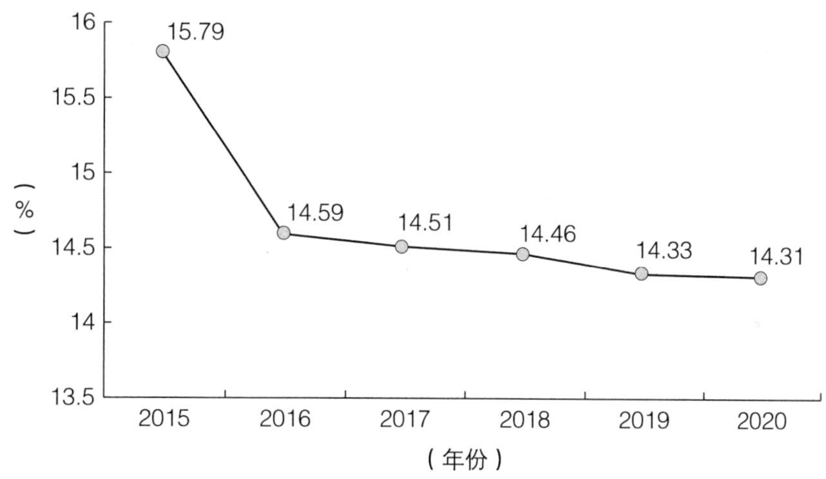

2015—2020 年浙江省社会物流总费用占当年 GDP 比重变化情况

分结构看，全省运输环节的费用为 3295 亿元，占社会物流总费用的比重为 35.6%，同比下降 7 个百分点。一方面，受益于全省运输结构连续调整带来的良好成效，物流行业的运行系统性、协调性不断提升，多式联运、铁水联运、公铁联运等模式发展迅速，全省海铁联运、内河港口集装箱吞吐量双双突破百万标准箱；另一方面，由于上半年疫情期间高速通行免费，公路运输企业受益明显，而浙江省公路运输占比较大，整体运输费用下降较大；进入下半年，由于一箱难求和运力紧张等问题，海运费上涨数倍，总体影响了物流运输成本，使全年运输费用同比呈现小幅上涨态势。

2020 年，受物流一体化服务能力提升影响，城乡配送、流通加工、包装、保险及信息服务支出规模持续扩大，保管环节的费用为 4207 亿元，同比增长 5.2%，比上年增幅下降 3.4 个百分点，占社会物流总费用的比重为 45.5%。保管费用的增长一方面在于上半年供应链阻滞导致生产制造企业以及大量商贸流通企业原材料和产成品库存压力，另一方面在于这些库存带来的资金占用成本及企业内部物流运行效率不畅等问题。

2020 年，全省管理环节费用为 1742 亿元，同比下降 2.4%，比上年度增速下降 8.2 个百分点，占社会物流总费用的比重为 18.8%。得益于全省各项供给侧结构性改革的深入推进，创造了良好的营商环境。深化物流领域“最多跑一次”、推进物流企业清费减负、实现办事事项“一张身份证办理、一部手机办事、一个二维码查验”，以及全国船舶通关一体化等措施的逐步落地，有效减轻了企业负担，降低了物流行业整体的管理费用。

（浙江省物流协会）

2020 年安徽省物流业发展情况

2020 年，安徽省物流业在统筹新冠肺炎疫情防控、防汛救灾和经济社会发展中发挥重要作用，积极助力新发展格局构建，实现逐步回升向好发展态势。

2020 年，安徽省社会物流总额稳步增长。全年社会物流总额实现 70213 亿元，同比增长 3.5%，与全国增速持平。从构成情况来看，工业品物流总额 48327 亿元，同比增长 2.3%；农产品物流总额 5681 亿元，同比增长 10.1%；单位与居民物品物流总额 975 亿元，同比增长 9.9%；外省流入货物物流总额 13112 亿元，同比增长 5%；进口物流总额 2118 亿元，同比增长 13.6%。

2020 年，安徽省物流成本进一步下降。全年社会物流总费用 5686 亿元，同比增长 2.8%。社会物流总费用与 GDP 的比率为 14.7%，比上年下降 0.2 个百分点，与全国持平。“十三五”期间，累计降幅达到 2.1 个百分点，快于全国 0.8 个百分点。从构成结构来看，运输费用 3866 亿元，同比下降 0.5%；保管费用 1319 亿元，同比增长 13.6%；管理费用 501 亿元，同比增长 3.5%。

2020 年，安徽省物流业总收入保持增长。全省物流业总收入为 4950 亿元，比上年增长 2%。

（安徽省物流协会）

2020 年福建省物流业发展情况

2020 年，随着福建省经济复苏态势进一步向好，全省物流运行总体呈现加快恢复、稳步回升、积极向好的运行态势。

一、物流业业务收入持续回升

2020 年，福建省物流业业务收入达到 4810.57 亿元，比上年同期增长 2.3%，增幅分别比上半年、1—3 季度提升 4.2 个、1.8 个百分点。其中，交通运输、仓储和邮政业业务收入 3427.58 亿元，增长 1.0%，实现 2020 年以来首次正增长，分别比上半年、1—3 季度提升 4.1 个、2.0 个百分点；批发和零售业业务收入 1382.99 亿元，增长 5.5%，增幅分别比上半年、1—3 季度提升 4.2 个、1.0 个百分点。福建省 2005 年、2010 年、2015 年、2019 年、2020 年物流业业务收入统计如表 1 所示。

表 1　福建省 2005 年、2010 年、2015 年、2019 年、2020 年物流业业务收入统计（单位：亿元）

指标	2005 年	2010 年	2015 年	2019 年	2020 年
物流业业务收入	896.6	2081.3	3960.13	4703.43	4810.57
1. 交通运输、仓储和邮政业	767.75	1769.33	3360.15	3392.94	3427.58
2. 批发和零售业	128.85	311.97	599.98	1310.49	1382.99

注：2019 年数据根据福建省统计局相应数据进行了调整。

二、物流业增加值加快恢复

2020 年 1—4 季度福建省物流业增加值达到 2355.96 亿元，按可比价格计算，比上年同期增长 5.0%，增幅分别比上半年、1—3 季度提升 5.6 个、2.7 个百分点。其中，交通运输、仓储和邮政业增加值达到 1422.44 亿元，增长

4.8%，分别比上半年、1—3 季度提升 5.4 个、2.2 个百分点；批发和零售业增加值达到 933.52 亿元，增长 5.3%，增幅分别比上半年、1—3 季度提升 6.0 个、3.4 个百分点。福建省 2005 年、2010 年、2015 年、2019 年、2020 年物流业增加值统计如表 2 所示。

表 2　　福建省 2005 年、2010 年、2015 年、2019 年、2020 年物流业增加值统计（单位：亿元）

指标	2005 年	2010 年	2015 年	2019 年	2020 年
物流业增加值	499.6	1018.01	1879.20	2292.65	2355.96
1. 交通运输、仓储和邮政业	402.48	795.15	1469.94	1408.07	1422.44
2. 批发和零售业	97.12	222.86	409.26	884.58	933.52

注：2019 年数据根据福建省统计局相应数据进行了调整。

2020 年，福建省物流业增加值占 GDP 的比重为 5.4%，与上年基本持平；占服务业增加值的比重为 11.3%，比上年减少 0.4 个百分点（2019 年 GDP、服务业增加值按最新公布数有所调整）。

三、物流业投资额下降

截至 2020 年年底，福建省物流业固定资产投资完成额比上年同期下降 13.2%。其中，交通运输、仓储和邮政业下降 16.1%；批发和零售业增长 15.4%。

四、社会物流总额需求持续扩大

初步统计，2020 年福建省社会物流总额 87573.46 亿元，按可比价格计算，同比增长 3.1%。分产品结构看，农产品物流总额 3996.58 亿元，同比增长 6.7%，占社会物流总额比重 4.6%。工业品物流总额 66412.73 亿元，同比增长 2.8%，占社会物流总额比重 75.8%。进省物流总额 16748.92 亿元，同比增长 3.9%，占社会物流总额比重 19.1%；其中进口物流总额 5561.25 亿元，同比增长 10.3%。再生资源物流总额和单位与居民物品物流总额 415.23 亿元，同比增长 12.7%，超过社会物流总额增速 9.6 个百分点。2015—2020 年福建省社会物流总额构成如表 3 所示。

表 3　　2015—2020 年福建省社会物流总额构成（单位：亿元）

指标	2015 年	2016 年	2017 年	2018 年	2019 年	2020 年
社会物流总额	62581.67	65933.47	70870.89	78325.71	85490.13	87573.46
1. 农产品物流总额	2969.82	3362.09	3118.20	3365.77	3744.64	3996.58

续 表

指标	2015 年	2016 年	2017 年	2018 年	2019 年	2020 年
2. 工业品物流总额	48277. 86	51915. 06	54121. 51	60020. 76	65302. 59	66412. 73
3. 进省物流总额	11140. 47	10428. 82	13384. 10	14622. 75	16075. 58	16748. 92
其中：进口物流总额	3497. 76	3512. 69	4476. 70	4738. 72	5028. 83	5561. 25
外省进省物流总额	7642. 71	6916. 13	8907. 40	9884. 03	11046. 75	11187. 67
4. 再生资源物流总额和单位与居民物品物流总额	193. 52	227. 50	247. 08	316. 43	367. 32	415. 23

（福建省工信厅）

2020 年山东省物流业发展情况

2020 年，受新冠肺炎疫情影响，山东省物流业受到较大冲击，随着疫情防控取得显著成效，物流运行效率持续向好。社会物流总费用与 GDP 的比率为 14.5%，与上年基本持平。

一、社会物流总额逐步回升

2020 年，山东省社会物流总额 22.98 万亿元，同比增长 1.7%，增幅较前三季度提高 2.6 个百分点。从构成来看，农产品物流总额 7916.4 亿元，同比增长 5.4%，占社会物流总额的比重为 3.4%；工业品物流总额 97684.5 亿元，同比增长 1.6%，占比为 42.5%；商贸物流总额 86373.3 亿元，同比增长 1.4%，占比为 37.6%；进口货物物流总额 8954.6 亿元，同比下降 4.1%，占比为 3.9%；外地货物流入物流总额 23789.2 亿元，同比增长 0.5%，占比为 10.4%；再生资源物流总额 185.1 亿元，同比下降 0.7%，占比为 0.1%；单位与居民物品物流总额 4894.9 亿元，同比增长 27.1%，占比为 2.1%。2020 年山东省社会物流总额构成情况如图 1 所示。

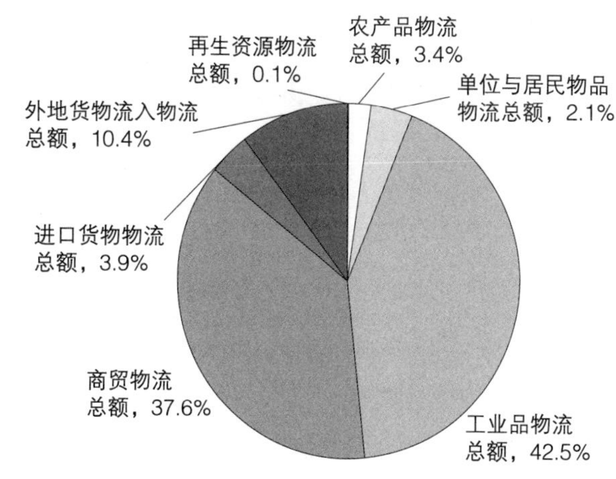

图 1　2020 年山东省社会物流总额构成情况

二、社会物流运行质量有所改善

2020 年，山东省社会物流总费用达 1.06 万亿元，同比增长 3.0%，与 GDP 的比率为 14.5%。从社会物流总费用结构看，运输费用 5323.8 亿元，占社会物流总费用的比重为 50.2%；保管费用 3831.9 亿元，占比为 36.2%；管理费用 1444.9 亿元，占比为 13.6%。2020 年山东省社会物流总费用构成情况如图 2 所示。

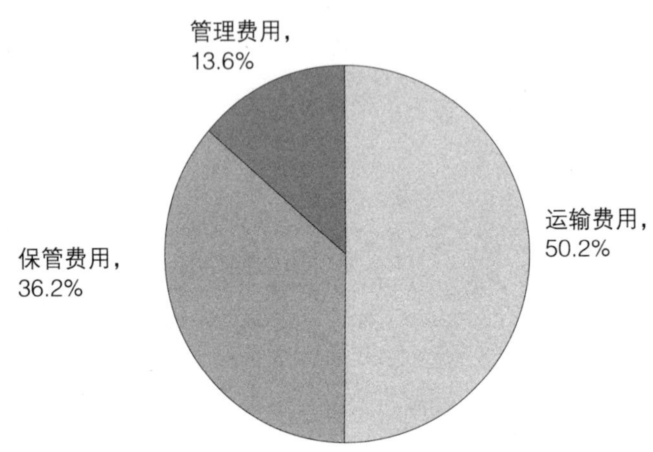

图 2　2020 年山东省社会物流总费用构成情况

三、物流业收入继续增长

2020 年，山东省物流业总收入累计完成 6564.2 亿元，同比增长 3.3%，增速较前三季度提高 1.6 个百分点。

（山东省发展改革委）

2020 年河南省物流业发展情况

2020 年，面对新冠肺炎疫情带来的严重冲击和复杂多变的国内外环境，河南省上下坚决贯彻党中央、国务院和省委、省政府的决策部署，统筹推进疫情防控和经济社会发展，物流业呈现稳中向好、稳中有进的总体态势。

一、物流需求保持平稳增长

2020 年，河南省社会物流总额 16.1 万亿元，按可比价格计算，同比增长 5.0%，高于全国平均增速 1.5 个百分点。分季度来看，第一季度社会物流总额 3.0 万亿元，同比下降 7.9%；上半年社会物流总额 7.0 万亿元，同比增长 1.2%；前三季度社会物流总额 11.5 万亿元，同比增长 3.0%。2016—2020 年河南省社会物流总额及增长变化情况如图 1 所示。

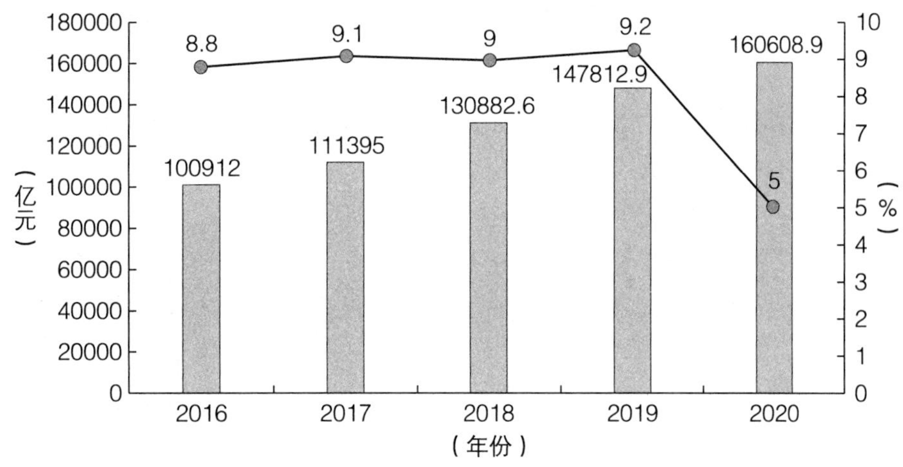

图 1　2016—2020 年河南省社会物流总额及增长变化情况

从构成来看，工业品物流总额136283.3亿元，增长4.6%、同比下降4.5个百分点，对社会物流总额增长的贡献率达84.9%、同比上升0.1个百分点；农产品物流总额9528.5亿元，增长4.2%、同比上升1.9个百分点，占社会物流总额的5.9%、同比上升0.2个百分点；单位与居民物品物流总额829.7亿元，增长39.3%、同比上升5.3个百分点，占社会物流总额的0.5%、同比上升0.1个百分点；外省流入物品物流总额11251.4亿元，增长3.1%、同比下降11.9个百分点，占社会物流总额的7.0%、同比下降0.7个百分点；再生资源物流总额136.2亿元，增长9.0%、同比下降6.3个百分点，占社会物流总额的0.1%、与2019年同期持平；进口货物物流总额2579.9亿元，增长32.5%、同比上升30.8个百分点，占社会物流总额的1.6%、同比上升0.3个百分点。

二、物流运行质量持续提升

2020年，河南省社会物流总费用7447.5亿元，按可比价格计算，同比增长4.2%，社会物流总费用与GDP的比率为13.5%，同比下降0.1个百分点，单位GDP所消耗的社会物流费用连续8年下降。2016—2020年河南省社会物流总费用及与GDP的比率变化情况如图2所示。

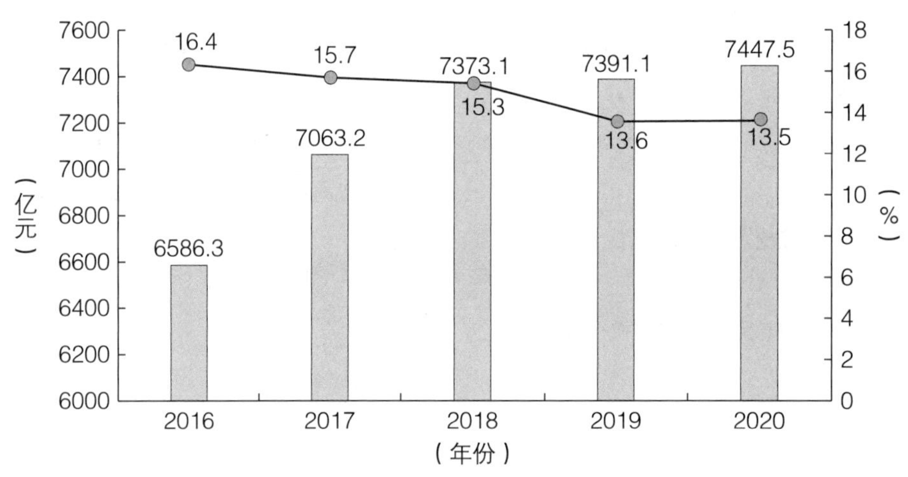

图2 2016—2020年河南省社会物流总费用及与GDP的比率变化情况

从物流各环节的费用看，运输费用4171.2亿元，增长4.5%，占总费用的56.0%、同比下降0.4个百分点；保管费用2350.9亿元，增长2.0%，占总费用的31.6%、同比上升0.4个百分点；管理费用925.4亿元，增长1.1%，占总费用的12.4%、与2019年同期持平。

三、市场主体不断壮大

2020年，河南省社会物流总收入6987.3亿元，增长4.6%，比全国平均水平高2.4个百分点。交通运输、仓储和邮政业固定资产投资增长16.8%，增速同比提高12个百分点。全省共有A级以上物流企业191家，比上年新增21家，其中3A级以上物流企业共181家，比上年新增23家，5A级物流企业共12家，比上年新增1家。双汇物流等9家企业进入全国冷链物流百强。2020年河南省A级物流企业分布情况如图3所示。

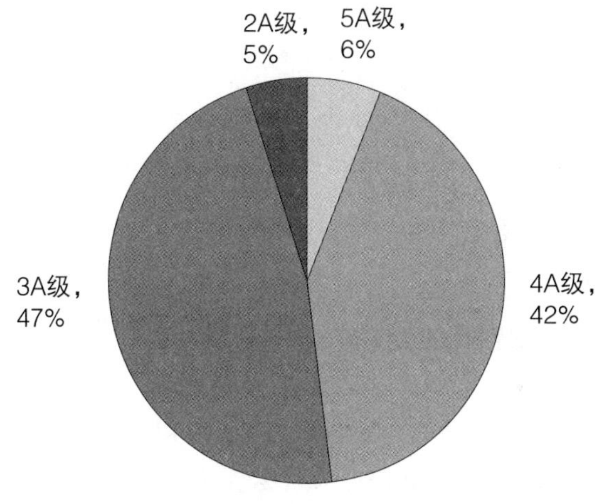

图3 2020年河南省A级物流企业分布情况

四、货运需求基本平稳

2020年，河南省货运量21.9亿吨，增长0.4%，货物周转量8690.55亿吨公里，增长1.3%。其中，公路货运量占全省货运总量的88.4%，占比同比上升1.1个百分点，货物周转量占全省总货物周转量的64.1%，占比同比上升2.4个百分点；铁路货运量占全省货运总量的4.7%，占比同比下降0.1个百分点，货物周转量占全省总货物周转量的23.2%，占比同比下降1.0个百分点；水路货运量占全省货运总量的6.9%，占比同比下降1.0个百分点，货物周转量占全省总货物周转量的12.7%，占比同比下降1.4个百分点。2020年河南省货运量和货物周转量统计情况如下表所示。

2020年河南省货运量和货物周转量统计情况

运输方式	货运量（亿吨）	增速（%）	占比（%）	货物周转量（亿吨公里）	增速（%）	占比（%）
铁路	1.03	1.7	4.7	2012.14	-2.4	23.153
公路	19.36	1.4	88.40	5572.59	5.1	64.122
水路	1.51	-12.1	6.89	1101.12	-9.2	12.670
航空	0.0022	-16.4	0.01	4.7	21.6	0.054
总计	21.9	0.4	100	8690.55	1.3	100

五、航空物流逆势增长

2020年，受需求上升影响，河南省机场货邮吞吐量达64.1万吨，增长22.3%，同比上升21.0个百分点。其中，郑州机场统筹推进新冠肺炎疫情防控与航空枢纽建设，获批全国唯一的航空电子货运试点，新引进9家货运航空公司、新开通18条货运航线、新增21个通航城市，航空货运逆势高速增长。2020年，郑州机场完成货邮吞吐量63.9万吨，同比增长22.5%，居全国大型机场首位，较上年同期上升21.1个百分点，全国排名上升至第6位，客货运规模连续4年保持中部地区“双第一”，国际地区货运量和全货机航班量跃升至全国第5位。2016—2020年河南省机场货邮吞吐量及增速如图4所示。

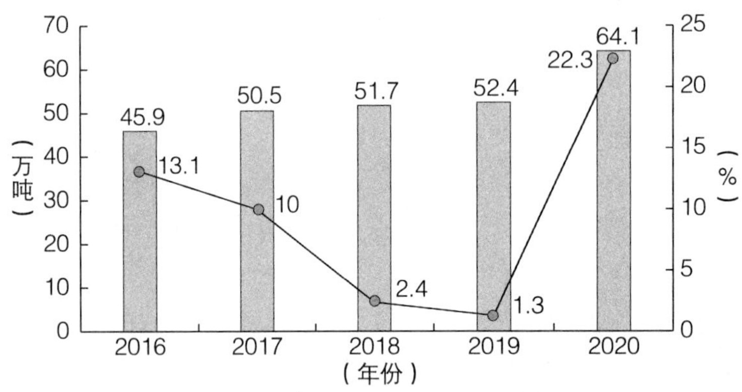

图4 2016—2020年河南省机场货邮吞吐量及增速

六、中欧班列（郑州）提质增效

中欧班列（郑州）依托“九大目的站点、六大出入境口岸”的国际多式联运物流网络，辐射30多个国家130多个城市，境内外合作伙伴超过6000家，站点多、辐射面广、运载量大的优势愈发凸显，“干支结合、枢纽集散”的高效集疏运体系加快形成。2020年，河南省共开行1126班，货值42.8亿美元，货重71.5万吨，分别增长12.6%、27.1%和32.2%，占全国班列开行总量的9.1%，同比下降3.1个百分点。自2013年开行以来，总累计开行3886班，累计货值160.7亿美元，累计货重210.3万吨。在全国63家中欧班列开行城市中，市场化程度、可持续发展能力保持领先，综合运营能力处于全国“第一方阵”，成为河南“陆上丝绸之路”建设的重要承载力量。2016—2020年中欧班列（郑州）开行数量及增速如图5所示。

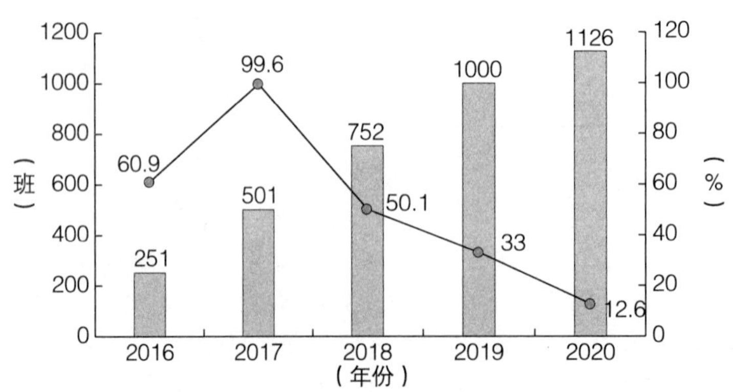

图5 2016—2020年中欧班列（郑州）开行数量及增速

七、电商、快递物流保持高速发展

2020 年，河南省跨境电商进出口（含快递包裹）1745.0 亿元、增长 10.4%。其中，出口 1275.7 亿元、增长 12.5%；进口 469.3 亿元、增长 4.8%。郑州海关共验放跨境电商进出口清单 2.43 亿单（进口 7582.4 万单、出口 1.67 亿单），货值 306 亿元，比上年分别增长 91.5% 和 89.4%，实现了跨越式增长。其中，郑州海关共受理跨境电商 B2B 出口试点业务（“9710”“9810”）的清单、报关单 16.45 万单，货值 2.96 亿元，海外仓企业备案 25 家；共监管“菜鸟号”专列跨境电商出口清单 2433.75 万单、货值 3.09 亿元，同比分别增长 1.5 倍和 2.2 倍；共监管通过电商包机、国际快递等航空运输方式出口的跨境电商包裹约 1.1 亿单，占出口清单总量的近 2/3。

全省快递服务企业业务量累计完成 31 亿件，同比增长 46.9%，居全国第 8 位（前移 1 位），中部六省第 1 位；业务收入累计完成 249.1 亿元，同比增长 32.0%，居全国第 9 位（前移 1 位），中部六省第 1 位。其中，同城业务量累计完成 3.09 亿件，同比增长 14.2%；异地业务量累计完成 27.69 亿件，同比增长 52.26%；国际/港澳台业务量累计完成 0.22 亿件，同比增长 0.9%。2020 年 1—12 月河南省快递业务量及收入增长变化情况如图 6 所示。

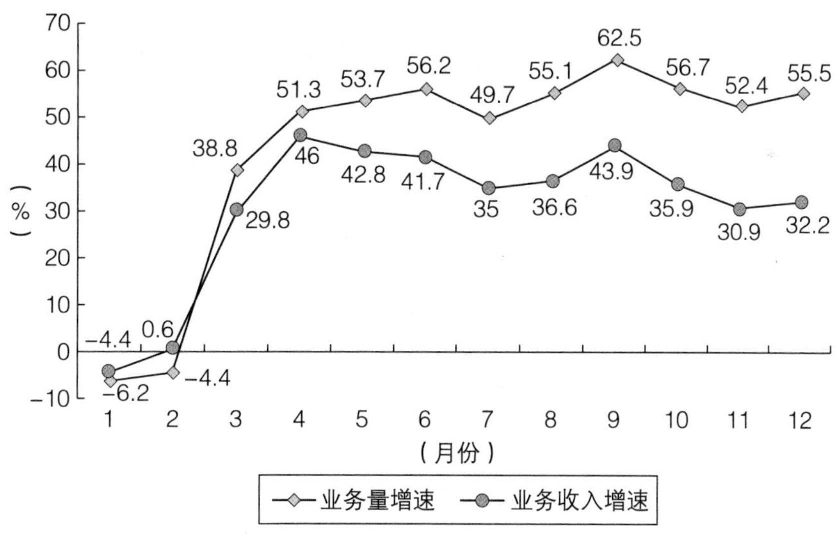

图 6　2020 年 1—12 月河南省快递业务量及收入增长变化情况

八、物流业景气度趋于平稳

2020 年，河南省物流业景气指数平均值为 53.1%，较 2019 年全年均值低 3.5 个百分点。其中，1—5 月物流业景气指数低于 2019 年同期，6 月恢复至 2019 年同期水平，7—10 月高于 2019 年同期。受新冠肺炎疫情防控和需求放缓影响，11—12 月略低于 2019 年同期，全年物流运行基本保持平稳增长态势。2019—2020 年各月河南省物流业景气指数对比变化情况如图 7 所示。

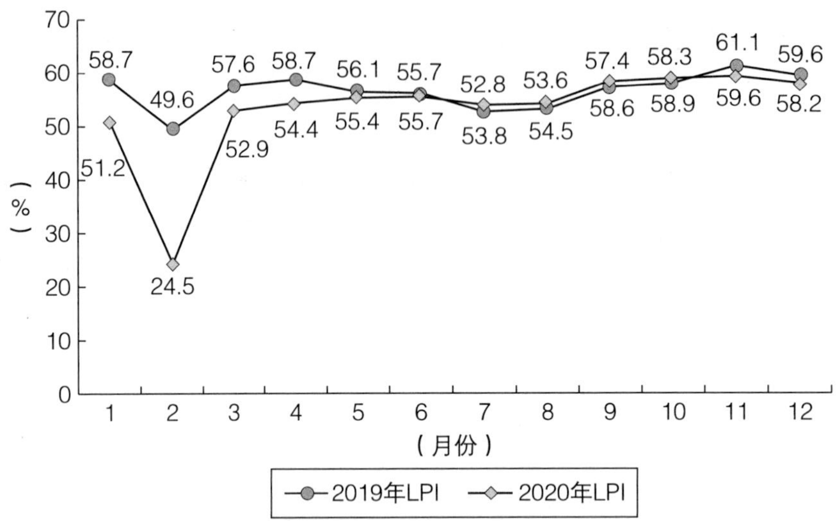

图7　2019—2020 年各月河南省物流业景气指数对比变化情况

注：1. 部分数据因四舍五入的原因，存在总计与分项合计不等的情况，未作机械调整。

2. 公路货运量、公路货物周转量根据交通运输部专项调查，调整 2020 年统计口径，数据与上年不可直接比较。

（河南省发展改革委、河南省统计局、河南省物流与采购联合会）

2020 年湖南省物流业发展情况

2020 年是极不平凡的一年，面对严峻复杂的国际形势和新冠肺炎疫情的双重冲击，湖南省物流业紧紧围绕党中央、国务院和湖南省委、省政府的决策部署，积极贯彻高质量发展理念，深化供给侧结构性改革，全年物流运行逆势回升、增势平稳，物流规模再上新台阶，物流业总收入保持增长，实现提质增效，为抗击疫情、保障民生、促进发展、实施“三高四新”战略提供了有力支撑。

一、物流需求稳中有升

2020 年，湖南省社会物流总额 122823.9 亿元，同比增长 3.9%。从构成来看，工业品物流总额 62597.9 亿元，同比增长 4.6%；省外流入物品物流总额 36627.2 亿元，同比下降 2.6%；单位与居民物品物流总额 14892.4 亿元，同比增长 18.2%；进口货物物流总额 1568.1 亿元，同比增长 24.1%；农产品物流总额 6964.6 亿元，同比增长 3.7%；再生资源物流总额 173.7 亿元，同比增长 0.7%。2020 年湖南省社会物流总额构成情况如图 1 所示。

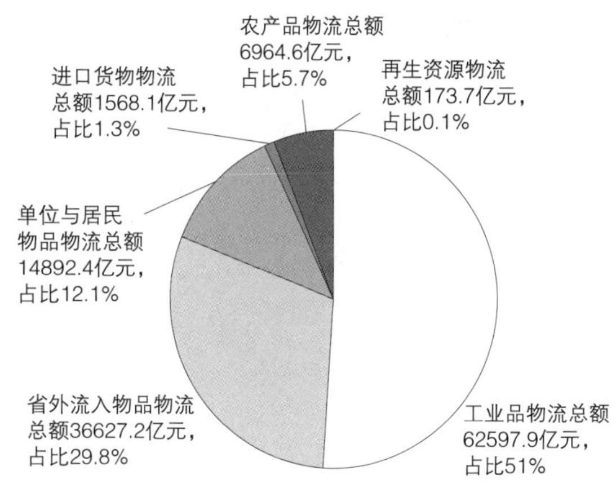

图 1　2020 年湖南省社会物流总额构成情况

二、社会物流总费用与 GDP 的比率明显下降

2020 年，湖南省社会物流总费用 6141.9 亿元，同比增长 2.6%。其中，运输费用 2935.7 亿元，同比增长 2.7%；保管费用 2170.1 亿元，同比增长 2.8%；管理费用 1036.1 亿元，同比增长 3.3%。社会物流总费用与 GDP 的比率为 14.7%，与全国持平，比 2019 年同期回落 0.4 个百分点，表明湖南省物

流市场结构调整加快、物流效率提高。2020 年湖南省社会物流总费用构成情况如图 2 所示。

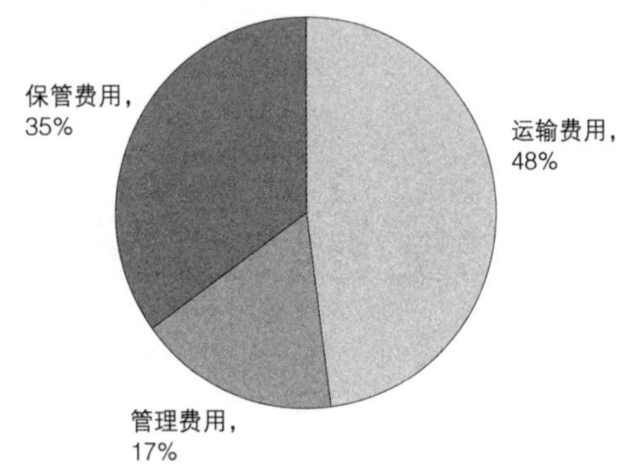

图 2　2020 年湖南省社会物流总费用构成情况

三、物流业总收入平稳增长

2020 年，湖南省物流业总收入 3929.1 亿元，同比增长 2.3%。

（湖南省发展改革委经贸处）

2020年海南省物流业发展情况

2020年是“十三五”规划收官之年，也是海南自由贸易港建设开局之年。但新冠肺炎疫情却给海南省物流行业的运营造成了很大的压力，导致物流业总收入略有下降、物流成本上升。第四季度，物流业逆势增长，物流业增加值增速由前三季度的-3%提升为1.8%，物流业总收入降幅较前三季度收窄了3.68个百分点。

一、社会物流总额大幅回升

2020年，海南省实现社会物流总额8365.58亿元，同比增长6.09%。在自由贸易港零关税和运输自由便利制度利好的作用下，进口物流开始出现快速增长的趋势，增速达到16.8%。单位与居民物品物流总额同比增长23.17%，继续保持快速增长。

其中，农产品物流总额1821亿元，同比增长7.76%，占社会物流总额的21.77%，同比升高0.34个百分点；工业品物流总额2200亿元，同比下降2.62%，占社会物流总额的26.3%，同比降低2.35个百分点；进口货物物流总额656.6亿元，同比增长16.8%，占社会物流总额的7.85%，同比升高0.72个百分点；外省流入物品物流总额3656.73亿元，同比增长9.2%，占社会物流总额的43.71%，同比升高1.24个百分点；单位与居民物品物流总额31.25亿元，同比增长23.17%，占社会物流总额的0.37%，同比升高0.05个百分点。

二、运输费用增幅较大

2020年，海南省社会物流总费用861.89亿元，同比增长8.46%。社会物流总费用与GDP的比率为15.57%，同比升高0.61个百分点。

从结构来看，2020年全省运输费用419.88亿元，同比增长11.07%，占社会物流总费用的48.72%，同比升高1.14个百分点；保管费用294.44亿元，同比增长6.09%，占社会物流总费用的34.16%，同比降低0.74个百分点；管理费用147.57亿元，同比增长6.09%，占社会物流总费用的17.12%，同比降低0.39个百分点。

三、物流增加值平稳增长

2020 年，海南省现代物流业增加值 200.75 亿元，同比增长 1.8%，占服务业的 6.01%、占 GDP 的 3.63%，对 GDP 的贡献率为 0.98%。

四、物流业总收入略有下降

2020 年，海南省现代物流业总收入 646.29 亿元，同比下降 4.78%。其中交通运输、仓储和邮政业务收入 403.44 亿元，同比下降 13.06%，占物流业总收入的 62.42%，同比降低 5.94 个百分点；批发和零售业内部物流收入 175.88 亿元，同比增长 27.51%，占物流业总收入的 27.21%，同比升高 6.89 个百分点；工业内部物流收入 66.97 亿元，同比下降 12.75%，占物流业总收入的 10.37%，同比降低 0.95 个百分点。

（海南省发展改革委）

2020 年重庆市物流业发展情况

2020 年，是我国全面建成小康社会决胜之年和“十三五”规划收官之年。这一年，新冠肺炎疫情暴发，面对前所未有的挑战，重庆市紧紧围绕习近平总书记对重庆提出的营造良好政治生态，坚持“两点”定位、“两地”“两高”目标，发挥“三个作用”和推动成渝地区双城经济圈建设等重要指示要求，克服疫情影响，加快推进内陆国际物流枢纽和口岸高地建设，率先在内陆地区走出了一条“通道带物流、物流带经贸、经贸带产业”的发展路子。

一、物流数量与质量双提升

（一）货运规模稳中有升

2020 年，重庆市完成货运量 12.14 亿吨，同比增长 7.6%。其中，铁路完成 0.19 亿吨，同比增长 11%；公路完成 9.97 亿吨，同比增长 10.8%；水运完成 1.98 亿吨，同比下降 6%；航空完成 13 万吨，同比下降 10.4%。全市完成货物周转量 3524.70 亿吨公里，同比下降 2.4%。其中，铁路完成 196.61 亿吨公里，同比下降 2.8%；公路完成 1055.45 亿吨公里，同比增长 10.8%；水运完成 2270.47 亿吨公里，同比下降 7.5%；航空完成 2.17 亿吨公里，同比下降 4.8%。全市快递业务量完成 7.31 亿件，增长 32.1%；业务收入完成 83.03 亿元，增长 17.6%；支撑网络零售额超过 1300 亿元。

（二）物流总额稳步增长

2020 年，重庆市社会物流总额 31787.5 亿元，同比增长 10%。从构成情况来看，农产品物流总额 1759.4 亿元，同比增长 17.6%；工业品物流总额 23079.2 亿元，同比增长 6.6%；外部流入货物物流总额 6544.1 亿元，同比增长 20.7%；单位与居民物品物流总额 202.1 亿元，同比增长 21.5%；再生资源物流总额 202.7 亿元，同比增长 25.7%。

（三）运行质量持续提升

2020 年，重庆市社会物流总费用 3618.0 亿元，同比增长 4.4%。从结构来看，运输费用 2173.8 亿元，同比增长 1.1%；保管费用 1083.4 亿元，同比增长 8.6%；管理费用 360.8 亿元，同比增长 14.0%。社会物流总费用与 GDP 的比率为 14.5%，同比下降 0.2 个百分点，低于全国平均水平 0.2 个百分点，单位 GDP 所消耗的社会物流费用逐年下降。

（四）市场主体不断壮大

2020 年，重庆市物流业总收入 2877.9 亿元，同比增长 3.3%，比全国平均水平高出 1.1 个百分点。全市物流市场主体个数超过 40 万，拥有 A 级物流企业 61 家，比上年新增 8 家；其中 5A 级物流企业 5 家、4A 级物流企业 17 家、3A 级物流企业 29 家。重庆交通运输控股（集团）有限公司进入中国物流企业 50 强，位列第 18 位。

二、内陆国际物流枢纽网络体系基本成型

（一）开放通道提质扩容

截至 2020 年年底，重庆市建成东西南北“四向”通道和航空构成的立体化物流通道体系，并加快提质扩容。

南向，西部陆海新通道上升为国家重大工程，成为衔接“一带一路”和长江经济带的纽带。铁海联运班列开行 1297 列、同比增长 40.5%，覆盖 96 个国家（地区）260 个港口；跨境班车开行 2824 车次、同比增长 126%，线路总数达到 8 条；国际铁路联运班列开行 177 列、同比增长 149%。

西向，中欧班列（重庆）开行 2603 列、同比增长 72%，运输货值居全国第一，全年新增 7 条运营线路，通达亚欧 26 个国家 40 多个城市。中欧班列（成渝）号成为川渝合作标志性事项，开行全国首趟“中国邮政号”专列和首趟 B2B 跨境电商出口专列。

东向，长江黄金水道货运量在“十三五”基础上挖潜 4000 万吨，达到 1.98 亿吨；常态化开行沪渝直达快线，全年开行沪渝直达快线 899 班、运输货物 19.7 万标准箱；完成广元港至果园港集装箱班轮测试，实现嘉陵江航运历史性突破。

北向，开辟渝满俄通道，融入中蒙俄经济走廊，渝满俄班列全年开行 1355 列、同比增长 65%，货值 121 亿元、同比增长 137%。空中，江北机场航线达到 372 条，其中国际航线达 101 条，通达 33 个国家 74 个城市；重庆市第一家货运基地航空公司国货航重庆分公司完成注册；开通成渝国际卡车航班，全年开行 162 车次、运输货物 160 吨。

（二）枢纽地位明显提升

重庆市为国家物流枢纽总体布局的重要组成，承载港口型、陆港型、空港型、生产服务型和商贸服务型 5 类国家物流枢纽，数量领跑西部。2020 年重庆新获批陆港型国家物流枢纽，成为全国唯一拥有港口型和陆港型国家物流枢纽的城市。鱼嘴北货场建成投用，南货场正式开工，港口型国家物流枢纽进一步完善。内陆国际物流分拨中心提档升级，获批西部陆海新通道运营组织中心和全国中欧班列集结中心城市，协调跨区域物流组织，引领规则体系构建。建成进口整车、跨境电商、电子料件等分拨中心，成功引进世界 500 强博世（中国）物流分拨中心。

（三）多式联运发展加快

重庆市获批 3 个国家多式联运示范工程，铁水、铁海、陆空等联运方式广泛运用，推进“一单制”和铁路运单物权化试点，开具全国首张中国国际货运代理协会多式联运提单，累计签发铁海联运“一单制”提单 43 票、货值 550 万美元，铁路提单 67 单、货值 2200 万美元。打通铁路进港“最后一公里”，珞璜港进港铁路建成投用，新田港进港铁路等项目加速推进。标准化物流加快发展，铁路、水路集装箱率超过 12%，高于全国平均水平；推广“铁路原箱下海、一箱到底”，通关时间压缩 40%。

（四）开放环境不断完善

万州机场正式开放纳入国家口岸开放2020年度审理计划，果园港口岸查验设施加速建设，江北机场航空口岸、果园港区分别获批设立综合性指定监管场地，铁路口岸获批设立进境肉类指定监管场地。试点推行进口货物“船边直提”和出口货物“抵港直装”监管模式，实现验放零等待、装船零延时。国际贸易“单一窗口”功能不断深化，主要业务应用率达100%，在全国率先向服务贸易领域延伸。进出口整体通关时间分别压缩60%以上，提前完成到2021年年底整体通关时间比2017年压缩一半的目标任务。

三、配送网络基本覆盖，城乡物流高效互通

商贸物流基础设施及网络密布，融合专业市场、电商快递、农产品流通、冷链仓配等多种业态的综合性商贸物流节点逐步增加，干支结合、城乡互动，商贸物流配送网络体系基本形成。2020年重庆市商贸仓储面积达到1500万平方米，冷链库容量180万吨，冷链物流车1800辆。农村物流配送网络不断完善，区县级物流节点普及，乡镇配送站891个，配送覆盖率97%。快递服务营业网点4925处，其中农村1379处，快递服务网络条数3226条，乡镇快递服务覆盖率100%，村级快递服务覆盖率86%。

四、营商环境持续优化，降本增效成果显著

一是口岸物流顶层设计不断完善，高质量高标准编制专项规划，进一步明晰口岸物流发展思路，启动物流业发展中长期规划、口岸物流发展“十四五”规划、中新项目交通物流“十四五”规划等编制工作；出台西部陆海新通道建设实施方案、物流高质量发展实施意见、物流信息平台体系建设实施方案等系列文件，引导和支持行业高质量发展。二是深化物流降本增效综合改革试点，重庆市政府口岸物流办印发《重庆市物流降本增效综合改革试点实施方案》及任务分工；评定62个市级重点物流项目，免征城市基础设施配套费和人防易地建设费约10亿元。

五、争当抗疫先行官，支持企业复工复产

2020年伊始，一场突如其来的新冠肺炎疫情来势汹汹，扩散蔓延，物流行业紧急行动起来，积极投身于伟大抗疫斗争，争当“先行官”，维护“生命线”，为疫情防控、复工复产作出了重要贡献。其中，中欧班列战略通道作用凸显，在全国率先出台《中欧班列医护防疫物资运输应急预案》，为生产制造企业、社会团体等运输医疗保障物资超过800标准箱。稳定空中供应链，组织包机14架次，运输医疗物资超过3100万套；增开货运包机、“客改货”航班，运输货物7500多吨。出台支持物流企业复工复产政策措施，帮助中小物流企业渡过疫情难关，发放贴息资金421万元，免除仓储租金460万元，惠及350余家物流市场主体。

（重庆市物流与供应链协会）

2020 年四川省物流业发展情况

2020 年，中国物流业发展受到了新冠肺炎疫情的严峻冲击，在复杂的全球宏观经济形势下，四川省物流业第一季度负增长，之后逐期恢复，全年社会物流总额增幅实现由负转正，社会物流总费用与 GDP 的比率下降，物流需求稳中向好，物流业保持持续发展态势。

一、社会物流总额增幅上升

2020 年，四川省社会物流总额 71218.9 亿元，按可比价格计算（下同），同比增长 2.7%，增速比上年同期回落 3.8 个百分点。从构成情况来看，工业品物流总额为 43247.0 亿元，同比增长 3.5%，增速比上年回落 1.9 个百分点；农产品物流总额为 8242.3 亿元，同比增长 1.6%，增速比上年提高 0.3 个百分点；进口货物物流总额（包括外省流入）为 15922.4 亿元，同比下降 0.6%，增速比上年回落 10.8 个百分点；再生资源物流总额为 2712.4 亿元，同比增长 12.0%，增速比上年回落 4.0 个百分点；单位与居民物品物流总额为 1094.8 亿元，同比增长 11.0%，增速比上年回落 8.0 个百分点。

二、社会物流总费用与 GDP 的比率小幅回落

2020 年，四川省社会物流总费用 7273.8 亿元，同比增长 2.5%，增速比上年回落 7.8 个百分点。社会物流总费用与 GDP 的比率为 14.9%，比上年降低 0.3 个百分点。其中运输费用 3911.2 亿元，同比下降 6.3%；保管费用为 2730.5 亿元，同比增长 8.3%；管理费用为 632.1 亿元，同比增长 7.1%。

三、物流业总收入

2020 年，四川省物流业总收入为 6406.6 亿元，同比增长 2.9 %。

（四川省发展改革委　四川省统计局　四川省现代物流协会）

2020年甘肃省物流业发展情况

2020年，甘肃省统筹疫情防控和经济社会发展取得重大成果，物流运行持续稳定恢复，物流需求平稳增长。社会物流总费用与GDP的比率为17.5%，与上年基本持平。但也存在社会物流总费用、主营业务成本依然偏高和物流企业经营效益偏低现象，物流增长存在下行压力。

一、社会物流总额平稳增长

2020年，甘肃省社会物流总额完成16023亿元，按可比价格计算，同比增长7.4%。

从构成来看，工业品物流总额6338亿元，按可比价格计算，同比增长6.5%；农产品物流总额2150亿元，同比增长5.4%；单位与居民物品物流总额47亿元，同比增长19.6%；进口及外省货物物流总额7479亿元，同比增长8.5%；再生资源物流总额9亿元，同比增长56.3%。2020年甘肃省社会物流总额构成情况如图1所示。

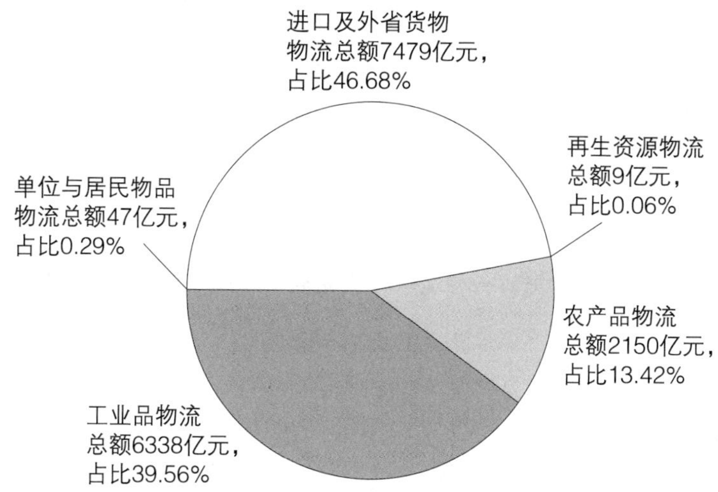

图1　2020年甘肃省社会物流总额构成情况

二、货运量及货物周转量保持平稳增长

2020 年，甘肃省铁路、公路、航空、管道完成货运量 7.6 亿吨，比上年增长 4.5%。其中，铁路货运量完成 0.6 亿吨，比上年增长 11.2%；公路货运量完成6.10 亿吨，比上年增长 5.2%；航空货运量完成 0.000083 亿吨，比上年下降 19.9%；管道货运量完成 0.9 亿吨，比上年下降 3.9%。2020 年甘肃省各种运输方式完成货运量比重情况如图 2 所示。

2020 年，甘肃省各种运输方式完成货物周转量 3374.4 亿吨公里，比上年下降 0.5%。其中，铁路货物周转量完成 1496.4 亿吨，比上年下降 1.3%；公路货物周转量完成 1020.3 亿吨公里，比上年增长 4.2%；航空货物周转量完成 0.14 亿吨公里，比上年下降 16.3%；管道货物周转量完成 857.6 亿吨公里，比上年下降 4.2%。2020 年甘肃省各种运输方式完成货物周转量增长比例情况如图 3 所示。

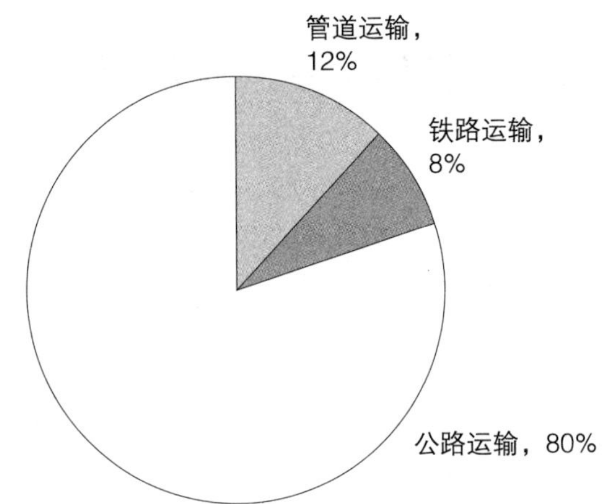

图 2　2020 年甘肃省各种运输方式完成货运量比重情况

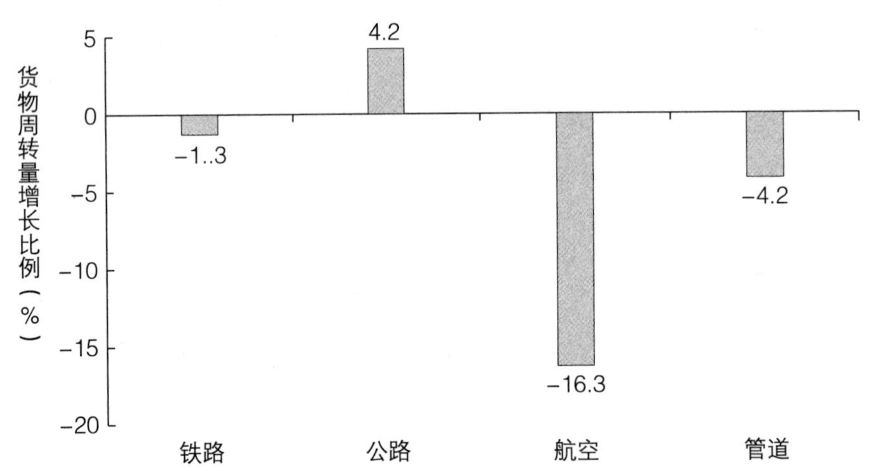

图 3　2020 年甘肃省各种运输方式完成货物周转量增长比例情况

三、社会物流总费用与GDP的比率基本持平

2020年，甘肃省社会物流总费用1576亿元，同比增长3.6%。社会物流总费用与生产总值的比率为17.5%，与上年基本持平，但仍高于全国平均水平2.8个百分点。

从结构来看，运输费用1147亿元，增长4.9%；保管费用311亿元下降0.2%；管理费用118亿元，增长1.2%。显示出经济运行中运输费用增长较快，物流成本依然较高。2020年甘肃省社会物流总费用构成情况如图4所示。

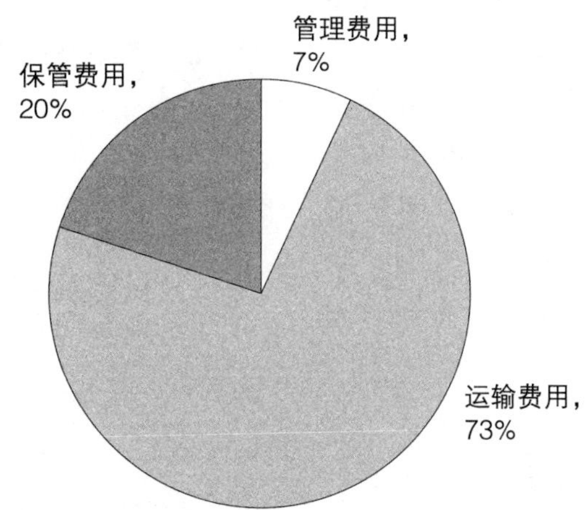

图4　2020年甘肃省社会物流总费用构成情况

四、物流业景气指数保持平稳增长

2020年1—12月，甘肃省物流业景气指数（LPI）月度均值为55.63%，高于上一年度2.79个百分点，全年除春节期间需求有所回落外，均保持在扩张区间运行。2020年1—12月甘肃省LPI走势如图5所示。

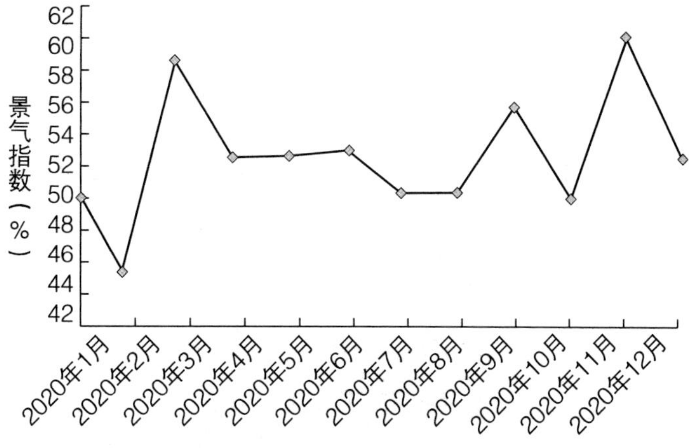

图5　2020年1—12月甘肃省LPI走势

各分项指数月度均值情况。业务总量指数、固定资产投资完成额指数、从业人员指数的月度均值分别为52.86%、59.14%和52.04%，显示出物流需求和物流设施设备改进平稳发展，为后期物流业持续平稳增长奠定基础。主营业务利润指数、主营业务成本指数和物流服务价格指数的月度均值为50.07%、63.07%和48.47%，表明物流行业依然存在成本偏高、物流服务价格偏低现象，需要改善市场同质化竞争状态。平均库存量指数、库存周转次数指数、资金周转率指数和设备利用率指数月度均值分别为53.28%、55.58%、53.52%、55.77%，表明物流经济活动虽然较为活跃，仓储去库存明显，物流装备运作效率有所提高，中小物流企业资金周转困难状况有所改善。新订单（客户需求）指数、业务活动预期指数月度均值分别为59.60%、64.12%，反映物流市场总体预期向好未变，物流业将延续平稳增长走势，但仍需重点关注后期相关行业物流需求情况。2020年1—12月甘肃省物流业景气指数各分项月度均值如图6所示。

五、物流业总收入平稳增长

2020年，甘肃省物流业总收入1221亿元，比上年增长4.3%，增速与上年同期相比下降0.5个百分点。

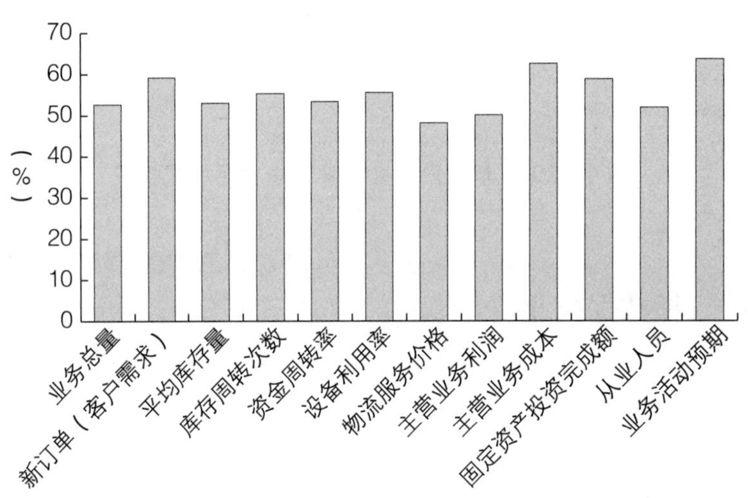

图6　2020年1—12月甘肃省物流业景气指数各分项月度均值

（甘肃省工业和信息化厅交通与物流处）

2020年青海省物流业发展情况

2020年，面对新冠肺炎疫情的严重冲击、严峻复杂的发展形势，青海省扎实做好“六稳”工作，全面落实“六保”任务，不断增强物流要素保障能力，积极支持物流企业做大做强，加快推动物流业高质量发展。全省现代物流业发展环境进一步改善，重点物流园区和重大物流项目建设有序推进，物流企业服务水平显著提升，“公转铁”及物流降成本等工作取得积极成效。同时，为进一步加强青海省社会物流统计工作，对原有物流统计直报平台相关数据指标进行了完善，升级改造后的统计平台已于2020年11月上线运行，为青海省物流统计工作有序推进奠定了支撑。

一、社会物流需求不断增加

2020年，青海省社会物流总额为6349.1亿元，同比增长1.3%。物流需求系数为2.11。总体来看，物流需求平稳，全年社会物流总额呈现稳中有升的发展态势。从构成来看，工业品物流总额5314.4亿元，同比增长3.8%；农产品物流总额142.9亿元，同比增长4.5%；单位与居民物品物流总额877.3亿元，同比下降11.6%；外部流入货物物流总额10.5亿元，同比下降38.2%，再生资源物流总额4亿元，同比增长90%。其中，工业品物流总额占社会物流总额的83.7%，规上工业企业产销率达到99.07%，较2019年同期增长3.3%。2020年青海省社会物流总额构成如图1所示。

二、物流业运量运行平稳

2020年，青海省累计完成货运总量14295.3万吨，同比下降4.4%。其中，铁路运量3455.62万吨，同比增长7.2%；公路运量10835.05万吨，同比下降7.6%；民航进出港货邮4.63万吨，同比下降2.5%。社会货物周转总量完成415.16亿吨公里，同比增长4.3%。其中，铁路货物周转量290.27亿吨公里，同比增长6.9%；公路货物周转量124.62亿吨公里，同比下降1.4%；民航货物周转量0.27亿吨公里，同比下降7.4%。青海省公铁航平均运距为290公里，同比下降0.3%。其中，铁路平均运距840公里，同比增长2.1%；公路平均运距115公里，同比下降36.1%；航空平均运距583公里，同比下降6.6%。2020年青海省公铁航总运量及公铁月度运量如图2所示。

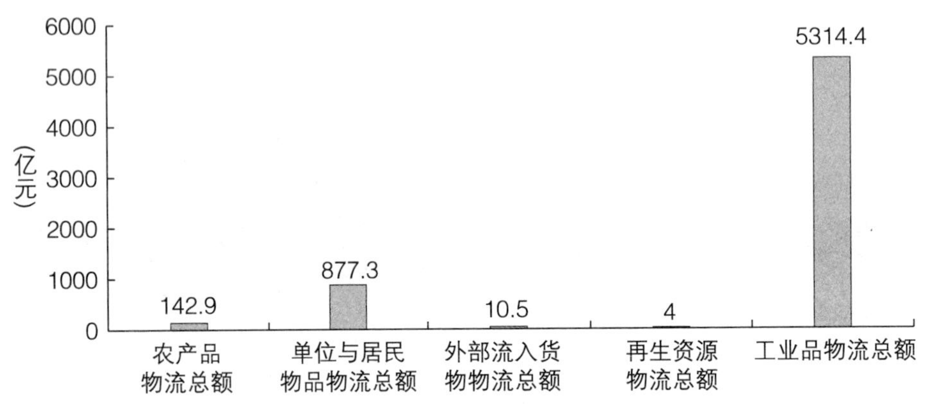

图 1　2020 年青海省社会物流总额构成

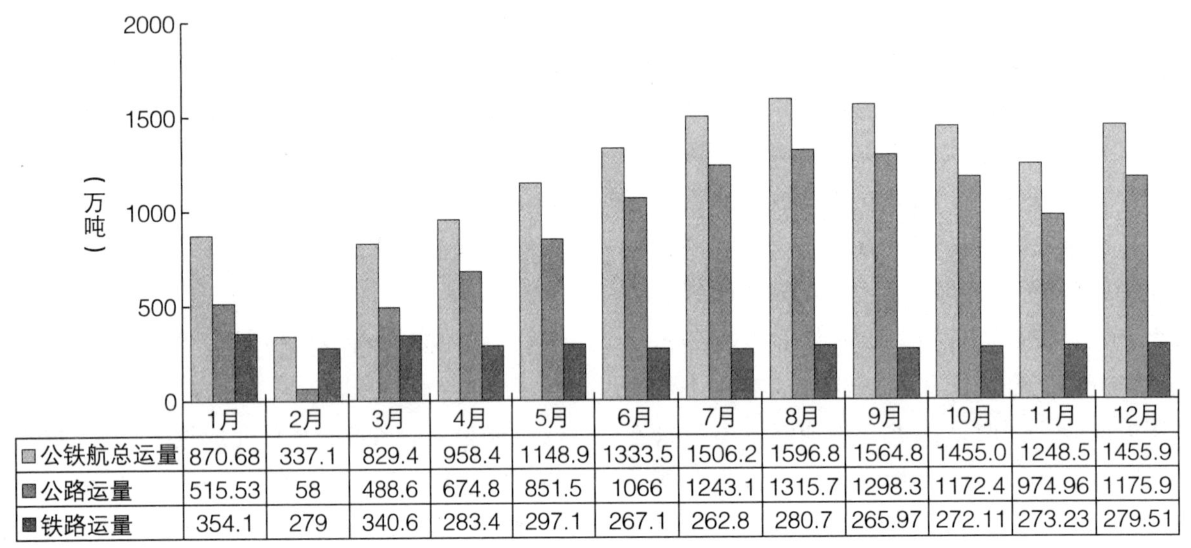

	1月	2月	3月	4月	5月	6月	7月	8月	9月	10月	11月	12月
公铁航总运量	870.68	337.1	829.4	958.4	1148.9	1333.5	1506.2	1596.8	1564.8	1455.0	1248.5	1455.9
公路运量	515.53	58	488.6	674.8	851.5	1066	1243.1	1315.7	1298.3	1172.4	974.96	1175.9
铁路运量	354.1	279	340.6	283.4	297.1	267.1	262.8	280.7	265.97	272.11	273.23	279.51

图 2　2020 年青海省公铁航总运量及公铁月度运量

三、物流企业增长迅猛

近年来，国家和青海省相继出台了系列降低物流企业注册门槛、促进物流企业发展壮大的优惠政策，物流企业注册实行零缴费制度，并由实缴制改为认缴制；取消了会计师事务所验资报告等前置手续；全面实行“先照后证”制度改革。在诸多政策的刺激下，省内物流业市场环境不断优化，极大地促进了物流企业的发展。截至 2020 年年底，全省物流企业数量达到 4021 户，较 2019 年增加 1550 户。其中，西宁市 2189 户、海东市 603 户、海南州 122 户、海北州 138 户、海西州 777 户、黄南州 35 户、果洛州 63 户、玉树州 94 户。全省拥有 50 辆以上货运车辆的业户 92 户。

2020 年青海省各市州物流企业分布情况如图 3 所示。

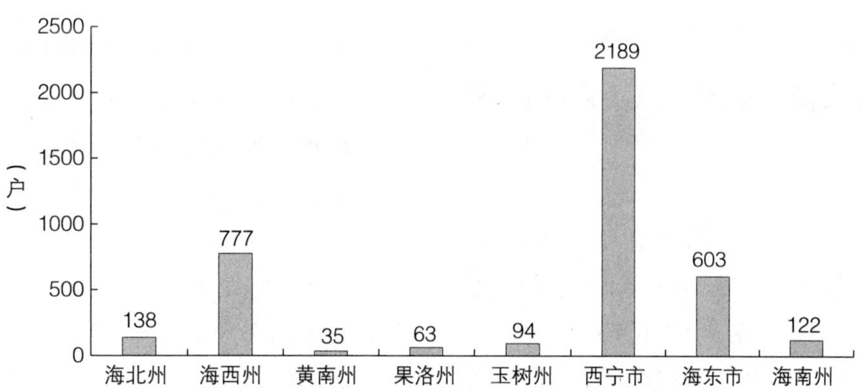

图3　2020 年青海省各市州物流企业分布情况

四、物流业景气指数发展态势平稳

2020 年，青海省物流业景气指数均值为 48.01%，同比下降 4.66 个百分点，低于国家指数 3.72 个百分点。其中，业务总量指数为 48.94%，新订单指数为 45.87%，库存周转次数指数为 49.12%，设备利用率指数为 48.03%，从业人员指数为 48.27%。因受新冠肺炎疫情影响，各项指数均有所回落。2020 年青海省物流业景气指数与 2020 年全国、2019 年青海省内对比如下表所示。

2020 年青海省物流业景气指数与 2020 年全国、2019 年青海省内对比　（单位：%）

月份＼年度	2020 年全国	2020 年青海	2019 年青海
1	49.9	34.21	50
2	26.2	29.55	49.5
3	51.5	54.81	51.6
4	53.6	51.9	54.5
5	54.8	48.2	52
6	54.9	48.44	55.9
7	50.9	51.1	48.3
8	52.2	55	56.3
9	56.1	52.29	52.4
10	56.3	47.92	52.6
11	57.5	51.67	57.8
12	56.9	51.07	51.2

五、完成物流总费用与 GDP 的比率既定目标

2020 年，青海省社会物流总费用 535.15 亿元。其中，运输成本 253.26 亿元，占物流总费用的 47.33%；装卸搬运成本 73.73 亿元，占物流总费用的 13.78%；配送成本 31.6 亿元，占物流总费用的 5.9%；管理成本 46.99 亿元，占物流总费用的 8.78%；其他费用 129.57 亿元；占物流总费用的 24.21%。社会物流总费用与 GDP 的比率由“十三五”初期的 20% 下降到 17.8%，圆满完成“十三五”18% 的既定目标任务。2020 年青海省社会物流总费用构成情况如图 4 所示。

2020 年，青海省物流业总收入 490.49 亿元。其中，运输收入 275.67 亿元，占物流业总收入的 56.2%；配送收入 37.65 亿元，占物流业总收入的 7.68%；仓储收入 29.38 亿元，占物流业总收入的 5.99%；装卸搬运收入 77.24 亿元，占物流业总收入的 15.75%；其他物流业务收入 70.55 亿元，占物流业总收入的 14.38%。2020 年青海省物流业总收入构成情况如图 5 所示。

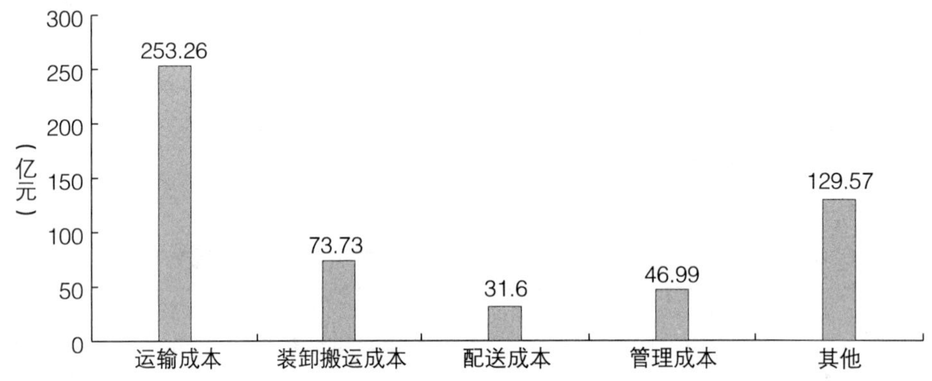

图 4　2020 年青海省社会物流总费用构成情况

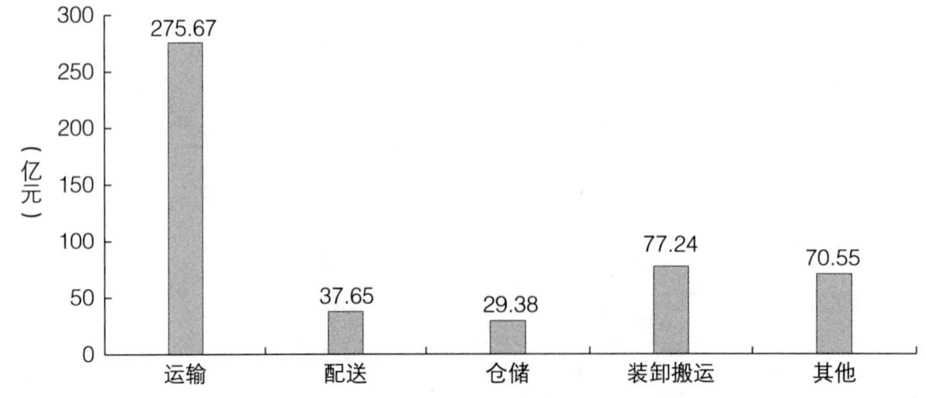

图 5　2020 年青海省物流业总收入构成情况

（青海省工业和信息化厅）

2020 年宁夏回族自治区物流业发展情况

2020 年，是新中国历史上极不平凡的一年，是全面建成小康社会决胜之年和“十三五”规划收官之年。这一年遭受到了新冠肺炎疫情的严重冲击和复杂国际形势的严峻挑战，面对这种情况，宁夏回族自治区在宁夏回族自治区党委和政府的坚强领导下，在各地区各部门的共同努力下，深入贯彻习近平总书记视察宁夏重要讲话精神，全面落实党中央、国务院各项决策部署，坚持人民至上、生命至上，坚持稳中求进工作总基调，坚持统筹疫情防控和经济社会发展工作，加大宏观政策的对冲力度，扎实做好“六稳”工作，全面落实“六保”任务，全区经济和物流运行持续稳定恢复，全年呈现结构优化、活力增强、高质量发展稳步推进的良好态势。

一、社会物流需求保持稳中有升

2020 年，物流需求延续稳定恢复态势，增速进一步回升，结构继续优化，宁夏回族自治区社会物流总额 7025. 26 亿元，同比下降 4. 2%，增速比 2019 年同期回落 8. 9 个百分点，从各季度来看，增速比第一季度、上半年和前三季度分别回升 8. 0 个、4. 3 个和 1. 9 个百分点，2019—2020 年宁夏回族自治区社会物流总额及增速如图 1 所示。

（一）工业品物流需求持续加快。2020 年，随着市场需求不断增加，原材料价格稳步回升，企业经营不断改善，工业生产持续加快。全区工业品物流总额完成 4536. 4 亿元，同比增长 1. 1%，增幅比 2019 年同期回落 4. 9 个百分点，比第一季度、上半年和前三季度分别回升 6. 3 个、3. 4 个和 3. 0 个百分点。在工业物流需求结构中，一是重工业平稳增长，全年规模以上重工业增加值增长 5. 0%，比规模以上工业增速快 0. 7 个百分点；轻工业增加值增速从 1—2 月的下降 19. 0% 收窄至下降 0. 7%。二是非公有工业较快增长，全年规模以上非公有工业增加值增长 10. 1%，增速比 1—11 月加快 0. 4 个百分点，其中，私营企业增加值增长 10. 5%，增速比 1—11 月加快 1. 1 个百分点。三是重点行业稳定增长，全年十大工业行业实现“7 增 3 降”，其中，电力行业增加值增长 4. 6%、化工增长 1. 5%、医药增长

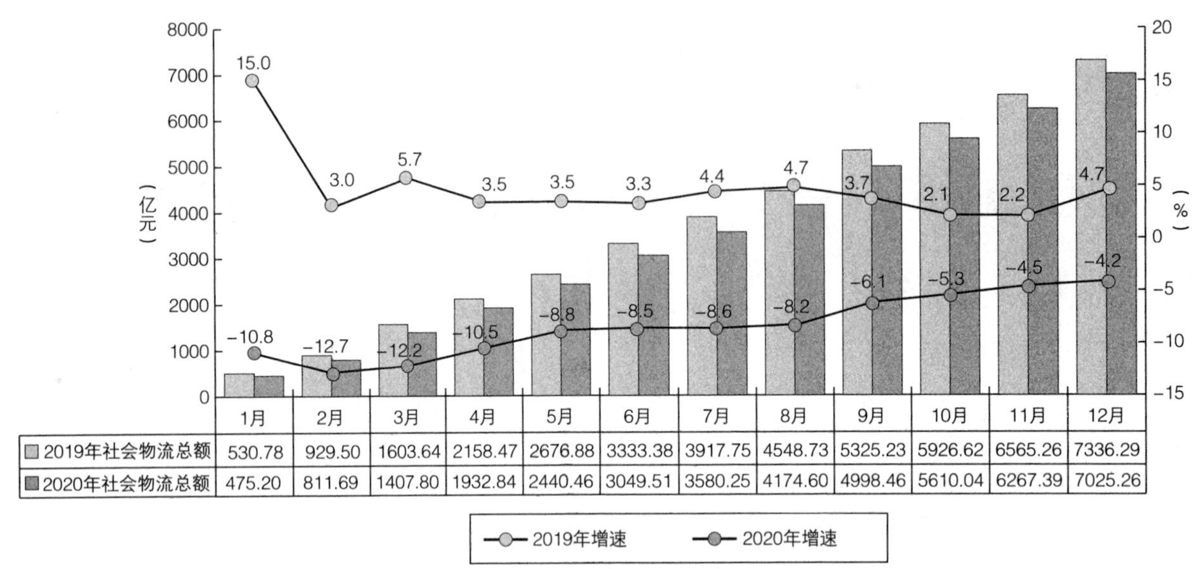

	1月	2月	3月	4月	5月	6月	7月	8月	9月	10月	11月	12月
2019年社会物流总额	530.78	929.50	1603.64	2158.47	2676.88	3333.38	3917.75	4548.73	5325.23	5926.62	6565.26	7336.29
2020年社会物流总额	475.20	811.69	1407.80	1932.84	2440.46	3049.51	3580.25	4174.60	4998.46	5610.04	6267.39	7025.26
2019年增速	15.0	3.0	5.7	3.5	3.5	3.3	4.4	4.7	3.7	2.1	2.2	4.7
2020年增速	−10.8	−12.7	−12.2	−10.5	−8.8	−8.5	−8.6	−8.2	−6.1	−5.3	−4.5	−4.2

图 1　2019—2020 年宁夏回族自治区社会物流总额及增速

5.1%、冶金增长 1.7%、有色增长 2.9%、机械增长 29.4%、其他行业增长 23.7%。四是重点产品产量较快增长，其中，原煤产量增长 9.1%、工业发电量增长 6.6%、钢材增长 57.4%、化学肥料增长 49.6%、初级形态塑料增长 14.5%、精甲醇增长 18.8%、单晶硅增长 10.2%、石墨及碳素制品增长 6.2%、饲料增长 32.3%、乳制品增长 12.9%。工业品物流总额占全社会物流总额的 64.6%，比 2019 年提高 3.4 个百分点，拉动社会总物流增长 0.7 个百分点。

（二）批发业物流复工复产略有成效。2020 年，全区批发业物流总额完成 1843.26 亿元，同比下降 18.2%，增幅比 2019 年同期回落 19.0 个百分点，比第一季度和上半年分别回升 8.9 个和 3.0 个百分点，比前三季度回落 0.5 个百分点。批发业物流总额占全社会物流总额的 26.2%，比 2019 年降低 4.5 个百分点，下拉社会总物流增速 5.6 个百分点。

（三）农产品物流需求增速较快。2020 年，全区农产品物流总额完成 589.39 亿元，同比增长 21.4%，比第一季度和上半年分别回升 12.2 个和 8.3 个百分点，比前三季度回落 0.3 个百分点。一是粮食生产再获丰收，实现了播种面积、总产量、单产齐增。全年粮食总产量 380.49 万吨，比上年增加 7.34 万吨，增长 2.0%，是宁夏回族自治区历史上第二个高产年，实现“十七连丰”。二是畜牧业生产较快增长，对农业经济增长贡献突出。三是主要农产品供给充足，农产品市场保持总体稳定。

（四）进口货物物流需求继续下滑。2020 年，全区进口货物物流总额完成 36.5 亿元，同比下降 60.3%，增幅比去年同期回落 93.7 个百分点，比第一季度、上半年和前三季度分别回落 19.5 个、4.9 个和 2.0 个百分点。

（五）单位与居民物品物流总额增速平稳。内需驱动的民生物流成为疫情下的增长亮点，助力强大区内市场发展。无接触配送、社区电商物流、统仓统配，共同化、多频次的物流模式适应消费即时化、个性化、多样化的需求转变。电商快递、冷链物流、即时配送等民生物流领域经受疫情考验仍保持稳步增长。2020年，单位与居民物品物流总额完成19.71亿元，同比增长6.2%，增幅比2019年同期回落4.3个百分点，比第一季度、上半年和前三季度分别回升12.2个、7.0个和2.7个百分点。增速比社会消费品零售总额高13.2个百分点。主要是线上消费持续增长。国家统计局反馈的数据显示，按卖家所在地分，2020年，全区网上零售额同比增长10.3%，其中，实物商品网上零售额增长39.5%。全区快递业务量完成7317.77万件，同比增长49.6%，增速比2019年同期回升44.9个百分点，比第一季度、上半年和前三季度分别回升24.8个、11.2个和5.2个百分点。增速比全国高18.4个百分点，在全国31个省市区中排名第2位；快递业务收入11.83亿元，同比增长24.7%，增速比2019年同期回升8.0个百分点，比第一季度、上半年和前三季度分别回升11.8个、5.5个和3.1个百分点。增速比全国高7.4个百分点，在全国31个省市区中排名第15位。快递包裹每件16.16元，每件比全国多5.61元；快递包裹人均10.5件，比全国少49.0件；快递包裹收入人均170.16元，比全国少458.06元。2020年宁夏回族自治区快递业务发展情况如图2所示，2020年宁夏回族自治区社会物流总额构成情况如图3所示。

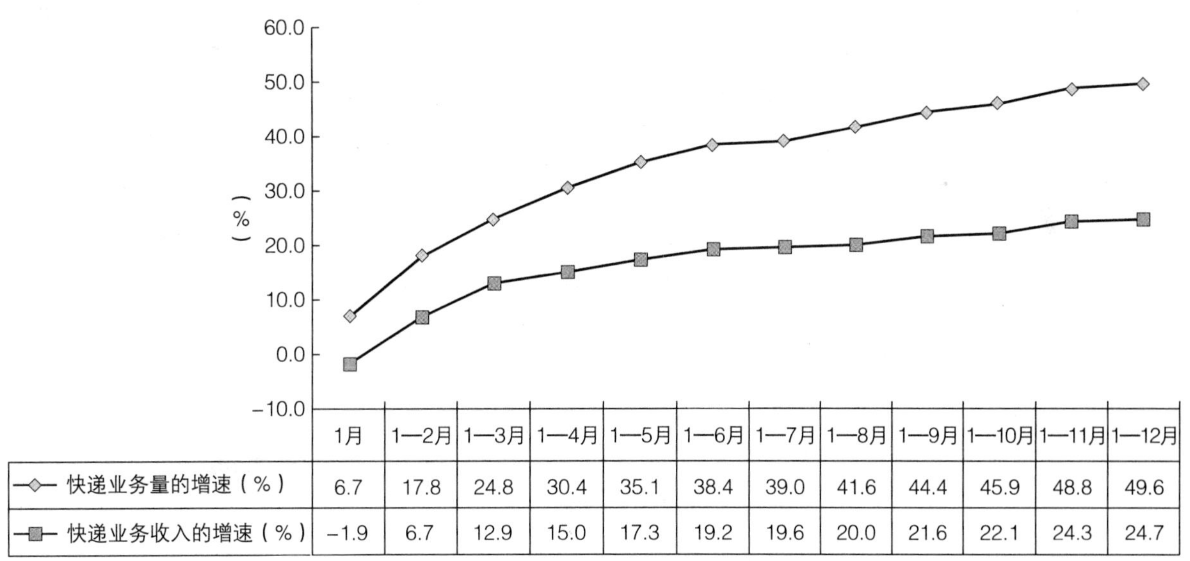

	1月	1—2月	1—3月	1—4月	1—5月	1—6月	1—7月	1—8月	1—9月	1—10月	1—11月	1—12月
快递业务量的增速（%）	6.7	17.8	24.8	30.4	35.1	38.4	39.0	41.6	44.4	45.9	48.8	49.6
快递业务收入的增速（%）	-1.9	6.7	12.9	15.0	17.3	19.2	19.6	20.0	21.6	22.1	24.3	24.7

图2　2020年宁夏回族自治区快递业务发展情况

二、社会物流总费用增速平稳增长

2020年，宁夏回族自治区社会物流总费用666.0亿元，同比增长1.7%，增幅比2019年回落4.8个百分点，比第一季度和上半年分别回升12.0个和3.7个百分点，比前三季度回落2.0个百分点。社会物流总费用与GDP的比率为17.0%，比上年同期下降0.5个百分点，比第一季度提高0.9个百分点，与上半年持平，比前三季度下降0.2个百分点。

从结构来看，运输费用增速同比增长

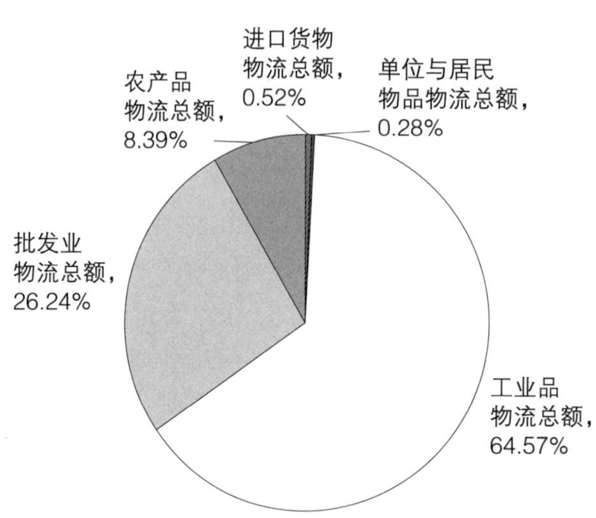

图 3 2020 年宁夏回族自治区社会物流总额构成情况

2.1%，增速比 2019 年同期回落 4.1 个百分点，比第一季度和上半年分别回升 14.1 个和 3.8 个百分点，比前三季度回落 2.5 个百分点。运输费用占总费用的 78.7%；保管费用增速同比增长 1.0%，增速比 2019 年同期回落 7.1 个百分点，比第一季度、上半年和前三季度分别回升 6.6 个、3.1 个和 0.2 个百分点，占总费用的 15.2%；管理费用增速同比下降 2.4%，增速比 2019 年同期回落 8.7 个百分点，比第一季度和上半年分别回升 2.6 个和 1.4 个百分点，比前三季度回落 0.5 个百分点，占总费用的 6.2%。

三、物流业增加值增速逐步回升

2020 年，宁夏回族自治区物流相关行业实现增加值 376.22 亿元，按可比价格计算，同比增长 0.5%，增速比 2019 年同期回落 4.4 个百分点，比第一季度、上半年和前三季度分别回升 14.2 个、6.4 个和 3.4 个百分点，比全区 GDP 增速低 3.4 个百分点，占全区 GDP 的 9.6%，比 2019 年同期低 0.5 个百分点。其中，交通运输、仓储和邮政业实现增加值 181.88 亿元，同比增长 4.4%，增速比 2019 年同期回落 0.9 个百分点，比第一季度、上半年和前三季度分别回升 10.8 个、4.7 个和 2.7 个百分点；批发和零售业实现增加值 194.34 亿元，同比下降 3.3%，增速比 2019 年同期回落 7.7 个百分点，比第一季度、上半年和前三季度分别回升 16.9 个、8.0 个和 4.1 个百分点。2020 年宁夏回族自治区社会物流相关行业增加值变化情况如图 4 所示。

四、货运量和货物周转量增速稳步回升

2020 年，随着疫情逐步得到控制，国家及时出台一系列保通保畅政策，坚持“一断三不断”，阶段性免收公路车辆通行费，设立应急转运中心，取消对货车通行和司机隔离的限制等政策措施，并陆续推出铁路“七快速”、公路“三不一优先”、航空货运“运贸对接”等措施以及宁夏商务厅、宁夏发展改革委、宁夏工业和信息化厅、宁夏交通运输厅、中国铁路

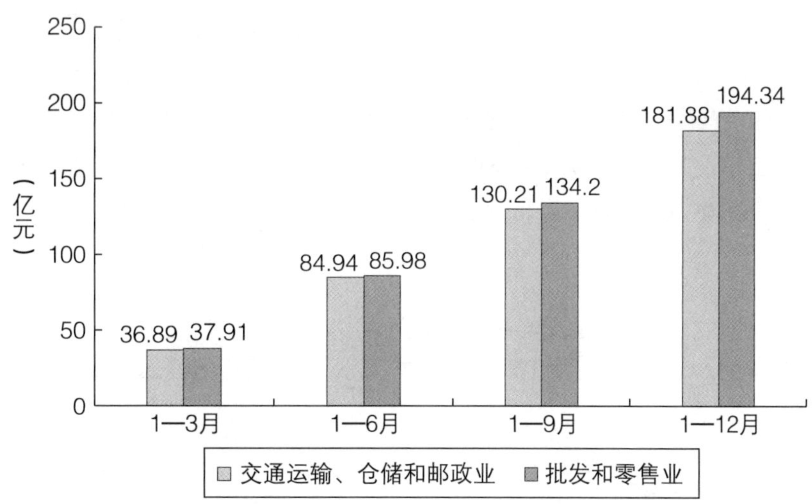

图4　2020年宁夏回族自治区社会物流相关行业增加值变化情况

兰州局集团有限公司五部门出台“加快推进宁夏铁路物流发展的若干措施”等。物流业保供保畅坚强有力，成为各行业复工复产的“先行官”。2020年，宁夏回族自治区全社会完成货运量44024.91万吨，同比增长0.8%，增速比2019年同期回落9.7个百分点，比第一季度、上半年和前三季度分别回升11.8个、3.2个和1.2个百分点。全区全社会累计完成货物周转量为764.75亿吨公里，同比增长7.7%，增速比2019年同期回升6.8个百分点，比第一季度、上半年和前三季度分别回升37.5个、6.0个和2.8个百分点。

（一）铁路货运量和货物周转量恢复成效显著。2020年，全区铁路货运量完成8633.61万吨，同比增长5.9%，增速比2019年同期回落8.0个百分点，比第一季度、上半年和前三季度分别回升2.7个、5.3个和3.8个百分点。铁路货运量占全区货运量的19.6%，比2019年同期提高0.9个百分点，拉动全区货运量增长1.1个百分点。铁路货物周转量完成214.62亿吨公里，同比增长0.5%，增速比2019年同期回升7.4个百分点，比第一季度、上半年和前三季度分别回升63.8个、6.4个和2.0个百分点。

（二）公路货运量和货物周转量运行态势持续向好。2020年，公路货运量完成34216.62万吨，同比下降0.4%，增速比2019年同期回落10.8个百分点，比第一季度、上半年和前三季度分别回升15.9个、3.0个和0.7个百分点。下拉全区货运量增速0.3个百分点。公路货物周转量完成483.67亿吨公里，同比增长10.6%，增速比2019年同期回升3.6个百分点，比第一季度、上半年和前三季度分别回升25.2个、5.3个和2.9个百分点。

（三）航空货运量和货物周转量增速放缓。航空货运量完成2.97万吨，同比下降10.8%，增幅比2019年同期回落42.6个百分点，比第一季度、上半年和前三季度分别回升12.2个、21.0个和5.0个百分点。航空货物周转量完成3733.27万吨公里，同比下降8.5%，增幅比2019年同期回落32.5个百分点，比第一季度、上半年和前三季度分别回升10.6个、18.1个和8.3个百分点。

（四）管道货运量和货物周转量增速稳步

增长。管道货运量完成 1171.71 万吨，同比增长 2.1%，增幅比 2019 年同期回升 7.7 个百分点，比第一季度和上半年分别回落 0.8 个和 3.2 个百分点，比前三季度回升 0.9 个百分点。管道货物周转量完成 66.09 亿吨公里，同比增长 12.2%，增幅比 2019 年同期回升 21.2 个百分点，比第一季度、上半年和前三季度分别回升 15.1 个、7.5 个和 4.1 个百分点。2020 年宁夏回族自治区货运量增长变化情况如图 5 所示。

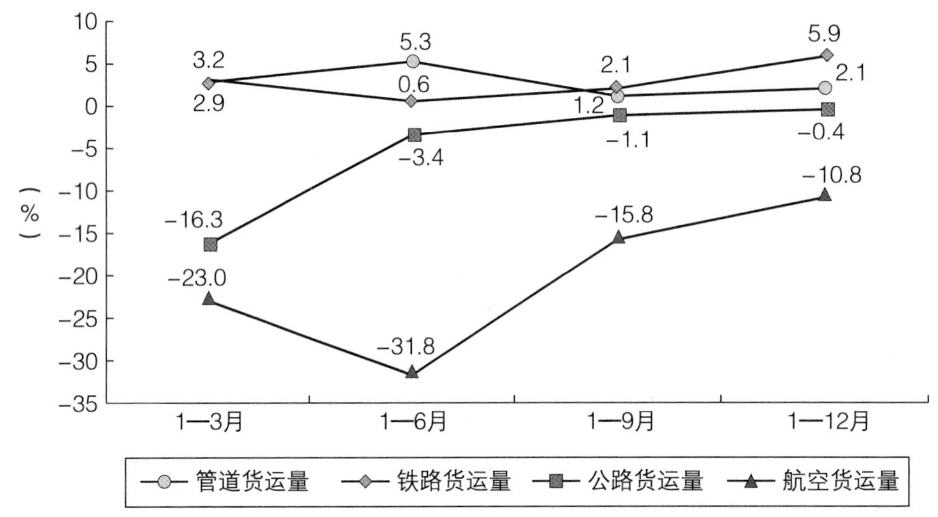

图 5 2020 年宁夏回族自治区货运量增长变化情况

五、物流业固定资产投资降幅明显收窄

2020 年，宁夏回族自治区全区物流业固定资产投资同比下降 3.1%，增幅比 2019 年同期回升 30.5 个百分点，比第一季度、上半年和前三季度分别回升 15.9 个、12.9 个和 1.4 个百分点。比同期全社会固定资产投资增幅低 7.1 个百分点。其中，交通运输、仓储和邮政业投资额同比下降 3.9%，增幅比 2019 年同期回升 28.8 个百分点，比第一季度和上半年分别回升 13.4 个和 10.2 个百分点，比前三季度回落 0.1 个百分点；批发和零售业投资额同比增长 17.7%，增幅比 2019 年同期回升 70.2 个百分点，比第一季度、上半年和前三季度分别回升 74.2 个、62.0 个和 37.5 个百分点。

六、重点物流运行恢复的基础较为稳固

2020 年，宁夏回族自治区全区重点调查的 49 户物流企业累计实现物流业务收入 75.74 亿元，同比增长 48.5%，增幅比 2019 年同期回升 41.1 个百分点，比第一季度、上半年和前三季度分别回升 54.7 个、35.5 个和 35.9 个百分点；物流业务成本 71.58 亿元，同比增长 55.2%，增幅比 2019 年同期回升 47.9 个百分点，比第一季度、上半年和前三季度分别回升 61.3 个、40.7 个和 46.4 个百分点；营业利润 2.99 亿元，同比下降 7.0%；职工薪酬 4.47 亿元，同比增长 23.4%。物流业务成本增速高于

物流业务收入，每百元物流收入成本94.51元，比2019年增加4.04元。以上显示物流企业运行成本持续上涨，盈利能力偏弱的问题依然较为突出，行业发展的困难与压力依然较大，45%的物流企业亏损。

七、重点企业物流需求加快复苏

2020年，宁夏回族自治区全区重点调查的101户工商企业销售总额1389.45亿元，同比下降7.5%，增幅比2019年同期回落17.2个百分点，比第一季度回落7.7个百分点，比上半年和前三季度分别回升4.1个和7.0个百分点；企业购进总额899.32亿元，同比下降6.8%，增幅比2019年同期回落15.8个百分点，比第一季度和上半年分别回落8.8个和1.4个百分点，比前三季度回升4.9个百分点；企业物流成本71.34亿元，同比下降7.8%，增幅比2019年同期回升9.7个百分点，比第一季度、上半年和前三季度分别回升28.2个、10.1个和0.8个百分点；购销比64.7%，比2019年同期高0.5个百分点。但是，部分企业生产经营困难。1—11月，全区规模以上工业企业中，有403户企业亏损，亏损面为33.4%，亏损企业亏损额81.9亿元，增长13.3%。尽管全区消费市场逐步复苏，而批发业销售额降幅较大。其中，60.2%的限额以上批发业企业销售额下降。

八、物流运行继续保持良好的复苏势头

2020年，由于国内新冠肺炎疫情零星式病例多有发生，加上季节性回调，给消费品行业带来一定影响，但市场需求整体平稳上升趋势不改，为经济复苏继续注入动力。2020年，宁夏回族自治区物流业景气指数为51.7%。从市场需求看，有些指数指标虽然回落50.0%以下，但总体仍在景气区间运行，反映出供应链上下游经济活动保持稳定。其中，平均库存量指数为56.9%，物流服务价格指数为54.8%，业务总量指数为53.3%，库存周转次数指数为52.6%，新订单指数为52.2%，资金周转率指数为51.1%，设备利用率指数为49.3%，从业人员指数为48.1%，业务活动预期指数为46.3%，主营业务利润指数为44.4%，固定资产投资完成额指数为43.0%，主营业务成本指数为36.7%。在需求放缓的同时，企业运行成本持续上涨，部分领域盈利能力偏弱的问题依然突出。

（宁夏现代物流协会）

2020 年乌兰察布市物流业发展情况

2020 年，随着新冠肺炎疫情防控常态化取得显著成效，有效地推动生产生活秩序恢复，乌兰察布市社会物流总额、社会物流总费用等指标稳步回暖，部分指标由负转正，物流市场规模稳步提升，物流业运行总体稳中向好。

一、物流业增加值降幅收窄

2020 年，乌兰察布市物流业增加值完成 65.6 亿元，同比下降 3.6%，增速较前三季度收窄 0.8 个百分点。物流业增加值占第三产业增加值的比重为 18.5%，占 GDP 的比重为 7.9%。物流业增加值占 GDP 的比重高于全国 3.8 个百分点，高于内蒙古自治区 0.7 个百分点。显示出物流业作为融合运输业、仓储业、货代业和信息业等的复合型服务产业，对全市增加值的贡献突出，对吸纳就业、促进生产、拉动消费作用巨大。物流行业需求的提升对乌兰察布市较为传统的物流业发展方式提出了转型要求，需加快推动物流行业标准化、信息化、智能化、集约化建设发展。

二、物流运行稳步回升

2020 年，乌兰察布市社会物流总额完成 1608.4 亿元，同比增长 2.2%，增速较前三季度提高 1.1 个百分点。从社会物流总额构成来看，工业品物流总额占 60%，农产品物流总额占 15%，进口货物物流总额占 0.3%，单位与居民物品物流总额占 0.2%，其他货物物流总额占 24.5%：反映出全市物流业仍以工业品、农产品货物为主，进口货物比例有待进一步提升。物流业作为现代服务业的重要组成部分，全年物流需求规模逐步回升，反映出全市经济发展势头呈现稳步回暖的态势。

三、社会物流成本有所降低

2020 年，乌兰察布市社会物流总费用完成 136.8 亿元，同比增长 0.9%，增速较前三季度提高 2.2 个百分点。社会物流总费用与 GDP 的比率为 16.5%，较内蒙古自治区全区社会物流总费用与 GDP 的比率低 0.1 个百分点，较上年同期社会物流总费用与 GDP 的比率下降 0.2 个百分点；显示出在减税降费政策、便利通行、营商环境改善等多方因素影响下，物流运行成本较上年同期有所降低。

从结构来看，运输费用 98.9 亿元，同比增长 0.8%，增速较前三季度提高 2.6 个百分点，占社会物流总费用的 72.3%，运输费用与 GDP 的比率为 12%。保管费用 28.2 亿元，同比增长 1.7%，增速较前三季度提高 1.1 个百分点，占社会物流总费用的 20.6%，保管费用与 GDP 的比率为 3.4%。管理费用 9.7 亿元，同比下降 0.3%，增速较前三季度收窄 0.2 个百分点，占社会物流总费用的 7.1%，管理费用与 GDP 的比率为 1.2%。

四、物流市场规模稳步回升

2020 年，乌兰察布市物流相关行业总收入 116.2 亿元，同比增长 0.9%，增速较前三季度提高 1.8 个百分点。随着线上消费进一步普及，电商、快递行业市场规模随之加速扩张，增速明显高于物流业总收入增速，对物流行业增长恢复的带动作用进一步凸显。与物流业相关的邮政行业增势良好，邮政业务收入 1.7 亿元，同比增长 11.2%。

五、货运市场持续向好

2020 年，乌兰察布市道路货运量完成 9343.1 万吨，同比增长 14.2%，增速较前三季度提高 2.5 个百分点；道路货物周转量 245.6 亿吨公里，同比增长 43.1%，增速较前三季度提高 4.4 个百分点。

六、快递业发展保持高速增长

2020 年，乌兰察布市快递服务企业业务量累计完成 828.7 万件，同比增长 38.8%；快递服务企业投递量累计完成 5982.9 万件，同比增长 58.3%；业务收入累计完成 17046 万元，同比增长 37.6%。其中，同城业务量累计完成 68 万件，同比增长 41.1%；异地业务量累计完成 760.1 万件，同比增长 38.6%；国际及港澳台业务量累计完成 0.6 万件，同比增长 89.6%。其中，全市快递服务企业业务量完成 94.7 万件，同比增长 56.8%；业务收入实现 2083 万元，同比增长 51.3%。全市同城、异地、国际及港澳台业务量分别占全部快递业务量的 8.2%、91.7%、0.1%；业务收入分别占全部快递业务收入的 4.7%、49.5%、0.3%。与 2019 年同期相比，同城快递业务量的比重上升 0.1 个百分点，异地快递业务量的比重下降 0.2 个百分点，国际及港澳台业务量的比重上升 0.02 个百分点。

（乌兰察布市发展改革委）

2020 年南昌市物流业发展情况

2020 年，南昌市物流业总体呈现稳中向好、稳中有进的运行态势，物流市场供需关系不断平衡，物流发展的质量、效益稳步提升，凸显出全市物流业的强劲韧性。

一、社会物流需求稳中有升

2020 年，南昌市社会物流总额 14499. 38 亿元，按可比价格计算，同比增长 5. 2%。其中，农产品物流总额 340. 28 亿元，同比增长 5. 2%；工业品物流总额 7009. 24 亿元，同比增长 4. 3%；进口货物物流总额 438. 35 亿元，同比增长 4. 3%；外市流入物品物流总额 6524. 52 亿元，同比增长 5. 7%；再生资源物流总额 74. 71 亿元，同比增长 26. 2%；单位与居民物品物流总额 112. 28 亿元，同比增长 34. 1%。

二、社会物流效益持续改善

2020 年，南昌市社会物流总费用 851. 14 亿元，同比增长 4. 0%。其中，运输费用 386. 97 亿元，同比增长 6. 0%；保管费用 340. 59 亿元，同比增长 2. 2%；管理费用 123. 58 亿元，同比增长 2. 6%。社会物流总费用与 GDP 的比率为 14. 81%，同比下降 0. 19 个百分点。

三、物流市场主体规模扩大

2020 年，南昌市物流业总收入 606. 39 亿元，同比增长 7. 3%，增幅较前三季度扩大 2. 1 个百分点。全市累计 A 级物流企业 32 家，其中 5A 级物流企业 3 家（新增 1 家），3A 级以上企业 29 家；四星级冷链物流企业 1 家，江西省省级重点冷链物流企业 4 家；江西省省级重点商贸物流企业 13 家，江西省省级重点商贸物流园区（中心）3 家：物流市场整体运行逐渐恢复，物流企业经营水平进一步提升。

四、物流业经济效应凸显

2020 年，南昌市物流业增加值 339. 7 亿元，同比增长 10. 8%，增幅较前三季度扩大 4. 9 个百分点。物流业增加值占 GDP 的比重为 5. 91%，同比上升 0. 16 个百分点；物流业增加值占第三产业增加值的比重为 11. 99%，同比上升0.2个百分点，物流业发展对经济的支撑和保障作用进一步增强。

五、物流市场活动持续活跃

2020年，南昌市物流业景气指数平均值为52.4%，高于江西省1.1个百分点，其中上半年指数平均值为50.2%，下半年指数平均值为54.5%，呈现逆势向好、动能提升的良好态势。其中，业务总量指数平均值为52.4%，新订单指数平均值为52.5%，均处在扩张区间，物流活动企稳回暖。

六、企业经营稳步复苏

根据150家重点样本企业调查结果可知，企业物流费用率为8.0%，同比下降0.09个百分点，企业物流效率有所提升。物流企业货运量同比增长5.17%，货物周转量同比增长6.51%；物流企业物流业务收入同比增长7.57%，较上年收窄1.25个百分点，增速趋缓。物流企业营业利润实现小幅增长，较上年同比增长2.07%。物流企业资产总计同比增长5.63%，总体保持平稳增长态势。

（南昌市发展改革委）

2020 年青岛市物流业发展情况

近年来，青岛市深入贯彻“创新、协调、绿色、开放、共享”新发展理念，坚持以问题、目标、结果为导向，围绕市场培育、体系建设、模式创新、服务升级等方面集中发力，不断释放平台效益，实现现代物流产业良好发展，为打造“一带一路”国际合作新平台注入了新动能，为充分发挥“双节点”价值、深度融入“大循环、双循环”新发展格局提供了有力支撑。“十三五”期间，青岛物流业增加值突破千亿元，年均增长 8.9%，占全市 GDP 的比重始终保持在 10% 左右，物流业规模持续扩大，对国民经济发展的支撑保障作用日益凸显。

一、发展现状

（一）物流运行保持逆势增长

一是物流规模持续扩大，增速缓中趋稳。2020 年，青岛市实现物流业增加值 1208.5 亿元，增速为 6.7%，较 2019 年下降 2.7 个百分点；占 GDP 的比重为 9.7%，较 2019 年下降 0.4 个百分点。全市社会物流总额 28571.0 亿元，增速为 3.5%，较 2019 年回落 2.1 个百分点。分季度看，第一季度、上半年、前三季度增速分别为 -8.9%、-3.4%、2.4%，物流规模增长持续恢复，第四季度增速回升进一步加快。

二是物流效率逐步改善，运行提质增效。2020 年，青岛市社会物流总费用 1812.9 亿元，增速为 5.3%，较 2019 年上升 3.6 个百分点；与 GDP 的比率为 14.6%，较 2019 年下降 0.1 个百分点，物流运行效率逐步改善。特别是随着企业“纾困政策”措施的实施，物流组织和管理环节的优化，制度性、管理性物流成本增速明显放缓。其中，物流管理费用增速较 2019 年下降 1.4 个百分点，占总费用的比重较 2019 年下降 0.3 个百分点。

三是物流活动保持稳定恢复，市场韧性不断彰显。2020 年，青岛市铁路、公路、水路共完成货运量 3.6 亿吨、货物周转量 1788.29 亿吨公里，增速分别为 4.3% 和 12.2%；港口完成货物吞吐量 60458.6 万吨、集装箱吞吐量 2200.81 万标准箱，增速分别为 4.72% 和 4.74%。随着复工复产稳步推进，全市物流业景气指数中的业务总量指数和新订单指数震荡回升，12 月分别达到 56.3%、54.0% 的较高水平，两者差值有所缩小，供需关系更加平衡。

四是物流需求结构继续优化，新动能带动作用显著。2020 年青岛市工业品物流总额呈逐季回升态势，全年增速为 4.0%。民生消费物流需求仍保持强势增长，全市实现单位与居民物品物流总额 2356.3 亿元，增速为 23.1%。新型消费模式的逆势增长，带动单位与居民物品物流总额占社会物流总额的比重较 2019 年提高 1.3 个百分点。全市快递服务企业业务量累计完成 58711.35 万件，增速达到 29.53%，较 2019 年增速大幅提升 11.2 个百分点。

（二）服务保障能力明显增强

一是强化顶层设计和智力支撑。2020 年 5 月 20 日青岛市政府出台《青岛市交通物流业发展三年行动计划（2020—2022 年）》，开展青岛市“十四五”物流业发展规划研究，开展推进上合示范区国际物流中心建设专题研究。定期开展全市物流业运行情况、景气指数调查分析研究，成立青岛航运发展研究院，为政府决策和企业经营提供科学支撑。

二是服务企业项目发展。坚持以企业、项目为媒介，合力促进产业集聚发展。邀请相关行业协会和重点物流企业负责人召开座谈会，实地调研督促项目建设。组织企业参加上海现代服务业对接会及深圳、成都、重庆物博会等展会开展宣传推介，助力上合示范区、自贸区贸易合作、品牌推广、技术交流、理论研讨等。

三是壮大交流合作平台。组织上合组织及“一带一路”节点城市交通创新发展论坛、全国物流园区年会等活动。成立“深青物流与供应链产业联盟”，与德国物流联盟、上海航运和金融产业基地达成战略合作，海丰全球航运物流中心项目落地，RCEP 青岛经贸合作先行创新试验基地启动。先后引进德邦山东总部等 14 个物流大项目。

（三）产业发展成效充分显现

一是企业、集群培育量质齐升。截至 2020 年年底，青岛市国家 A 级物流企业总数达到 87 家（其中物流企业最高等级 5A 级 10 家），特别是 2020 年新增 3 家 5A 级物流企业，新增数量居全国首位。培育 23 家网络货运平台企业，成为带动行业增长的强力引擎。中创物流成为全省首家上市的综合性民营物流企业。日日顺物流入围全球独角兽企业 500 强，与中创物流共同入选新一代“青岛金花”服务业培育企业，启用国内大件物流首个智能无人仓。全球航运中心城市综合排名由 2018 年的第 19 位提升至第 15 位。

二是枢纽、设施网络不断升级。青岛市获批商贸服务型国家物流枢纽，成为全国唯一“三型”枢纽叠加建设城市。全市有近 50 个重点物流园区，3 个全国优秀物流园区。新增海铁联运班列线路 7 条、内陆港 2 个，总数分别达到 55 条、18 个。推出“日韩陆海快线”“上合快线”等欧亚班列服务产品，海铁联运量连续 6 年居全国沿海港口首位，“齐鲁号”欧亚班列全年开行 401 列。开行上合示范区与乌兹别克斯坦塔什干“点对点”班列和 7 天直达的国际道路运输通道，“青岛—东南亚冷链快航”实现首航。

三是技术创新、动能转换连续突破。创新物流组织服务模式，在全国首创开展内外贸货物全程联运“一单制”操作模式、率先完成海铁联运“国际中转集拼业务”试点，有效提升口岸国际物流辐射能力和贸易便利化水平。推动物流产业的科技创新和工业、金融赋能，引入区块链、物联网等创新技术，完成现代物流产业链平台与工业互联网平台卡奥斯顶层架构对接，打造青岛首个可信示范仓，实现全国首单"农产品区块链电子仓单融资"业务。

二、存在问题

一是产业发展认识有待进一步深化。单纯强调物流产业的特殊地位、就物流论物流的产业认识和观念，并不利于物流产业发展。在现代经济和产业发展背景下，作为生产性服务业的物流产业与关联产业具有密切关系，物流需求主要依赖于工业、农业和商贸流通企业的需求情况，应进一步深化产业链、供应链研究，建立起与青岛市区域、产业优势高度融合、匹配的物流发展体系，带动物流规模经济发展。

二是产业发展业态有待进一步提升。各物流集聚区基本实现了空间集聚，存量物流发展模式有了一定的基础，但业务深度整合不足，网络化、集约化、规模化等谋求增量的发展模式以及与制造业、商贸业联动发展的创新模式起步较晚，引进项目大多是占地面积大、附加值低的低端物流基建项目，缺乏与物流相配套的金融、法律服务等高附加值的物流衍生业态。

（青岛市交通运输局物流业发展处 戚丽丽）

2020 年宜昌市物流业发展情况

2020 年，宜昌市物流业继续延续恢复态势，物流需求持续回暖。从长期来看物流运行保持平稳向好势头。

一、社会物流总额持续恢复，物流总需求回升

2020 年，宜昌市社会物流总额达到 9015.68 亿元，恢复到同期水平的 91.88%，社会物流总额自第一季度受新冠肺炎疫情影响出现断崖式下滑后，降幅逐季收窄回暖，总体物流延续复苏态势，全市社会物流总需求持续向好。

从结构来看，农产品物流总额、单位与居民物品物流总额继续保持良好增长态势。2020 年，全市农产品物流总额 799.67 亿元，同比增长 2.8%，单位与居民物品物流总额 30.9 亿元，同比增长 31.37%。2020 年下半年以来，在促销政策和“双十一”“双十二”等电商活动叠加带动下，内需消费持续拉升，物流市场活力增强，互联网相关物流需求加快增长。截至 12 月，全市快递完成业务量 8578.06 万件，同比增长 19.53 个百分点，快递日均业务量接近 24 万件。

工业品物流总额持续回升。2020 年，全市工业品物流总额 3879.47 亿元，恢复同期水平的 95%。其中，规模工业生物医药类总产值恢复到同期水平的 97.7%，装备制造业恢复到同期水平的 85.8%，新材料产业恢复到同期水平的 88%，表明宜昌市的新冠肺炎疫情防控工作取得决定性成果，疫情后重振经济和高质量发展取得重要进展，供应链下游市场需求快速回暖，装备制造业、新材料产业物流需求迅速回升。

二、社会物流运行效率有一定程度的提升

2020 年第四季度，宜昌市社会物流总费用 547.12 亿元，同比下降 12.85%。相比第三季度降幅收窄 5.62 个百分点。社会物流总费用与 GDP 的比率为 12.83%，同比下降 1.25 个百分点。从构成来看，运输费用为 264.12 亿元，占总费用的 48.27%；保管费用为 219 亿元，占总费用的 40.03%；管理费用为 64 亿元，占总费用的 11.70%。分环节看，运输、管理环节物流成本降幅呈收窄态势，比第三季度分别

收窄 9.34 个、11.83 个百分点。2020 年，在市政府的支持和引导下，物流业发展中心发挥行业主管部门职能，出台物流企业纾困专项政策，全力帮助中小物流企业。

三、物流业收入快速恢复，行业活力明显增强

2020 年，宜昌市社会物流总收入 462.24 亿元，恢复到同期水平的 84.82%。物流业增加值 349.7 亿元，恢复到同期水平的 81.3%。面对新冠肺炎疫情带来的严重冲击、严峻复杂的国内外环境，全市加大固定资产投资力度，不断优化营商环境，有效提高物流市场活力和运行质量。2020 年，全市 10 家重点物流园区交易额达到 569.12 亿元，同比下降 3.82%，全市重点物流企业累计营业收入为 64.03 亿元，同比下降 0.75%。显示出全市当前物流运行恢复的基础较为稳定，物流行业主营业务收入水平在快速恢复，物流企业要继续强化机遇意识、风险意识、担当意识，努力打造新发展格局下的综合竞争力。

（宜昌市物流业发展中心）

2020 年郴州市物流业发展情况

2020 年，郴州市物流行业在防控新冠肺炎疫情和复工复产方面取得显著成效，物流运行稳定恢复，社会物流总额增速持续回升，物流业总收入保持增长，物流运行实现提质增效，物流成本稳中有降。

一、物流运行稳定恢复，社会物流总额增速持续回升

2020 年，郴州市社会物流总额为 8555.87 亿元，同比增长 3.3%。分季度看，第一季度、上半年和前三季度增速分别为 -6.5%、-1.6%、2.1%，物流规模增长持续恢复，第四季度增速回升进一步加快。

从需求结构来看，农产品物流总额 667.36 亿元，同比增长 23.7%；工业品物流总额 4782.73 亿元，同比增长 1.1%；外部流入货物物流总额 2301.53 亿元，同比增长 2.1%；再生资源物流总额 18.1 亿元，同比增长 2.3%；单位与居民物品物流总额 786.15 亿元，同比增长 5.9%。

二、物流规模再上新台阶，物流业总收入保持增长

2020 年，郴州市物流相关行业总收入为 336.18 亿元，同比增长 2.1%。物流业总收入增速自第三季度起由负转正。第四季度以来呈现加速回升态势。以下从收入构成来分析。

（1）运输环节收入 226.326 亿元，同比增长 0.4%。其中，道路运输业收入 133.995 亿元；铁路运输业收入 1.818 亿元；水上运输业收入 0.044 亿元；装卸搬运及其他运输业收入 61.451 亿元；运输附加收入 29.018 亿元。

（2）保管环节收入 40.709 亿元，同比增长 7.1%。其中，仓储业收入 23.081 亿元；信息及相关服务业收入 0.397 亿元；配送收入 3.596 亿元；流通加工收入 13.207 亿元；包装收入 0.318 亿元；其他保管收入 0.11 亿元。

（3）物流相关贸易业收入 57.805 亿元，同比增长 4.0%。

（4）邮政业收入 11.34 亿元，同比增长 12.3%。

三、物流运行提质增效，物流成本稳中有降

2020 年，郴州市社会物流总费用为382.97 亿元，同比下降 0.06%。社会物流总费用与 GDP 的比率为 15.3%，同比下降 0.6 个百分点。以下从社会物流总费用的构成来分析。

（1）运输费用 210.627 亿元，同比下降 1.9%。其中，道路运输费用146.405 亿元；铁路运输费用 2.343 亿元；水上运输费用 0.048 亿元；装卸搬运和其他运输费用61.831 亿元。

（2）保管费用 117.041 亿元，同比增长 2.7%。其中，利息费用 57.175 亿元；仓储费用33.893 亿元；保险费用0.971 亿元；货物损耗费用 4.167 亿元；信息及相关服务费用 0.433 亿元；配送费用 5.212 亿元；流通加工费用14.686 亿元；包装费用0.393 亿元；其他保管费用0.111 亿元。

（3）管理费用 55.302 亿元，同比增长 1.7%。2020 年年初受新冠肺炎疫情影响，各地不同的管控措施造成物流通道不畅，部分区域资源紧缺，服务时效放缓，新冠肺炎疫情防控相关措施带动物流成本上升。2020 年下半年，随着物流运行效率有所改善，物流发展的质量和效益不断提升。一是运输协同性提升，多式联运进一步发展，铁路专用线与基础建设加快推进，着力打通“最先一公里”和“最后一公里”。铁路引领运输物流服务质量提升，铁路产品供给不断优化，集装箱运输、冷链运输等成为铁路货运增长新亮点。二是多部门政策措施助力企业解困，优化营商环境，继续推动降低行政性物流成本。通过多方努力，单位物流成本增速明显趋缓，2020 年社会物流总费用与 GDP 的比率为15.3%，五年间下降4.5 个百分点，物流降本增效成果显著。

四、物流运行压力犹存，不稳定问题仍需关注

2020 年，物流企业普遍经营压力较大。重点调查数据显示，2020 年 1—11 月调查企业物流业务收入、利润额比上年同期仍略下降，有 31% 的物流企业处于亏损状态，利润率不足往年的一半。物流企业盈利偏弱主要受到以下因素影响，一是行业竞争激烈，服务价格持续低位；二是常态化疫情防控措施推高企业运营成本；三是物流企业资金趋紧，现金流压力增大。

五、已授牌 A 级物流企业及优秀“质押监管”企业、星级冷链服务企业名录

截至 2020 年年底，郴州市 A 级物流企业共计 31 家，优秀“质押监管”企业 3 家，星级冷链服务企业 3 家。

5A 级物流企业 3 家，分别是湖南金煌物流股份有限公司、湖南兴义物流有限公司、郴州凯程医药有限公司。

4A 级物流企业 11 家，分别是湖南省惠尔物流有限公司、郴州市泓广物流有限责任公司、郴州市恒丰物流有限公司、郴州市宏顺物流有限公司、郴州市义捷现代物流有限公司、资兴市达达农产品冷链物流有限公司、湖南郴州南方新材料科技有限公司、湖南湘港投资集团有限公司、郴州市联航物流有限公司、湖南省铸万有实业有限公司、郴州湘郴辉达仓储物流有限公司。

3A 级物流企业 16 家，分别是湖南省煤业

集团资兴物资供应有限公司、郴州市联邦物流有限公司、汝城县诚信物流有限公司、湖南康芝仁医药连锁公司、郴州市红星物流有限公司、郴州市俊涛贸易有限公司、临武县顺民惠农服务有限公司、郴州市君鑫农产品市场开发有限公司、郴州市俊腾仓储物流有限公司、郴州祥通速递有限公司、郴州市州庆物流有限公司、郴州市和源物流有限公司、郴州广通物流科技有限公司、安仁县成虎商联有限公司、资兴湘通物流有限公司、郴州市金峰物流仓储有限公司。

2A 级物流企业 1 家，郴州市泰达物流有限公司。

优秀“质押监管”企业 3 家，分别是湖南金煌物流股份有限公司、湖南兴义物流有限公司、资兴市达达农产品冷链物流有限公司。

星级冷链服务企业 3 家。其中，4 星级冷链服务企业 2 家，分别是郴州市义捷现代物流有限公司、郴州凯程医药有限公司；3 星级冷链服务企业 1 家，资兴市达达农产品冷链物流有限公司。

（郴州市发展改革委　郴州市统计局　郴州市物流与采购联合会）

2020 年西安市物流业发展情况

2020 年，西安市物流业积极克服新冠肺炎疫情的不利影响，加快构建安全、便捷、高效、绿色、经济的现代化物流综合体系，全市物流业呈现货运量总体小幅增长和邮政快递量继续较快发展的态势。

一、全年货运总量实现增长

2020 年，西安市货运总量 25712.81 万吨，增长 5.6%。其中，铁路货运量 471.18 万吨，下降 3.3%；公路货运量 25204.00 万吨，增长 5.7%；航空货邮吞吐量 37.63 万吨，恢复至 2019 年同期的 98.5%。2020 年西安市货运量分方式增长变化情况如图 1 所示。

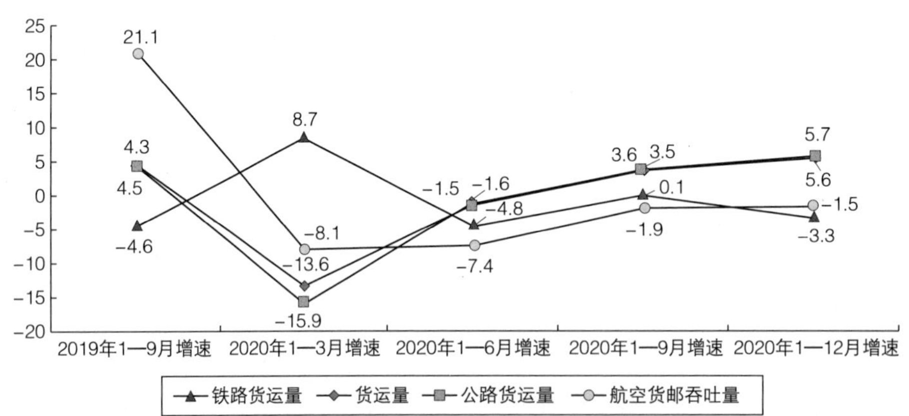

图 1　2020 年西安市货运量分方式增长变化情况

二、全年货物周转总量降幅逐季收窄

2020 年，西安市货物周转总量 565.36 亿吨公里，同比下降 3.3%，比上年回落 6.1 个百分点。其中，铁路货物周转量 178.09 亿吨公里，占货物周转总量的 31.5%，同比下降 14.7%；公路货物周转量 378.23 亿吨公里，占货物周转总量的 66.9%，增长 4.7%；民航货物周转量 9.04 亿吨公里，占货物周转总量的 1.6%，下降 35.6%。全年货物周转总量降幅呈现逐季收窄的态势。2020 年西安市货物周转总量中各种运输方式的占比情况如图 2 所示。

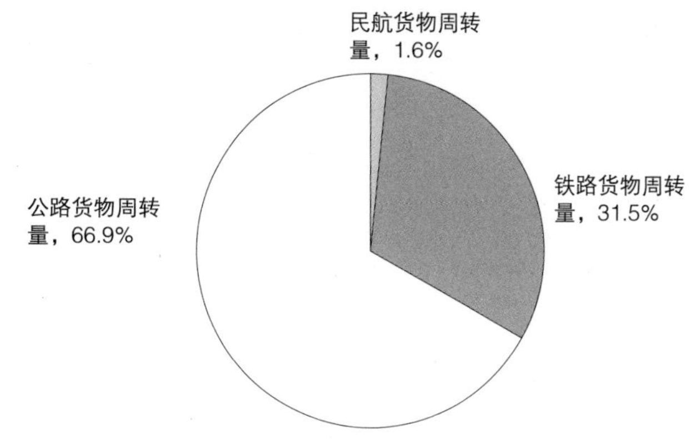

图 2　2020 年西安市货物周转总量中各种运输方式的占比情况

三、全年邮政和快递业务量继续保持较快增长

2020 年，西安市邮政服务业务总量 21.38 亿元，同比增长 9.43%；邮政寄递服务业务量 21598.62 万件，同比增长 1.55%；邮政寄递服务业务收入累计达到 3.58 亿元，同比下降 9.76%。

2020 年，西安市快递服务企业业务收入 75.71 亿元，同比增长 21.28%；全市快递服务企业业务量 67115.4 万件，同比增长 24.57%。其中，同城业务量 21107.77 万件，同比增长 5.67%；异地业务量 45600.60 万件，同比增长 35.99%；国际及港澳台业务量 407.02 万件，同比增长 10.18%。

四、西安公路港的中欧班列“长安号”创历史新高

2020 年，西安公路港的中欧班列“长安号”全年开行 3720 列，是上年的 1.7 倍，创历史新高；货运总量 281.1 万吨，是上年的 1.6 倍。中欧班列“长安号”已开通运行中亚、南亚、西亚及欧洲的 15 条干线通道，覆盖欧亚大陆全境，其中欧洲方向约占全国市场总量的 20%。

2020 年，西安公路港的中欧班列“长安号”开行量、重箱率、货运量及运行质量评价等重要指标位居全国第一。2020 年，中欧班列“长安号”实现西安至欧洲每天往返开行 2 去 2 回，全年达到 1311 列，是上年的 1.7 倍。其中，重箱率始终保持 100%。

五、交通运输、仓储和邮政业行业中，规模以上企业运行逐步摆脱新冠肺炎疫情影响

2020 年，西安市交通运输、仓储和邮政业行业中，规模以上企业共有 224 家，实现营业收入 572.89 亿元，同比增长 1.5%。2020 年西安市交通运输、仓储和邮政业中规模以上企业营业收入及增速如下表所示。

2020 年西安市交通运输、仓储和邮政业中规模以上企业营业收入及增速

	单位数（个）	营业收入（亿元）	增速（%）		
			1—12 月	1—9 月	1—6 月
交通运输、仓储和邮政业	224	572.89	1.5	-3.4	-7.4
铁路运输业	3	66.21	0.0	-1.0	1.9
道路运输业	134	211.80	-14.1	-22.5	-28.0
航空运输业	10	37.44	-30.8	-36.9	-44.3
管道运输业	1	3.72	-51.0	5.2	8.6
多式联运和运输代理业	32	90.53	59.9	49.6	36.8
装卸搬运和仓储业	34	38.59	18.8	21.0	14.1
邮政业	10	124.61	23.9	24.7	22.6

六、西安市货物运输车辆数量增长

截至 2020 年年末，西安市公路货物运输车辆数量 29.01 万辆，较上年增长 7.8%。2020 年，西安市新增公路货物运输车辆趋向重型车辆和轻型车辆。其中，重型车辆增长 7.8%，轻型车辆增长 8.0%，中型车辆下降 27.1%，微型车辆下降 47.5%。

七、交通运输、仓储和邮政业行业中，规模以上企业用工人数小幅增长

2020 年，西安市交通运输、仓储和邮政业行业中，规模以上企业期末用工人数 11.30 万人，同比增长 4.6%。其中，多式联运和运输代理业用工人数增长 18.1%、铁路运输业用工人数增长 6.1%、航空运输业用工人数增长 7.1%、装卸搬运和仓储业用工人数下降 2.4%、管道运输业用工人数下降 0.7%。

（西安市道路货物运输行业协会　闫鸣）

第六部分

物流技术与装备

2020年中国物流技术装备业

一、2020年中国物流技术装备业发展环境

（一）物流技术装备业面临的宏观环境分析

2020年，是我国“十三五”规划收官之年，也是新中国历史上不平凡的一年。面对严峻复杂的国内外环境和新冠肺炎疫情的冲击，我们实现了经济正增长，成为全球唯一实现正增长的主要经济体，同时三大攻坚战取得决定性成就，全面建成小康社会。

据国家统计局发布的数据，2020年我国经济实际增长2.3%，工业增长2.8%，固定资产投资同比增长2.9%，商品网上零售额同比增长14.8%，其中吃、穿、用三类商品零售额同比分别增长30.6%、5.8%和16.2%。到第四季度经济已恢复至疫情前的水平。

物流装备业受新冠肺炎疫情冲击，很多项目暂停或不开工，随着各地疫情防控形势好转，在国家推出的“六稳六保”政策支持下，国民经济快速回复，工业制造业和固定资产投资快速回复实现较快增长，物流技术装备业也快速回复，且恢复速度远超预期，全年实现了较快的正增长。

在物流政策方面，2020年国家出台了一系列针对物流业的政策支持，除“六稳六保”相关政策外，国家各级政府部门重点围绕冷链物流、物流枢纽、物流配送、物流疫情防控、智慧物流、新技术应用展开等方面，出台了重要政策数十项。这些政策对物流装备制造业产生了非常重要的影响。

总体来看，各项物流政策密集出台，对物流技术装备业应对疫情冲击，推动物流技术装备业快速发展起到了积极作用。

（二）物流技术装备业发展环境分析

1. 快递业高速发展推动物流技术装备业需求加速增长

2020年新冠肺炎疫情暴发刺激了线上销售市场，推动了快递物流高速发展，使得快递业务量在基数很大情况下仍保持31.2%的高速增长，达到了833.6亿件。快递业的快速发展直接推动了快递行业物流装备市场的需求保持高增长，成为物流技术装备业的最大需求市场。

2. 制造业领域物流装备市场需求增长较快

从制造业角度看，自2020年下半年以来，

我国疫情得到控制，全球疫情防控有些逊色。受此影响，全球制造业中国一枝独秀，出现部分国外的加工制造订单向我国转移的情况，工业生产呈现较高速增长，进出口快速增长，制造业的快速发展，拉动了物流技术装备业的市场需求。

在我国制造业领域，目前物流技术装备市场需求增长较快的有新能源产品、医疗物资、电动汽车、智能手机、半导体产业、信息技术产品、绿色环保产业、高端制造与智能制造等，这些领域市场需求的快速增长，是物流技术装备企业需要持续关注并发力的焦点。

3. 商贸流通变革影响物流技术装备需求变化

近年来，“新基建”战略、“双循环”战略等都推动现代流通体系不断完善，全渠道销售、数字新商贸、社区团购、新零售创新等现代商贸流通领域的变革不断出现，这些新格局、新战略、新模式都对物流技术装备市场需求产生巨大影响。

二、2020 年我国物流技术装备行业发展分析

（一）自动仓储系统逆势增长、智能化加速

2020 年我国自动化仓储领域经受住了新冠肺炎疫情的考验、稳中求进，集中凸显了产业社会价值和经济价值。

制造、流通行业在仓储物流无人化、智能化升级方面的需求迫切，行业的重要地位和社会价值也获得较大提升。这一年，国内自动化仓储物流行业的客户成熟度进一步提高。在竞争较为激烈的烟草、酒业、医药、快递、电商、能源、石化等行业，客户更注重项目的投资风险及项目实施风险的防控，整体解决方案与供应商选择方面更加偏向于综合实力较强的大型系统集成商，推动行业的头部企业大部分实现业绩稳定增长。

从竞争态势角度看，国内供应商在中国市场上面对的来自国外竞争者的压力有所减小，国内企业上市、融资、合并等资本热度越来越高，相应的是国内供应商之间的竞争压力越来越大。

有竞争就有合作，部分国内企业也开始了相互合作，同行供应商之间展开合作的案例开始增加，反映出同行业的供应商哪怕是竞争对手，也可以通过发挥各自的优势，寻找合作空间，实现合作共赢。

鉴于国内物流自动化系统供应商集中度很小，与国外供应商在体量上差距仍然较大，通过合作共赢、投资兼并可以实现企业规模快速扩张，也意味着国内供应商在技术或市场规模方面仍然具有较大的提升空间。

从技术与产品创新角度观察，2020 年人工智能技术在物流业应用越来越广泛，使仓储行业进入前所未有的智能化阶段。智能数据分析、智能仓位/路径分配、AMR/AGV 智能调度、3D 视觉智能识别、机械臂非标拆码垛等各类系统提供了智能基础。

5G 技术为仓储系统中的各类数据流提供了一条革命性的高速通道，2020 年 5G 技术在自动仓储系统中主要用于柔性自动化设备（AGV、环行 RGV、密集库子母车、四向车等）通信，站台、扫描枪、电子标签等之间的服务器通信，以及云服务基础下的仓储信息流通信。

此外，数字孪生、软件定义物流等新技术理念也开始在自动仓储系统中流行。

（二）自动分拣设备需求增速迅猛，竞争态势加剧

2020 年，我国的自动分拣设备市场，继续保持着高速增长态势。据相关资料统计，2020 年我国自动化分拣设备市场规模约 213.5 亿元，同比增长约 29%。2012—2020 年我国自动化分拣设备市场规模及增长变化情况如下图所示。

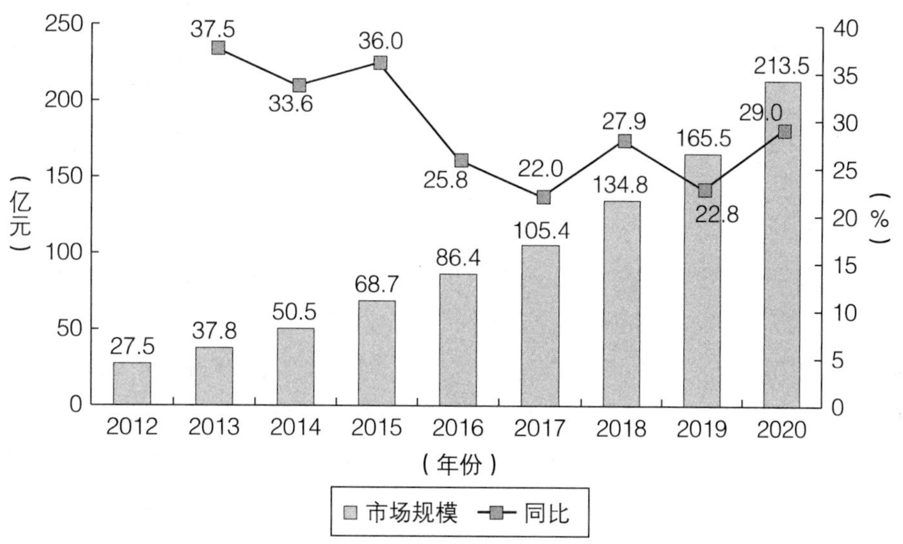

图 1　2012—2020 年我国自动化分拣设备市场规模及增长变化情况

2020 年，为应对快递业务量的快速攀升，各大快递龙头企业积极提升运转中心效率及末端网络自动化率。作为自动化物流市场的核心模块，自动分拣设备系统的市场需求巨大，行业设备系统集成及装备制造厂家也都开足产能，全力配合。

目前，市场上主流的智能分拣解决方案，主要有交叉带式、摆臂式、摆轮式、翻盘式、滑块式及新兴的 AGV 式智能分拣解决方案，各种自动分拣解决方案根据其布局、参数等特性适用于不同场景。2020 年自动分拣产品技术朝着智能化、无人化方向发展，各企业均积极推动科技创新，加快产品优化和设备迭代，相继开发出快递包裹高速集散的单件分离系统、大件摆轮柔性分拣技术设备、交叉带自动供包/集包系统等新技术装备的创新与应用。

在自动输送分拣领域，德马科技成功上市，中科微至完成 2.3 亿元融资，金峰集团获得过亿元的 C 轮融资。

（三）叉车行业全年销量再创历史新高

继 2019 年我国机动工业车辆销量突破 60 万台后，2020 年销量再创历史新高，全年销量突破 80 万台大关。据中国工程机械工业协会工业车辆分会统计，2020 年我国叉车销量达 800239 台，同比增长 31.54%。其中，我国电动叉车销售量为 410266 台，同比增长 37.38%；电动仓储叉车总销量 334009 台，同比增长 42.03%。

2020 年我国叉车市场销售量占亚洲销售量的 77.04%，比 2019 年增长了 6.45 个百分点；占全世界销售量的 39.18%，比 2019 年增长了 8.58 个百分点，继续位列世界第一，占比持续提升。

2020 年叉车行业整体呈现出以下几个新的

特点。一是在总销售量中，内燃叉车在全球市场的占比继续下降，而在国内市场内燃叉车占比为55%。二是电动步行式仓储叉车在叉车市场中的比重继续提高，第四季度的单月销量已经超过内燃叉车，成为机动工业车辆销量第一的车型。三是新能源锂电池叉车2020年销售量为161254台，比上年同期的74737台上升了115.76%；锂电池叉车销售量占总电动叉车的39.31%。这显示出电动叉车、新能源叉车的市场接受度越来越高。四是竞争力优势愈发重要，仅靠单一优势已不足以支撑企业发展，需要整个产业链的配合与提升。五是新技术、新应用眼花缭乱，需要更多的贴近用户的设计和积极的市场应变能力。六是围绕细分市场、客户定制的车型，也呈现出增长的态势。七是中国市场具有自身特色，不同于其他任何一个国家和市场，进行适应与调整尤为重要。

（四）托盘行业保持高增长，实现新发展

2020年，托盘行业整体逆势发展，全年呈上升趋势。托盘年产量、市场保有量逐年提升；带托运输、循环共用快速发展；新材料、新产品、新技术、新设备等不断涌现。托盘应用市场范围逐步扩大，托盘在整个供应链中的地位得到逐步提升。

据中物联托盘委分析，2020年我国托盘年产量约3.4亿片，同比增长13.3%；托盘市场保有量达到15.5亿片，同比增长6.9%；循环共用托盘池规模超过2800万片，同比增长12.0%。其中，路凯大中华区具有逾1400万片的托盘池规模，设有37个全功能营运中心，以及200余个托盘收发站点，可实现全国网络调拨，积极推动带托运输。

托盘品类结构方面，木托盘产量逐渐降低，塑料托盘产量逐年提升，木托盘产量和塑料托盘产量约占托盘总产量的80%，还有纸托盘、金属托盘、新材料托盘等品类。随着时代的进步，国家绿色经济不断发展，人们的绿色环保意识逐渐加强，新材料在托盘行业的应用比例也得到了逐步提高。

随着标准化推进，托盘循环共用发展，托盘维修也备受关注。路凯中国第一个大型自动化循环载具运营服务中心——嘉兴超级营运中心具有集约化、规模化的托盘高效维修系统，开启了托盘自动化维修分拣的新篇章。

（五）货架行业增长创近年新高，集中度继续提升

2020年，我国货架市场全年实现正增长。2020年货架市场规模相比2019年增长15%以上，属于发展大年，展现出顽强的适应性。

作为货架领域的重头之一，电商类货架在2019年触底后，于2020年强势反弹，属于危中寻机的典型。自动化高位货架继续保持高速发展态势，且规模体量有逐渐增大的趋势，属于绝对的市场主流。传统的横梁式、搁板式货架，仍然得到了很好发展，其适应性强，是非自动化的选择之一。

在密集式货架领域，传统穿梭车货架发展不温不火，但与穿梭车配合的高位自动化仓库却势头较好，高位四向车货架、堆垛机和穿梭车项目陆续实施。穿梭车的一个重要发展方向将会是用于自动库货架间穿梭取货，与传统自动化高层货架的界限会越来越模糊。

分地区来看，越是发达的地区，对仓储货架的需求就越旺盛。多年来，长三角、珠三角是国内货架需求较旺盛的地区，且处于遥遥领先的地位。

分行业需求方面，各行各业几乎都有更好的发展，其中受新冠肺炎疫情影响，医药化工和商业物流发展迅猛，其强势的行业地位得到进一步强化。此外，服装纺织、机械制造及食

品饮料等行业等对货架的需求，也呈现较大增长态势。

总之，2020 年虽然货架市场整体规模有不小的增长，但也存在着项目集中度增强的趋势。2020 年货架市场“价格战”的激烈程度，与 2019 年相比也未有明显下降。

（六）搬运机器人需求增速明显，技术融合加快

2020 年，是我国移动机器人行业不平凡的一年。上半年受新冠肺炎疫情影响，市场对移动机器人的需求大幅减少，业内企业面临着市场竞争加剧、工程验收延期、回款周期变长等一系列问题的挑战，不少企业的海外项目实施也受到了阻碍。但随着我国疫情得到控制，2020 年下半年移动机器人市场很快就恢复了增长态势，无论是业务需求还是工程部署都迅速增加，传统行业和新兴行业都实现了快速反弹，释放了因疫情而积压的需求。

根据中国移动机器人产业联盟、新战略移动机器人产业研究所的调研，2020 年我国市场新增工业应用移动机器人（AGV/AMR）达 41000 台，较 2019 年增长 25.7%，市场销售额达到 76.8 亿元，同比增长 24.4%。

资本关注哪里，未来趋势就在哪里。2020 年移动机器人行业共发生 20 多起投融资活动，从投融资轮次来看，移动机器人领域投融资主要集中在 A 轮、B 轮，进入 C 轮、D 轮的企业只有凯乐士、极智嘉和快仓。凯乐士完成了总金额数亿元的 D 轮融资，极智嘉于 2020 年 6 月宣布其在年初就已经完成了总额超过 2 亿美元的 C 轮融资，快仓在 2020 年 12 月底完成亿级美元 C + 轮融资。2020 年移动机器人市场热度攀升，工业应用市场稳中求进，商用应用领域推广加速。而在行业的发展过程中，资本起到了举足轻重的作用。

2020 年移动机器人技术与人工智能、移动互联网、大数据等技术加速融合，从而创造出新的技术、产品和应用模式，如摘果子机器人等。

移动机器人行业领域广阔，“赛道”众多，未来在许多细分市场都会涌现出一些“专家型”企业。

纵观整个移动机器人产业的发展过程，2015—2019 年是行业野蛮生长的高速发展期，而 2020 年由业内企业共同制定的行业标准，将引导行业逐步进入以规则和理性为基础的健康发展模式之中。

三、总结

整体来看，2020 年我国物流技术装备业面临新冠肺炎疫情冲击，保持逆势增长，整体发展速度在 18% 左右，其中自动化分拣系统、叉车产品、物流搬运移动机器人等细分领域市场需求增长更快，行业技术创新点更多，行业发展也更快，带动了托盘、货架、自动化立库实现了逆势稳定的增长。

（王继祥）

2020 年中国载货车业

一、2020 年我国货车产业发展环境

2020 年，我国 GDP 实现 1015986 亿元，首次超过 100 万亿元，按可比价格计算，同比增长 2.3%。分季度看，第一季度同比下降 6.8%，第二季度增长 3.2%，第三季度增长 4.9%，第四季度增长 6.5%，呈恢复性增长态势。在新冠肺炎疫情的影响下，我国是全球唯一实现 GDP 同比正增长的主要经济体，宏观经济的稳定发展为我国货车产业打下基础。

面对新冠肺炎疫情的不利影响，固定资产投资起到了稳经济的重要作用，2020 年全国固定资产投资在下半年明显回暖，全年固定资产投资总额达到 518907 亿元，同比增长 2.9%。各地重新启动了重大基础设施建设项目，促进了工程类车辆需求，再加上各地出台的国三标准货车报废更新政策，为货车产业发展提供了良好的产业环境。

我国交通运输业受新冠肺炎疫情影响较大，2020 年各月，我国公路货物周转量均小于 2019 年同期。公路物流运价指数比 2019 年有一定程度改善，但仍处于枯荣线以下。2019—2020 年各月我国公路货物周转量对比如图 1 所示，2018—2020 年各月我国公路物流运价指数如图 2 所示。

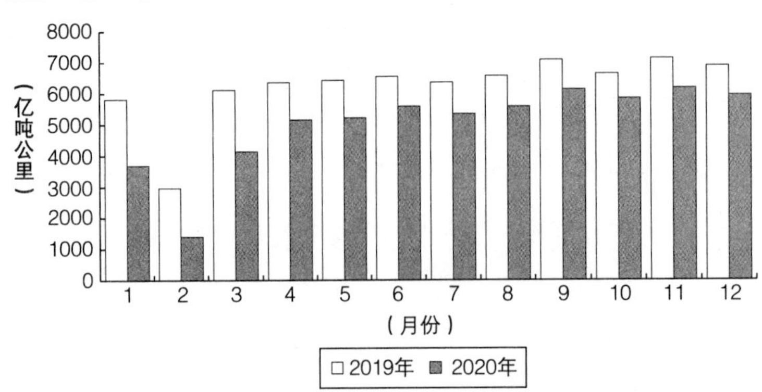

图 1 2019—2020 年各月我国公路货物周转量对比情况

资料来源：国家统计局。

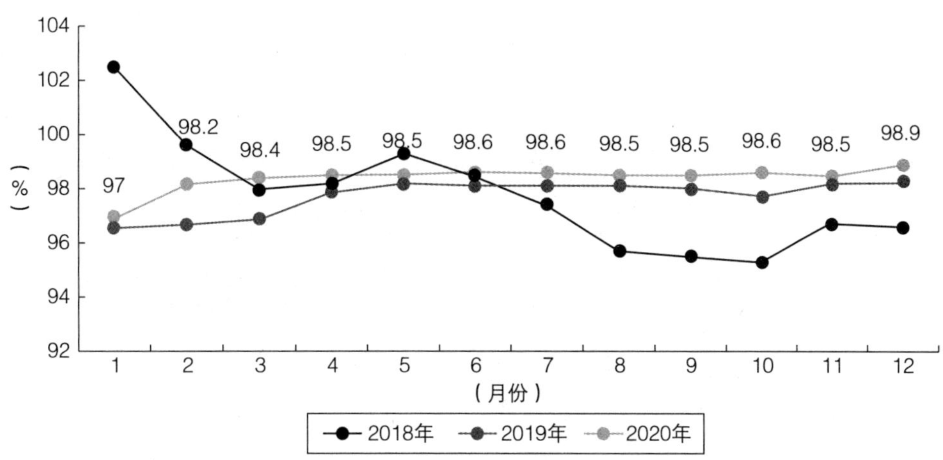

图2 2018—2020年各月我国公路物流运价指数

资料来源：国家统计局。

二、2020年我国载货车市场发展整体情况

2020年，我国载货车共销售468.51万辆，同比大幅增长21.69%。细分领域中，重型载货车增幅最大，全年销量161.89万辆，同比增加37.87%，创下历史新高。微型载货车销量增幅最小，销量达到70.83万辆，同比增加8.41%。2016—2020年我国载货车分车型销售情况如表1所示。

表1 2016—2020年我国载货车分车型销售情况 （单位：辆）

车型	2016年	2017年	2018年	2019年	2020年	2020年同比增长（%）
重型载货车	732919	1116851	1147884	1174252	1618932	37.87
中型载货车	229063	229113	177206	139338	159113	14.19
轻型载货车	1539820	1718943	1894978	1883166	2198748	16.76
微型载货车	606058	568444	665557	653402	708354	8.41
合计	3107860	3633351	3885625	3850158	4685147	21.69

资料来源：中国汽车工业协会。

分月度来看，由于受到新冠疫情影响，2020年前三个月，载货车销量均同比负增长，尤其是2月，同比增长-67.67%。在一系列稳经济举措下，从4月开始，载货车销量开始回暖，并维持较高的销量增速，6月增幅最高，超过72%。2020年我国载货车分月度销量及

增长变化情况如图 3 所示。

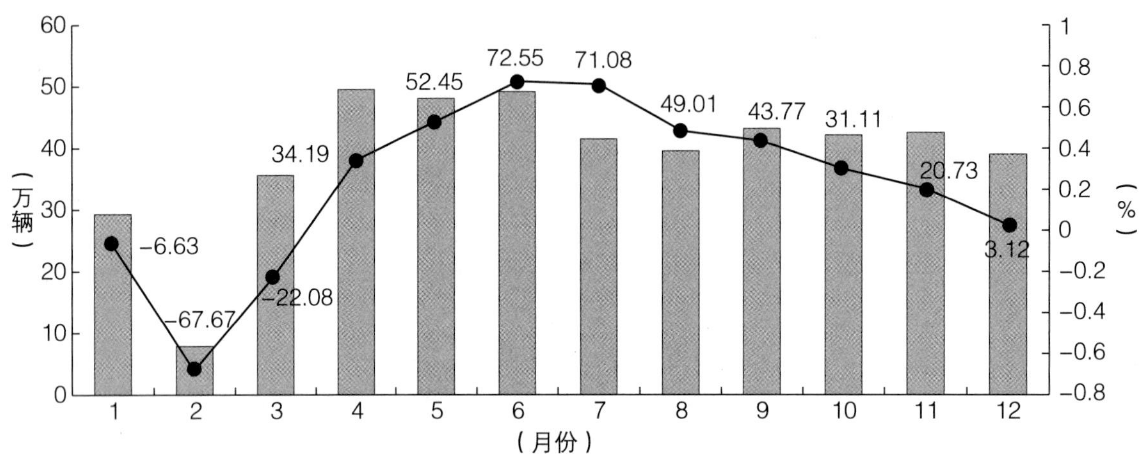

图 3　2020 年我国载货车分月度销量及增长变化情况

三、2020 年我国新能源货车销量情况

2020 年，我国新能源载货车销量为 3.44 万辆，同比下降 22.61%。其中，纯电动、插电式混合动力和燃料电池货车销量均下降，在整体货车市场大幅增长的情况下，新能源货车市场表现不佳。究其原因，主要是在补贴金额大幅下降的情况下，新能源货车经济性不具有比较优势，产品需求不被认可。2019—2020 年新能源货车分车型销量统计如表 2 所示。

表 2　　2019—2020 年新能源货车分车型销量统计　　（单位：辆）

车型		2020 年	2019 年	同比增长（%）
插电式混合动力汽车	载货车	77	159	−51.57
	半挂牵引车	0	0	—
	货车非完整车辆	3	0	—
	小计	80	159	−49.69
纯电动汽车	载货车	29559	41090	−28.06
	半挂牵引车	1042	161	547.20
	货车非完整车辆	3630	2834	28.09
	小计	34231	44085	−22.35

续 表

车型		2020 年	2019 年	同比增长（%）
燃料电池汽车（辆）	载货车	0	159	—
	半挂牵引车	28	0	—
	货车非完整车辆	23	0	—
	小计	51	159	-67.92
合计		34362	44403	-22.61

资料来源：中国汽车工业协会。

四、2020 年我国货车出口情况

2020 年，国外市场需求低迷，我国载货车出口量仅为 19.47 万辆，同比下降 17.7%。其中，货车整车出口 162931 辆，货车非完整车辆出口 14863 辆，半挂牵引车出口 16934 辆。

在载货车出口量前十名企业中，北汽福田、中国重汽和长城汽车位居前三，前十名出口企业累计出口 170261 辆，占所有货车出口量的 87.4%。2020 年我国载货车出口量前十名企业的具体销量统计如表 3 所示。

表 3 2020 年我国载货车出口量前十名企业的具体销量统计 （单位：辆）

排名	企业	2020 年
1	北汽福田	33304
2	中国重汽	30961
3	长城汽车	19880
4	江淮汽车	19807
5	东风汽车	18398
6	上汽大通	15415
7	陕汽集团	11061
8	长安汽车	9090
9	江铃汽车	6749
10	中国一汽	5596

资料来源：中国汽车工业协会。

五、主要货车企业市场表现

（一）重型载货车企业

中国第一汽车集团有限公司、东风汽车集团有限公司和中国重型汽车集团有限公司位居重型货车企业前三，且都保持大幅正增长。前十名企业中，北汽福田汽车股份有限公司增幅最大，2020 年销量 14.74 万辆，同比增加 71.48%。2020 年我国重型载货车 Top 10 企业销量统计如表 4 所示。

表 4　　2020 年我国重型载货车 Top 10 企业销量统计　　（单位：辆）

排名	企业	2020 年	2019 年	同比增长（%）
1	中国第一汽车集团有限公司	376389	275239	36.75
2	东风汽车集团有限公司	310916	240618	29.22
3	中国重型汽车集团有限公司	293716	190915	53.85
4	陕西汽车集团有限责任公司	231203	177321	30.39
5	北汽福田汽车股份有限公司	147434	85978	71.48
6	上汽依维柯红岩商用车有限公司	80077	58077	37.88
7	安徽江淮汽车集团股份有限公司	54090	38124	41.88
8	成都大运汽车集团有限公司	35754	32341	10.55
9	徐州徐工汽车制造有限公司	27681	20545	34.73
10	安徽华菱汽车有限公司	21202	20184	5.04

资料来源：中国汽车工业协会。

（二）中型载货车企业

中型载货车企业中北汽福田汽车股份有限公司稳居第一，2020 年销量 48270 辆，同比增长 40.76%。主流企业中，中国第一汽车集团有限公司增幅较大，全年实现销量 18537 辆，同比增长 98.07%。2020 年我国中型载货车 Top 10 企业销量统计如表 5 所示。

表 5　　2020 年我国中型载货车 Top 10 企业销量统计　　（单位：辆）

排名	企业	2020 年	2019 年	同比增长（%）
1	北汽福田汽车股份有限公司	48270	34293	40.76
2	成都大运汽车集团有限公司	24776	23018	7.64

续 表

排名	企业	2020 年	2019 年	同比增长（%）
3	中国第一汽车集团有限公司	18537	9359	98. 07
4	东风汽车集团有限公司	17368	21182	-18. 01
5	安徽江淮汽车集团股份有限公司	14115	10528	34. 07
6	庆铃汽车（集团）有限公司	10864	11925	-8. 90
7	四川南骏汽车集团有限公司	10692	1017	951. 33
8	中国重型汽车集团有限公司	6291	8605	-26. 89
9	山东唐骏欧铃汽车制造有限公司	2684	10593	-74. 66
10	浙江飞碟汽车制造有限公司	2237	2853	-21. 59

资料来源：中国汽车工业协会。

（三）轻型载货车企业

多年来，北汽福田汽车股份有限公司稳居轻型载货车销量第一，2020 年销量达到 432087 辆，同比增长 18. 47%。长城汽车股份有限公司由于皮卡车销量大幅增长，进入前三名，轻型载货车销量达到 225002 辆，同比增长高达 51. 18%。前十名企业中，唯一销量下降的是长安汽车，同比下降 13. 3%。2020 年我国轻型载货车 Top 10 企业销售统计如表 6 所示。

表 6　　2020 年我国轻型载货车 Top 10 企业销售统计　　（单位：辆）

排名	企业	2020 年	2019 年	同比增长（%）
1	北汽福田汽车股份有限公司	432087	364713	18. 47
2	东风汽车集团有限公司	229275	195096	17. 52
3	长城汽车股份有限公司	225002	148830	51. 18
4	安徽江淮汽车集团股份有限公司	213212	192809	10. 58
5	江铃汽车股份有限公司	192425	155451	23. 78
6	重庆长安汽车股份有限公司	182067	210007	-13. 30
7	中国重型汽车集团有限公司	170278	95473	78. 35
8	中国第一汽车集团有限公司	94419	65523	44. 10
9	金杯汽车股份有限公司	71765	57461	24. 89
10	上汽大通汽车有限公司南京分公司	52000	33007	57. 54

资料来源：中国汽车工业协会。

（四）微型载货车企业

微型载货车行业较稳定，上汽通用五菱汽车股份有限公司多年来居行业第一，且 2020 年销量领先优势继续扩大，全年销量超过 50 万辆，同比增长 20.1%。值得注意的是，微型载货车企业销量头部化趋势明显，前四名企业销量均正增长，其余企业销量均出现下降。2020 年我国微型载货车 Top10 企业销量统计如表 7 所示。

表 7　2020 年我国微型载货车 Top10 企业销量统计　（单位：辆）

排名	企业	2020 年	2019 年	同比增长（%）
1	上汽通用五菱汽车股份有限公司	502065	418041	20.10
2	东风汽车集团有限公司	90264	82625	9.25
3	重庆长安汽车股份有限公司	54235	52994	2.34
4	山东凯马汽车制造有限公司	27542	24863	10.78
5	奇瑞汽车股份有限公司	22705	52673	−56.89
6	金杯汽车股份有限公司	4554	5768	−21.05
7	北汽福田汽车股份有限公司	2647	5286	−49.92
8	江西昌河汽车有限责任公司	2388	4201	−43.16
9	山东唐骏欧铃汽车制造有限公司	1904	2366	−19.53
10	四川南骏汽车集团有限公司	36	1249	−97.12

资料来源：中国汽车工业协会。

（中汽研（天津）汽车信息咨询有限公司　李新波）

2020 年中国工业车辆行业

2020 年中国工业车辆销量再创历史新高，机动工业车辆总销售量突破 80 万台大关。参与中国工程机械工业协会工业车辆分会（以下简称“工业车辆分会”）统计的企业 2020 年机动工业车辆销售量达 800239 台，与 2019 年的 608341 台相比，增长了 31.54%；非机动工业车辆销售量为 1000588 台，与 2019 年的 1028375 台相比，下降了 2.70%。2020 年机动工业车辆各月销售情况如表 1 所示。

表 1　2020 年机动工业车辆各月销售情况　（单位：台）

类别 / 名称 / 月份	Ⅰ类	Ⅱ类	Ⅲ类		Ⅳ类 + Ⅴ类	Ⅰ～Ⅲ类电动叉车	Ⅰ类 + Ⅳ类 + Ⅴ类平衡重式叉车	Ⅰ～Ⅴ类工业车辆
	电动平衡重乘驾式叉车	电动乘驾式仓储叉车	Class31 入门级电动步行式仓储叉车	Class32 电动步行式仓储叉车	内燃平衡重式叉车（实心、充气轮胎）			
1	3435	440	6206	7019	17101	17100	20536	34201
2	2242	308	5333	3779	8242	11662	10484	19904
3	5392	784	16054	10955	40509	33185	45901	73694
4	6364	821	14941	11624	35969	33750	42333	69719
5	6260	1194	12130	9615	38324	29199	44584	67523
6	6859	1054	14365	10070	39824	32348	46683	72172
7	6289	867	14788	11181	33483	33125	39772	66608
8	7281	865	18018	12588	34398	38752	41679	73150
9	8593	1200	19966	16346	37952	46105	46545	84057

续 表

类别 名称 / 月份	Ⅰ类	Ⅱ类	Ⅲ类		Ⅳ类＋Ⅴ类	Ⅰ～Ⅲ类电动叉车	Ⅰ类＋Ⅳ类＋Ⅴ类平衡重式叉车	Ⅰ～Ⅴ类工业车辆
	电动平衡重乘驾式叉车	电动乘驾式仓储叉车	Class31 入门级电动步行式仓储叉车	Class32 电动步行式仓储叉车	内燃平衡重式叉车（实心、充气轮胎）			
10	7179	962	19189	15795	35488	43125	42667	78613
11	7979	1417	20454	16474	39654	46324	47633	85978
12	8384	1165	21449	14593	29029	45591	37413	74620
合计	76257	11077	182893	140039	389973	410266	466230	800239

一、国内市场

根据世界工业车辆统计协会数据显示，2020年中国叉车市场全年共销售机动工业车辆620065台，与2019年的456885台相比，增长了35.72%。中国叉车市场的销售量占亚洲销售量台的77.04%，比2019年增长了个6.45百分点，仍位列亚洲第一；占世界销售量的39.18%，比2019年增长了8.58个百分点，继续位列世界第一。2020年各月国内叉车销售增长变化情况如下图所示。

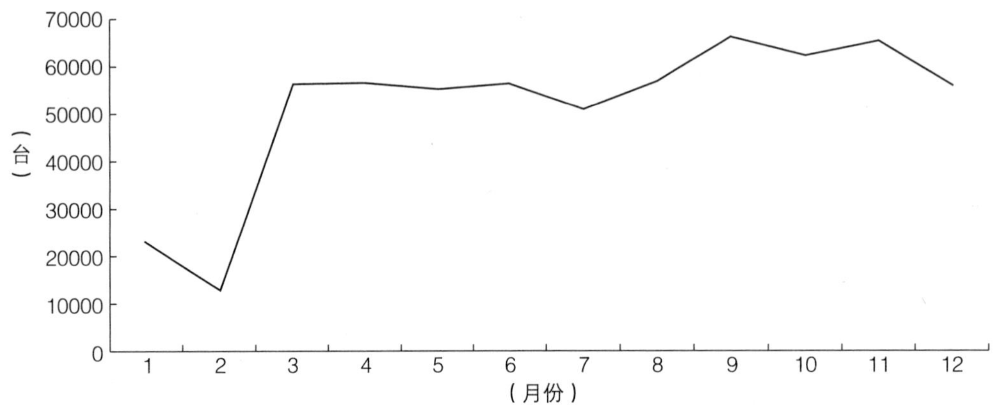

2020年各月国内叉车销售增长变化情况

二、出口情况

根据工业车辆分会采录汇总报告销售量数据，2020年我国出口机动工业车辆共出口181658台，与2019年的152825台相比，上升了18.87%。其中电动叉车出口126952台，与2019年的99276台相比，上升了27.88%；内燃叉车（含集装箱叉车）出口54706台，与2019年的53549台相比，上升了2.16%。2020

年机动工业车辆各月出口情况如表2所示。

表2　　2020年机动工业车辆各月出口情况　　（单位：台）

	1月	2月	3月	4月	5月	6月
机动工业车辆	11140	6714	17324	13093	12143	15516
	7月	8月	9月	10月	11月	12月
	15609	16293	17953	16408	20749	18716

在机动工业车辆出口中，电动叉车126952台，占出口量的69.89%；内燃叉车54706台，占出口量的30.11%。电动叉车的出口构成比例与上年同期相比增长了4.93个百分点。2020年机动工业车辆出口构成比例的变化情况如表3所示。

表3　　2020年机动工业车辆出口构成比例的变化情况

年份	机动工业车辆合计（台）	电动叉车		内燃叉车	
		出口量（台）	占比（%）	出口量（台）	占比（%）
2019	152825	99276	64.96	53549	35.04
2020	181658	126952	69.89	54706	30.11

2020年我国共向世界180个国家和地区出口机动工业车辆，遍布世界，其中欧洲、亚洲、美洲是中国机动工业车辆产品的传统出口市场。2020年出口到亚洲的机动工业车辆为49819台，与2019年的45912台相比，上升了8.51%；出口到欧洲的机动工业车辆为73994台，与2019年的60695台相比，上升了21.91%；出口到美洲的机动工业车辆为43325台，与2019年的31459台相比，上升了37.72%。2019—2020年我国机动工业车辆出口情况如表4所示。

表4　　2019—2020年我国机动工业车辆出口情况　　（单位：台）

产品名称		全世界	欧洲	美洲	亚洲	非洲	大洋洲
电动平衡重乘驾式叉车	2019年	14262	5347	2549	4917	668	781
	2020年	15619	5427	3230	5538	621	803
	同比（%）	9.51	1.50	26.72	12.63	-7.04	2.82

续 表

产品名称		全世界	欧洲	美洲	亚洲	非洲	大洋洲
电动乘驾式仓储叉车	2019 年	1881	223	309	1028	89	232
	2020 年	2017	260	298	903	96	460
	同比（%）	7.23	16.59	−3.56	−12.16	7.87	98.28
电动步行式仓储叉车	2019 年	83133	38469	18144	22416	1443	2661
	2020 年	109316	51565	27185	26091	1534	2941
	同比（%）	31.50	34.04	49.83	16.39	6.31	10.52
内燃平衡重式叉车	2019 年	53549	16656	10457	17551	5271	3614
	2020 年	54706	16742	12612	17287	5016	3049
	同比（%）	2.16	0.52	20.61	−1.50	−4.84	−15.63
工业车辆合计	2019 年	152825	60695	31459	45912	7471	7288
	2020 年	181658	73994	43325	49819	7267	7253
	同比（%）	18.87	21.91	37.72	8.51	−2.73	−0.48

在机动工业车辆中，电动叉车出口数量中欧洲和亚洲分别占45.10%和25.63%；内燃叉车出口数量中亚洲和欧洲分别占31.60%和30.60%。2020年电动及内燃叉车出口各洲的数量及比例如表5所示。

表5　　2020年电动及内燃叉车出口各洲的数量及比例

地区	电动叉车		内燃叉车	
	数量（台）	占比（%）	数量（台）	占比（%）
欧洲	57252	45.10	16742	30.60
美洲	30713	24.19	12612	23.05
亚洲	32532	25.63	17287	31.60
非洲	2251	1.77	5016	9.17
大洋洲	4204	3.31	3049	5.58
合计	126952	100.00	54706	100.00

（中国工程机械工业协会工业车辆分会秘书长　张洁）

2020 年中国托盘业

2020 年，虽然国际上大宗材料价格持续上涨，托盘原材料价格猛升，但是托盘行业整体逆势发展，呈上升趋势。托盘年产量、保有量逐年提升；带托运输、循环共用快速发展；新材料、新产品、新技术、新设备等不断涌现。托盘应用市场范围逐步扩大，托盘在整个供应链中的地位得到逐步提升。

一、托盘市场巨大

2020 年，我国托盘年产量、托盘市场保有量和循环共用托盘池规模均以较高速度增长。2020 年我国托盘年产量约 3.4 亿片，同比增长 13.3%；托盘市场保有量达到 15.5 亿片，同比增长 6.9%；循环共用托盘池规模超过 2800 万片，同比增长 12.0%。木托盘产量逐渐降低，塑料托盘产量逐年提升，木托盘产量和塑料托盘产量约占托盘总产量的 80%。2003—2020 年中国托盘保有量如图 1 所示，2017—2020 年中国循环共用托盘池规模如图 2 所示。

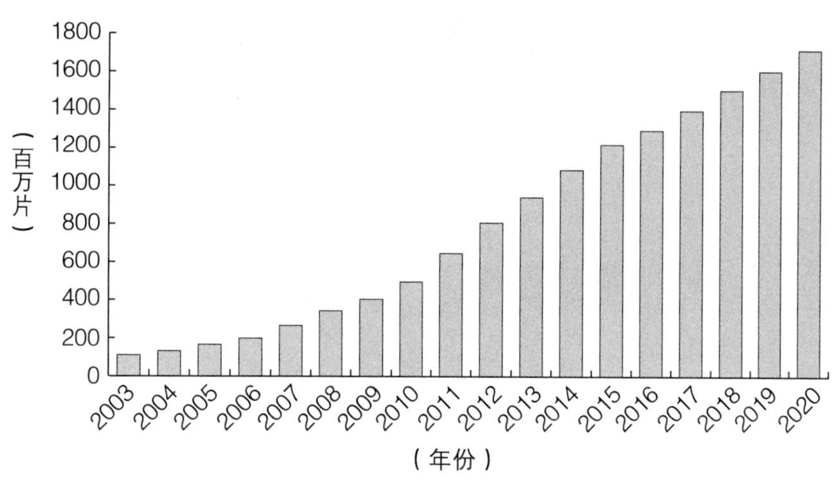

图 1　2003—2020 年中国托盘保有量

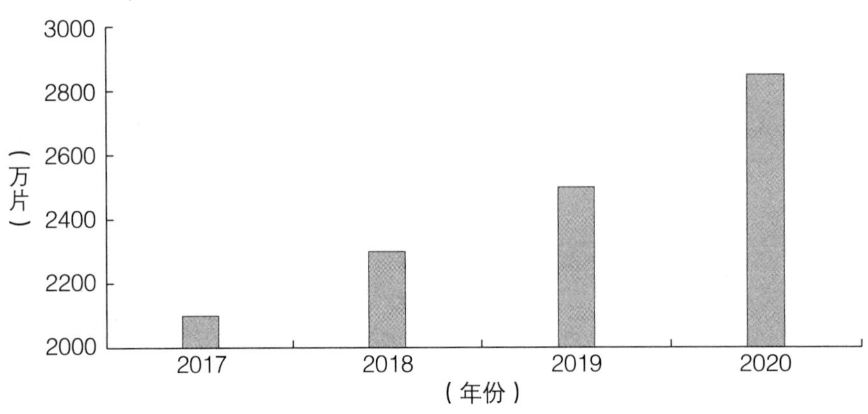

图 2 2017—2020 年中国循环共用托盘池规模

二、托盘行业政策及标准工作

2020 年 4 月 10 日，商务部、工业和信息化部、生态环境部、农业农村部、人民银行、国家市场监督管理总局、中国银行保险监督管理委员会和中国物流与采购联合会联合印发《商务部等 8 部门关于进一步做好供应链创新与应用试点工作的通知》（商建函〔2020〕111 号）。

6 月 2 日，《国务院办公厅转发国家发展改革委交通运输部关于进一步降低物流成本实施意见的通知》（国办发〔2020〕10 号）发布。

8 月 22 日，国家发展改革委会同工业和信息化部、公安部、财政部、自然资源部、交通运输部、农业农村部、商务部、市场监管总局、银保监会、国家铁路局、民航局、国家邮政局、中国国家铁路集团有限公司 13 个部门和单位联合发布《关于印发〈推动物流业制造业深度融合创新发展实施方案〉的通知》（发改经贸〔2020〕1315 号）。

由全国物流标准化技术委员会（SAC/TC269）提出并归口的国家标准《托盘单元化物流系统 通用技术条件》（GB/T 37922—2019）于 2020 年 3 月 1 日实施。

中物联向国家标准委申请承担 ISO/TC 51（Pallets for unit load method of materials handling；单件货物搬运用托盘）的对口单位。9 月 21 日，国家标准委对申请承担 ISO/TC 51 国内技术对口单位的信息进行了公示。此项工作的开展全面实现了国内 TC 与国际 TC 的工作对接。

三、托盘用进口原材料价格走势

由于受到新冠肺炎疫情的影响，全球运费价格上涨，2020 年托盘用进口原材料板材价格处于上涨趋势，上半年价格上涨明显，下半年价格趋于平稳。原木价格全年波动不是很大，基本保持相对平稳。2020 年俄罗斯落叶松和白松原木、德国/捷克云杉及波兰樟子松原木、丹麦一级云杉（干材、22 × 220mm）、南美巴西松（干材）、欧洲 J 级云杉及加拿大 J 级 SPF（干材）（38 × 89mm、38 × 140mm）、南美 MR 级火炬松及欧洲 1—2 级赤松/云杉（干材）（17 × 90mm/17 × 97mm）价格走势情况如图 3 至图 8 所示。

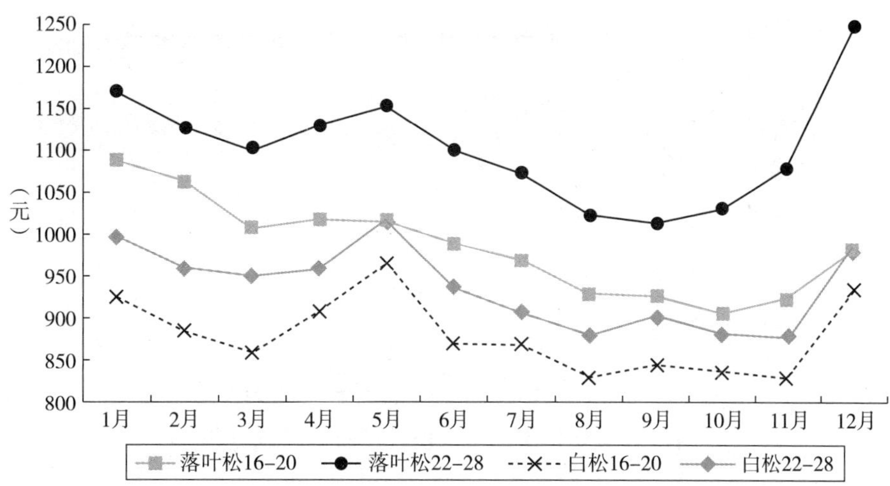

图3　2020年俄罗斯落叶松和白松原木价格走势

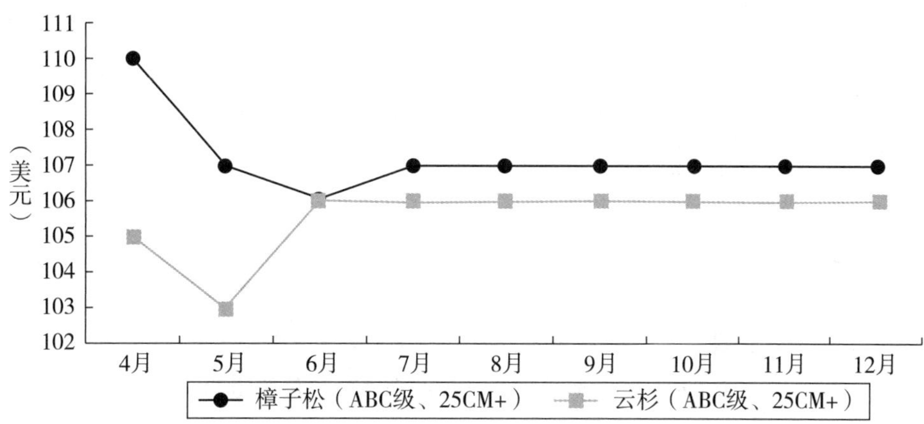

图4　2020年4—12月德国/捷克云杉及波兰樟子松原木价格走势

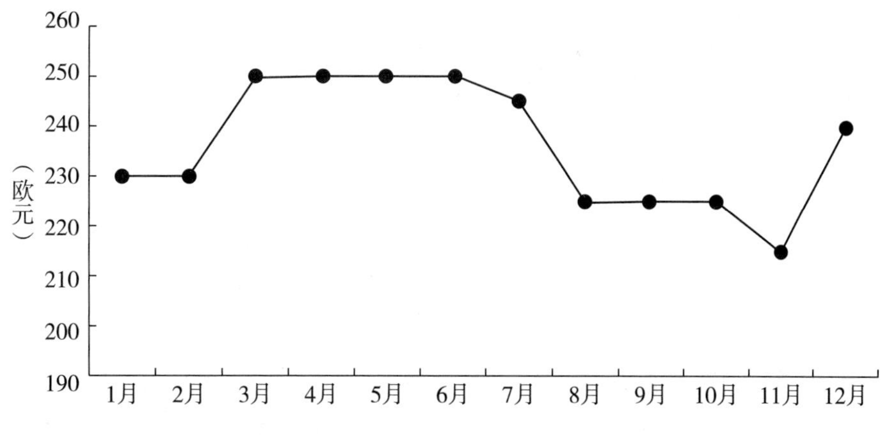

图5　2020年丹麦一级云杉（干材、22×220mm）价格走势

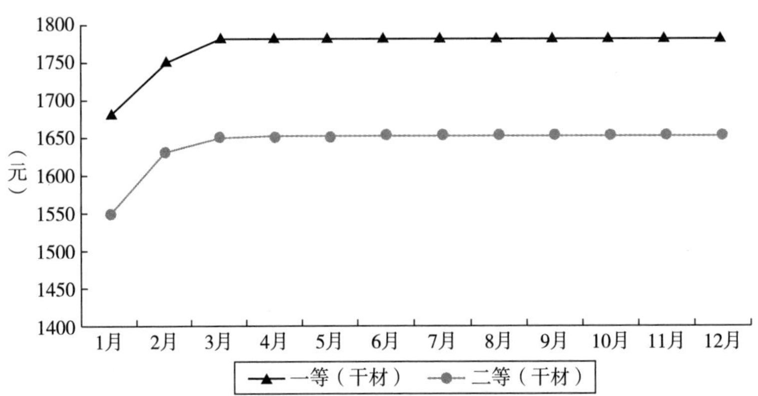

图 6 2020 年南美巴西松(干材)价格走势

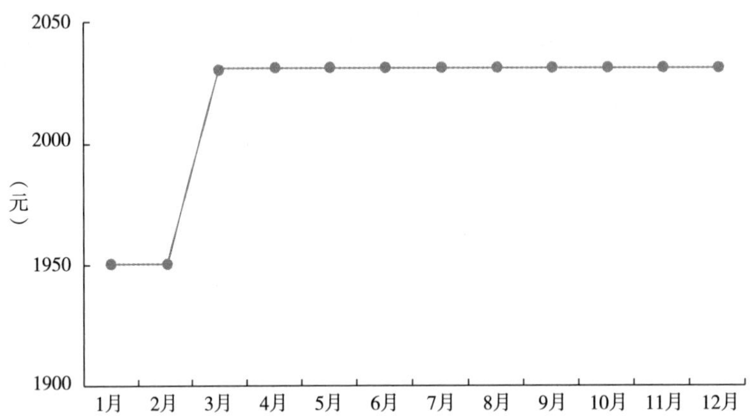

图 7 2020 年欧洲 J 级云杉及加拿大 J 级 SPF
(干材)(38×89mm、38×140mm)价格走势

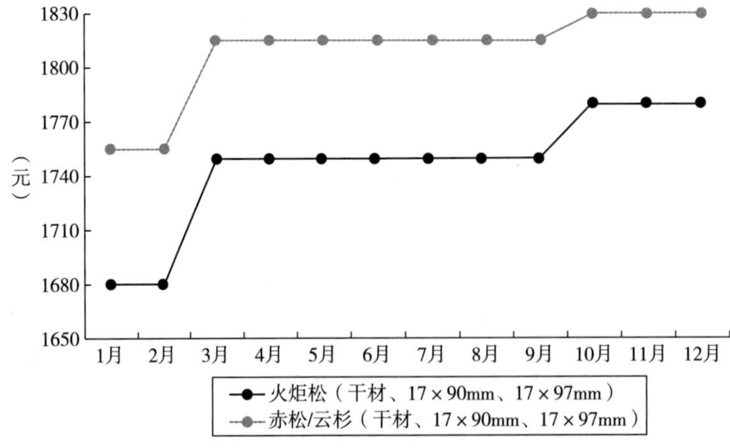

图 8 2020 年南美 MR 级火炬松及欧洲 1—2 级赤松/云杉(干材)
(17×90mm/17×97mm)价格走势

四、托盘循环共用、带托运输新发展

《中共中央关于制定国民经济和社会发展第十四个五年规划和2035年远景目标的建议》中提出，要加快构建以国内大循环为主体、国内国际双循环相互促进的新发展格局。这是对“十四五”时期和未来更长时期我国经济发展战略、路径作出的重大调整完善。虽然我国托盘租赁市场与欧美地区相比发展较晚，但是托盘作为现代物流活动中基础的单元化物流载具，发展循环共用势在必得。

带托运输可提升物流运作效率、提高车辆周转率、减低人工成本，持续节约物流成本。特别是在2020年新冠肺炎疫情期间，带托运输大幅提高了车辆和货物的周转率，将防疫物资安全高效送达，并且减少了人员聚集，降低感染风险。

路凯中国作为国内规模最大、在供应链优化领域享有盛誉的物流包装设备循环共用解决方案服务商，目前大中华地区具有逾1400万片的托盘池规模，37个全功能营运中心，以及200余个托盘收发站点，可实现全国网络调拨，积极推动带托运输。在国内大循环、国内国际双循环背景下，集保长期致力于国内、国际间托盘及单元化物流载具的循环共享，在全球69个国家和地区，拥有4亿多件单元载具，并且通过产品的创新、技术的迭代升级和柔性化的服务，不断深化托盘及单元化物流载具在供应链中的应用。2019年，京东云箱循环用托盘池保有量从5万片快速增长至100多万片，积极推动国内物流带托运输，有效带动供应链体系上下游企业之间的标准化物流载具的循环共用，提高出入库效率，打破区域限制，具有巨大的经济价值。

国外的企业也一直在中国开展相关业务，例如，韩国众力物流集团（LogisALL）是以统合物流为核心的国际化高端物流企业，其下属的韩国托盘共用公司和韩国物流箱共用公司以及韩国共同物流公司构成了韩国唯一的物流共用化系统。众力物流集团拥有2000万片托盘，4000万只包装容器，在韩国拥有8个公司，70余个服务网点，在全球拥有12个公司，27个服务网点。2006年，LogisALL在上海投资成立了独资公司——众力物流设备租赁（上海）有限公司。日本托盘租赁公司（JPR）拥有1200多万个托盘及物流器具，是日本最大的托盘租赁供应商，在日本有63个营运中心，同样也在中国市场经营多年，与深圳市顺航通供应链物流有限公司保持着良好的合作关系。

“一带一路”倡议的深入推进，更好地促进了国际间交流合作与共享，加强了沿线国家及地区互联互通的伙伴关系，推动了各国发展战略的对接和融合。托盘作为物流基础单元，是中欧班列等多种运输方式中的重要器具，在“一带一路”商贸流通、物流运输中发挥着极其重要的作用。为加强“一带一路”沿线国家托盘共享，2020年中物联托盘委与欧洲托盘协会（EPAL）共同发起“一带一路”托盘共享行动（BRAPS）倡议，并诚挚邀请各国相关机构参与。BRAPS能够优化标准托盘对接工作，加强国际间交流互动，推动企业间合作发展，逐步探索并建设一个国际联通的开放式托盘循环共用系统，从而实现全球托盘跨境循环共用，推动全球绿色物流的可持续发展。

五、托盘新产品、新材料不断涌现

传统的托盘以木托盘和塑料托盘为主，还有纸托盘、铝托盘、金属托盘等。随着时代的不断进步，国家绿色经济的不断发展，人民对绿色环保意识的不断加强，新材料在托盘行业的应用也得到了逐步提高。

内蒙古佳运通智能环保新材料有限公司（以下简称“佳运通”）采用粉煤灰为原料生产托盘，变废为宝，开发和利用绿色环保材料，长期致力于固体废弃物的资源化应用。这种新材料托盘具有稳定性强、易维修清洗、耐腐蚀、耐低温、寿命长、不易燃、成本低等特点。佳运通在托盘结构、成本和工艺方面不断进行优化，并在新材料托盘智能化发展方面进行升级换代。目前，新材料托盘已在冷链、化工、食品、新能源、汽车、军工、医药、烟草等行业得到了应用。山东泰氏新材料科技有限责任公司自主研发的 PP 加玻纤的新材料托盘，具有高强度、重量轻和耐腐蚀的特点，综合性能优于普通塑料托盘 30%，直接成本可降低 30%，产品力学性能得到了显著提高。使用新材料托盘增强管，可代替传统塑料托盘中的钢管，易于回收再利用。全球废塑料有 9% 被回收，12% 被焚烧，剩下 79% 在地层或其他自然环境中堆积，传统石油基塑料来源不可再生且难以降解，给人类生存环境造成巨大压力。国家出台了一系列相关政策提倡环保，甚至出台了限塑令，废塑料处理成为关键的问题。混杂废塑料经过绿色再生与循环利用的高值化技术制造的高性能塑料托盘具有科技领先性，通过坚持不懈优化技术路线与研究方案，力争为托盘行业及广大客户提供具有科技优势、环保节能的产品，可最终成为替代传统托盘的最优解决方案，在托盘行业实现“以塑代钢、以塑代木”。混杂废旧塑料免造粒直接注射压延成型的托盘具有超高性价比，比普通注塑托盘便宜 30% ~50%，而且绿色环保，通过海关时免熏蒸、免消毒，不用植物免疫证书，并且可以 100% 再生和回收重复使用。芜湖亚太通用托盘包装有限公司积极地响应国家节能环保的号召，坚持走可持续发展道路，把发展循环经济、建设节约型社会作为己任，以废弃的农用地膜和城市垃圾分类中的废塑料作为原材料，开发了具有革命性替代趋势的新型节能环保产品——木塑新材料，木塑模压托盘，创新方式变废为宝，助力人居环境改善。河南明镁镁业科技有限公司依托吉林大学材料科学与工程学院，成立了河南省高强韧超塑性镁合金工程技术研究中心、鹤壁市镁合金薄板工程技术研究中心及吉林大学鹤壁镁合金研发中试基地。经过多次技术攻关，解决了镁合金塑性差、耐蚀性差、疲劳性差等难题，为镁合金终端产品的应用提供了重要支撑。该公司开发生产出的新型镁合金自拆卸物流托盘，设计独特、结构合理、装卸操作方便，有效减少物流所需人工，解决了现有的叉车装卸货物需要大量人工配合搬运的问题。

六、数字化升维托盘新使命

科技引领未来，创新驱动发展。集保、上海易箱等企业都在进行托盘数字化创新。通过在托盘上加装的智能芯片［该芯片有一维码、RFID、NFC（读写产品）三种读取方式］，实现了托盘序列化、智能化和数字化。托盘在贯穿于供应链上下游期间，通过数字化技术真正促进了供应链协同。通过托盘可对货物进行追踪，与多种技术装备相结合，实时提供货物追踪信息，实现供应链货物移动的可视化，做到货物全方位监控，减少货物损坏与丢失，降低物流成本。托盘上加装的智能芯片有多种读取方式，通过扫描芯片，可实现货物的整托收发、盘点，可通过手机端进行操作，方便快捷、提质增效。

厦门纵行信息科技有限公司自主研发的ZETag云标签是基于ZETA LPWAN（低功耗广域物联网）的一种标签识别技术。ZETag云标签可嵌入托盘中，通过物联技术赋能托盘数字化管理，从而提升企业管理效率和消费者效果感知，让托盘从“易耗品”变成“资产管理品”。

七、自动化托盘生产维修设备加速创新

随着托盘循环共用企业的大力发展、标准化托盘池的快速扩张，客户要求的逐步提升以及人工成本的不断增加，托盘企业生产方式也在发生改变，由传统的人工生产逐步向自动化生产转变，并且国内托盘自动化生产设备逐渐崭露头角。

国外的自动化托盘生产企业主要是以液压托盘生产线为主，代表企业有西班牙的卡贝（Cape）、意大利的德尔塔（Delta）和斯拓迪（Storti）。2011年，天津新创引入了第一条液压托盘生产线，开启了中国托盘自动化生产设备的使用和研发的浪潮。

青岛赛帆包装机械制造有限公司作为国内木托盘自动化生产企业代表，产品类型涵盖气动打钉生产线和液压托盘生产线，适用于不同产量不同规格的托盘生产。2019年自主研发的（第三代）液压打钉机已交付多家托盘生产企业进行使用。据客户反映，在相同时间内，使用该设备产能和效率至少可提升两倍，并且产品质量得到了显著提高，材料损耗明显降低，为企业降本增效。江苏引途机器人科技有限公司以人工智能为研究方向，致力于为传统包装产业提供智能制造解决方案。其自主研发生产的“托盘机器人应用站”能够实现自动打钉，多规格木托盘的兼容生产和不同种类尺寸托盘的机器人码垛，具有安全性高、作业稳定、速度快的优势，可有效缓解制造业企业招工难、操作成本高的问题，减少人工误差，提升企业生产效率与经济效益。

近几年塑料托盘产量逐渐增加，传统的注塑机生产企业也在对设备进行不断创新优化和改善。例如，生产一个13千克的塑料托盘，原本至少需要90秒，泰瑞机器股份有限公司自主研发的二板快速成型托盘专用机，通过对组件进行优化，托盘成型周期只需74秒，产能较以往大幅提升。使用DH. hr水平转盘对射机，一次可生产出两个九角托盘，产量翻一倍，空间省一半。CellSure微发泡技术通过结构发泡，使得托盘轻量化，产品减重15%～30%，同等重量下的托盘，强度和刚性是普通塑料托盘的3倍，抗老化效果更显著，易清洁，方便回收。

随着每年生产大量的循环共用托盘，托盘维修也备受关注。路凯中国的第一个大型自动化循环载具运营服务中心——嘉兴超级营运中心具有集约化、规模化的托盘高效维修系统，开启了托盘自动化维修分拣的新篇章。广东展丰智能设备有限公司以“全心全意为托盘”为企业口号，已成长为涵盖托盘生产机器、托盘维护挑选系统、托盘清洁机器、托盘拆解设备的全产业链设备供应商。同时，自主研发多项专利，部分技术更是填补了国内相关领域的空白。

八、企业精益化管理和人才培养逐步提高

企业的快速发展离不开精益化的管理和高质量的人才，江阴中和、昆山信得等企业在快速发展的同时，更加注重企业管理和人才培养。很多托盘企业根据需要配备了ERP、WMS等软件系统，提高了企业的管理水平。在人才培养方面，由于客户逐渐重视包装所带来的产品设计、优化降本、智能制造、售后服务等一系列附加服务，企业不断引进高级专业人才，建立完善的考核机制，积极开展员工培训，着重培养创新型、复合型、应用型高端人才。

九、一方有难八方支援，托盘企业积极参与抗“疫”工作

面对突如其来的新冠肺炎疫情，托盘企业纷纷投入到抗“疫”中来。路凯中国为防疫医疗物资运输提供全国免费带板支持；集保保障托盘供应，提供服务支持，通过物流保障城市，共战疫情；江苏前程工业包装有限公司、上海庙航包装科技有限公司以及苏州出境木质包装行业协会组织会员单位纷纷捐款捐物，贡献着托盘人自己的一份力量。

（中国物流与采购联合会托盘专业委员会　孙熙军　王芮）

第七部分

物流教育、信息化、标准化

2020年中国物流教育与培训

2020年在新冠肺炎疫情的影响下，物流产业发展迎来了新的挑战和机遇，以互联网为依托的大数据、人工智能、5G、区块链等新技术催生了新一轮的产业革命，物流与供应链将成为“数字经济”的基础设施和重点发展领域。当前，我国物流业正处于向高质量转型发展的关键期，物流人才素质提升是高质量发展的重要前提，行业发展对物流人才培养提出了新的需求。

截至2020年年底，全国共有712个物流本科专业布点，全国高职物流专业共设1401个专业点，中职物流专业共设560个专业点，全部在校生人数50多万人。为应对行业发展对物流人才培养提出的新挑战，物流人才需求应与新文科“多学科思维融合、产业技术与学科理论融合、跨专业能力融合、多学科项目实践融合”建设要求一致，职业型、专业型、创新型、复合型、国际化的智慧物流人才将成为人才培养工作的重要方向。

2020年，我国物流行业教育培训工作主要围绕服务国家战略、服务行业企业和院校人才培养，推进数字化转型。

一、疫情防控常态化下物流教育培训新举措

2020年新冠肺炎疫情暴发，教育部提出“停课不停教、停课不停学”工作要求，中国物流与采购联合会积极响应国家抗击疫情的指示精神，配合教育部的要求，依托专业优势和专家资源，从2月初开始，不断召开在线研讨会、开放在线精品课程、设立抗疫学习中心、开展行业企业专家直播等多种教育形式，整理形成《物流教指委抗击疫情物流与供应链10条对策建议》，对外开放300多门物流专业精品课程，开展31期“疫情下物流与供应链产业发展与专业建设”系列在线研讨会、17期企业专家在线直播，累计参与人数达到30万人，其中部分成果上报教育部、国家发展改革委、国资委、交通运输部、商务部、民政部等有关部门，为政府部门决策提供支撑。

（一）开发迭代在线学习平台

随着技术迭代加速、行业变革加快，行业人才培养工作也亟须融入新的理念、技术和手段。疫情的暴发加速了教育培训工作数字化转

型升级。为积极应对挑战，打造线上人才培养服务体系，自2019年开始中物联构建开发了面向社会在职人员、院校教师、学生的在线学习平台。截至目前，平台各类课程资源有500多个，注册人数超过3万人，日常有3000多名讲师利用平台开展在线培训和教学。

（二）首次实现物流、采购从业人员在线考试

在线考试不仅规避了考生集中存在的风险，也大大降低了疫情下考核的组织成本，这次探索也为培训认证业务全面数字化转型打下基础。

（三）首次开展线上师资培训和说明会。

直播期间在线观看超5000人次，在"1+X"师资培训方面，共召开线上"1+X"师资培训6期，累计培训师资400多名。11月，以提升高校青年教师科研能力为主题，组织开展了本科物流专业线上师资培训，共有110名院校教师报名参加。

二、物流教育培训扶贫工作精准到位

为响应国家精准扶贫号召，助力贫困地区参与物流管理"1+X"试点工作。2020年8月，北京中物联物流采购培训中心参与了教育部职业技术教育中心研究所组织的西藏自治区深度贫困县职业教育发展实地调研，并与西藏职业技术学院签署了《中国物流与采购联合会对口支持西藏职业技术学院协议书》。自2019年以来，北京中物联物流采购培训中心一直为武汉黄陂区职教中心、湖北秭归县职业教育中心、广西北海职业学院、广西凭祥中等职业学校等院校提供送教上门和免费师资培训的工作。

三、供应链教育培训工作取得新突破

为服务供应链创新与应用国家战略，推动供应链管理人才培养工作，在国家标准编制、国家职业技能大赛、"1+X"证书申报方面均有所突破。

（一）《供应链管理师国家职业技能标准》编制并实施

2020年2月25日，人力资源和社会保障部、国家市场监管总局、国家统计局联合向社会发布了供应链管理师等16个新职业。中物联承担标准开发的牵头工作，在人力资源和社会保障部职业能力建设司的指导下，组织专家编写了《供应链管理师就业景气现状分析报告》，完成了《供应链管理师国家职业技能标准》的编制工作。国家标准为指导供应链管理从业人员培养培训、开展职业技能等级认定、职业技能竞赛和规范从业人员职业行为提供了基本依据，为推动我国供应链行业企业高质量发展提供了重要支撑。标准编制期间，团队进行了大规模实地访谈及调研，并重点对九州通、菜鸟等不同类型的供应链企业进行了深度调研和职业组织经验萃取，初稿完成后面向社会广泛征求意见，并组织30多位来自行业企业、高校、研究机构的专家召开了内审会，数易其稿。最终于2020年10月29日，此标准由人力资源和社会保障部正式颁布实施。

（二）全国供应链管理职业技能竞赛成功举办

习近平总书记指出，职业技能竞赛为广大技能人才提供了展示精湛技能、相互切磋技艺的平台，对壮大人才队伍、推动经济社会发展具有积极的作用。

2020年5月，中物联举办了第一届全国供

应链大赛。本届大赛共有来自全国 29 个省、直辖市、自治区的 489 所院校 877 支参赛队伍报名参加，受疫情影响，所有比赛活动线上进行并顺利完成。

2020 年 8 月，人力资源与社会保障部委托中物联组织开展全国行业职业技能竞赛——“物产中大杯”全国供应链管理职业技能竞赛。全国共有 823 支队伍，3293 名选手报名参赛。竞赛严格按照新颁布的《供应链管理师国家职业技能标准》设计赛题，具有前瞻性、规范性；参赛团队覆盖全国，政行企校联动办赛，具有代表性、典型性；竞赛线上线下结合，具有创新性、引领性。竞赛历时四个月，最后来自中铁物贸、物产中大、安吉尔集团三家企业的三名职工获得全国技术能手称号。

（三）供应链运营“1 + X”证书和学习成果认定

一是“1 + X”证书新项目。2020 年北京中物联物流采购培训中心申报了教育部供应链运营“1 + X”证书制度试点，目前该试点项目已成功获批第四批职业教育培训评价组织和职业技能等级证书试点单位。二是学习成果认定。2020 年 1 月，国务院批准成立职业教育国家学分银行，2020 年 9 月，物流管理“1 + X”证书通过国家学分银行的成果认定，这是国家学分银行成立以来第一个对外业务，在国家学分银行建设上具有重要的历史意义。

四、物流教育培训工作迈入国际化

（一）组织海外留学生、企业员工及高校师资参与培训认证

2020 年为服务“一带一路”沿线国家留学生培养和海外中资企业，中物联组织了数百位留学生和海外员工参与培训考试，并将留学生参加“1 + X”证书的学习成果存入中国职业教育国家学分银行；组织开展了 3 期面向泰国 18 所高校 76 名物流管理专业教师的师资培训，将物流管理“1 + X”证书内容纳入培训内容，促进了“1 + X”证书国际化推广。

（二）《物流汉语》教材完成编写

2020 年，为更好地服务“一带一路”物流“1 + X”的推广工作，中物联组织完成了《物流汉语》的教材编写和课程开发工作，此项目得到了国务院、教育部和国家汉办的高度重视，将《物流汉语》列入国家“中文 + 职业技能”项目中。

（三）推进物流管理“1 + X”项目全球标准认证

为提高物流管理“1 + X”证书国际化，中物联向国际采购与供应管理联盟（IFPSM）申请“1 + X”项目的全球标准（GS）认证，2020 年 12 月，IFPSM 正式审核通过物流管理“1 + X”项目全球标准认证。

五、教研教改新发展

（一）专业建设

2020 年教育部公布共有 28 个物流类专业点被列入首批国家级一流专业建设点，其中物流管理专业 21 个、物流工程专业 7 个。

在职教方面，中职共新增冷链物流管理、国际货运代理、快递运营管理、物流装备运行与维护 4 个专业；高职将航空物流、铁路物流、港口物流从其他类调整归类到物流类，并申报高职供应链运营专业，专业规模持续扩大。

（二）教学科研

2020 年，为继续深化物流类专业学科体系建设研究，为规范物流类专业建设和推动学科

发展打好基础，物流教指委启动开展了《物流与供应链：理论、科学与学科》项目研究。为适应新冠肺炎疫情防控常态化的发展，北京市人社局委托中物联进行“互联网＋职业技能培训”线上培训平台的评审工作，组织专家对报送的92家在线学习平台的申报资料进行审阅，大力开展线上教育。

（三）采购体系教材变革

采购从业人员职业能力等级认证项目自2005年开展至今已有16年，项目自开展以来主要基于联合国ITC教材知识体系运营，国内缺乏自有的采购知识体系和符合中国采购职业标准、体现中国特色的教材。2020年，中物联启动采购知识体系构建和教材编写工作。本次教材改版第一次将中国元素和“一带一路”元素融入采购知识体系，使之更加符合中国采购职业标准，体现了中国特色。

（中国物流与采购联合会教育培训部）

2020 年中国物流标准化

一、2020 年国家标准化总体情况

2020 年，是我国国民经济和社会发展“十三五”的收官之年，是我国市场监管事业不断发展进步的一年，也是我国深化标准化工作改革第三阶段的收官之年。五年来，质量强国上升为国家战略，标准化改革持续推进，新型的国家标准体系已初步建立，政府类标准进一步加强，市场自主制定的团体标准得到培育和发展；国际标准化影响力得到大幅提升。2020 年，我国的标准化工作重点紧扣全面建成小康社会目标任务，围绕国家治理体系和治理能力现代化，进一步加快构建推动高质量发展的标准体系，充分发挥标准化在国家治理体系和治理能力现代化建设中的基础性、战略性作用。据全国物流标准化技术委员会从“全国标准信息公共服务平台”查询并统计，全年共发布国家标准 2247 项，现行有效标准累计达到 39103 项；备案行业标准 8692 项，累计发布行业标准 92965 项；备案地方标准 8892 项，累计发布地方标准 66195 项。2020 年全国共有 4334 家社会团体，在社会团体公共平台公布的团体标准达到 21350 项。

二、2020 年物流标准化工作

（一）物流标准化政策环境

1. 标准化政策方面

加强行业标准管理已提上日程。2020 年 4 月 10 日，国家标准化管理委员会印发了《关于进一步加强行业标准管理的指导意见》（以下简称《意见》），《意见》明晰了行业标准的公益类属性，明确了行业标准的范围，指出行业标准应限定在行业主管部门职责范围内，重点围绕本行业领域重要产品、工程技术、服务和行业管理需求。《意见》提出逐步清理和缩减不适应改革要求的行业标准数量和规模，适量控制新增行业标准数量，为市场自主制定的标准留出发展空间。鼓励进一步整合优化相关行业标准，提升单项行业标准覆盖面，增强行业标准的系统性、通用性。《意见》指出要加强行业标准制修订全流程管理，鼓励行业主管部门委托全国专业标准化技术委员会开展行业标准相关工作。要注重行业标准的协调性，要建立完善的行业标准协调机制，加快完善统一

的标准信息公共服务平台，要规范行业标准备案管理工作，推动行业标准文本向社会公开，要强化行业标准实施与监督，要加大行业政策制定对行业标准的引用力度，以行业标准规范行业管理，适时开展行业标准实施情况监督检查。

落实和规范军民通用标准。2020 年 12 月 22 日，为贯彻落实军民融合发展战略，统筹推进标准化军民融合工作，有效支撑引领军民通用的国家标准体系建设，《国家标准化管理委员会 中央军委装备发展部关于规范军民通用的国家标准制定程序的通知》（以下简称《通知》）发布，《通知》提出对国防和军队建设、社会经济发展均有重大意义，具有明确军事应用需求，且需要在全国范围内统一的技术要求，可制定军民通用的国家标准。《通知》指出军民通用的国家标准制定，可依据现行国家标准制定程序实施，在立项、起草和批准等阶段增加补充要求。《通知》对军民通用标准中应保密的项目和内容，在标准申报、立项评估、制定管理、征求意见范围、预审查、报批等过程的具体要求，以及各阶段参与方的要求等。

“一带一路”标准化建设进一步加强。国家标准委从 2020 年开始，依据《标准化法》中国家积极推动参与国际标准化活动，推进中国标准与国外标准之间的转化运用的相关规定，为了配合“一带一路”倡议让产品“走出去”，开始积极推广有利于构建良好商贸环境、有益于我国科技水平发展和对外宣传的国家标准，包括已发布和在制国家标准，在制定同期或发布后翻译为外文版，外文版可翻译为多种语言，以推动国家标准“走出去”和推进“一带一路”标准化的战略发展。

2. 流通领域高质量发展

2020 年 9 月 9 日，习近平主持召开中央财经委员会第八次会议，强调要统筹推进现代流通体系硬件和软件建设，发展流通新技术新业态新模式，完善流通领域制度规范和标准。国务院办公厅也印发了《国务院办公厅关于以新业态新模式引领新型消费加快发展的意见》（国办发〔2020〕32 号） （以下简称《意见》）。《意见》中鼓励实体商业发展新的服务模式，拓展国际市场，推动电子商务、数字服务等企业“走出去”，加快建设国际寄递物流服务体系，统筹推进国际物流供应链建设，开拓国际市场特别是“一带一路”沿线业务。提出要健全服务标准体系，推进新型消费标准化建设，支持和鼓励平台企业、行业组织、研究机构等研究制定支撑新型消费的服务标准，健全市场监测、用户权益保护、重要产品追溯等机制，提升行业发展质量和水平。

3. 制造业和物流业融合发展

2020 年 8 月 22 日，国家发展改革委等 14 个部门联合发布了《关于印发〈推动物流业制造业深度融合创新发展实施方案〉的通知》（发改经贸〔2020〕1315 号）（以下简称《通知》）。《通知》中提出要促进标准规范融合衔接，建立跨部门工作沟通机制，对涉及物流业制造业融合发展的国家标准、行业标准和地方标准，在立项、审核、发布等环节广泛听取相关部门意见，加强标准规范协调衔接；支持行业协会等社会团体结合实际研究制定物流业制造业融合发展的团体标准，引导和规范物流业制造业融合创新。鼓励制造企业在产品及包装设计、生产中充分考虑物流作业需要，采用标准化物流装载单元，促进 1200mm × 1000mm 标准托盘和 600mm × 400mm 包装基础模数从商贸、物流等领域向制造业领域延伸，提高托盘、包装箱等装载单元标准化和循环共用水平。

4. 快递包装绿色发展

2020 年 7 月 28 日，市场监管总局联合国家发展改革委等多个部门印发了《市场监管总局　发展改革委　科技部　工业和信息化部　生态环境部　住房城乡建设部　商务部　邮政局关于加强快递绿色包装标准化工作的指导意见》（国市监标技〔2020〕126 号）（以下简称《意见》）。《意见》中提出要建立与绿色发展理念相适应、严格有约束力的快递绿色包装标准体系，完善标准与法律政策体系间相互衔接、协同高效的标准实施监督机制，推动快递包装“绿色革命”，全面支撑快递业绿色发展。《意见》提出了包括升级快递绿色包装标准体系、研制快递包装绿色化标准、完善快递包装减量化标准、制定快递包装回收支撑标准等一系列重点标准化工作任务，力争到 2022 年，全面建立严格有约束力的快递绿色包装标准体系，逐步完善标准与法律政策协调配套的快递绿色包装治理体系，推动标准成为快递绿色包装的“硬约束”，支撑快递包装减量化、绿色化、可循环取得显著成效。

2020 年 11 月 30 日，《国务院办公厅转发国家发展改革委等部门关于加快推进快递包装绿色转型意见的通知》（国办函〔2020〕115 号）（以下简称《意见》），《意见》中也提出要强化快递包装绿色治理，加强电商和快递规范管理，增加绿色产品供给，培育循环包装新型模式，加快建立与绿色理念相适应的法律、标准和政策体系，推进快递包装“绿色革命”的总体要求。提出到 2020 年快递包装领域法律法规体系进一步健全，基本形成快递包装治理的激励约束机制；制定实施快递包装材料无害化强制性国家标准，全面建立统一规范、约束有力的快递绿色包装标准体系。提出要建立快递绿色包装标准化联合工作组，统一指导快递包装标准制定工作。制定覆盖产品、评价、管理和安全各类别以及设计、生产、销售、使用、回收和循环利用各环节的标准体系框架图。统一快递绿色包装、循环包装的核心关键指标要求，清理一批与行业发展和管理要求不相符的现行标准。强化标准实施效果评估，形成动态反馈、及时修订机制。提出要制定快递包装材料无害化相关强制性国家标准，提高标准约束力。建立健全可循环快递包装、产品与快递一体化包装、合格包装采购管理、绿色包装认证等重点领域标准。研究制定可降解材料与包装产品标识标准，进一步完善可降解快递包装标准，加快实施快递包装绿色产品认证和可降解包装产品标识制度。开辟绿色通道，提高标准制修订效率。同时还提出了将快递包装相关标准实施情况纳入电商和快递行业管理。对违反相关法律法规和强制性国家标准的行为，依法依规进行查处和落实快递绿色包装政府采购需求标准，发挥政府采购引导作用等一系列支撑保障体系。

（二）物流标准化工作

2020 年，是《物流标准化中长期发展规划（2015—2020 年）》的收官之年，五年间物流标准体系进一步优化，已逐步建立了国家标准、行业标准、团体标准协同有序发展的物流标准体系。五年间，以安全、诚信、绿色可持续发展的关键技术标准，以物流业转型升级、物流新技术应用、物流设施设备有效衔接的关键技术标准制定和实施取得一定的突破，共制定和发布的物流国家标准和行业标准 270 余项，较好地满足了物流业健康、可持续发展的需求。团体标准化的建设取得进展，截至 2020 年年底，全国有近 50 家物流相关的社会团体发布团体标准 400 余项，极大地丰富了标准内容，为行业自律、企业协同发展提供了有力的支撑。政府部门对物流业高度重视，物流政策环境不断改善。政府、协会和企业共同推动和拓展物流标准实施的渠道和手段，实施效果显著增强，物流标准在促进和提升行业运行效率方面的作用进一步显现。

1. 2020 年发布的物流标准情况

2020 年 1—12 月新发布及实施物流国家标准 26 项（见表 1）；新发布及实施物流行业标准 24 项（见表 2），包括国家发展改革委发布 5 项、交通运输部发布 12 项、工业和信息化部发布 3 项、生态环境部发布 1 项、中国民用航空局发布 2 项、国家邮政局发布 1 项。

2020 年新发布的国家标准、行业标准中，内容涉及了供应链管理标准，物流设施设备的选用参数，立体仓库、物流用车、集装箱/交换箱等通用设施设备标准，快递绿色包装标准，以及食品冷链物流、农产品物流、电子商务物流、汽车物流、逆向回收物流、危险品物流、钢铁物流、大型物件物流、港口作业等专业类物流标准。

表 1　　2020 年 1—12 月新发布及实施物流国家标准汇总

序号	标准号	标准名称	实施日期
1	GB/T 38726—2020	快件航空运输信息交换规范	2020/7/1
2	GB/T 38701—2020	供应链安全管理体系　对供应链安全管理体系审核认证机构的要求	2020/9/1
3	GB/T 38702—2020	供应链安全管理体系　实施供应链安全、评估和计划的最佳实践　要求和指南	2020/9/1
4	GB/T 38727—2020	全生物降解物流快递运输与投递用包装塑料膜、袋	2020/10/1
5	GB/T 38567—2020	港口物流作业数据交换通用技术规范	2020/10/1
6	GB/T 38698. 1—2020	车用动力电池回收利用　管理规范　第 1 部分：包装运输	2020/10/1
7	GB/T 38703—2020	汽车货运代理服务质量要求	2020/10/1
8	GB/T 38709—2020	国际货运代理铁路联运作业规范	2020/10/1
9	GB/T 39083—2020	快递服务支付信息交换规范	2020/10/1
10	GB/T 39084—2020	绿色产品评价　快递封装用品	2020/10/1
11	GB/T 38622—2020	集装箱　2. 45GHz 频段货运标签通用技术规范	2020/11/1
12	GB/T 39451—2020	商品无接触配送服务规范	2020/11/19
13	GB/T 38920—2020	危险废物储运单元编码要求	2020/12/1
14	GB/T 39037. 2—2020	用于海上滚装船运输的道路车辆的系固点与系固设施布置　通用要求　第 2 部分：半挂车	2021/2/1
15	GB/T 5620—2020	道路车辆　汽车和挂车制动名词术语及其定义	2021/4/1

续 表

序号	标准号	标准名称	实施日期
16	GB/T 39058—2020	农产品电子商务供应链质量管理规范	2021/4/1
17	GB/T 39090—2020	危险品绝热储存试验方法	2021/4/1
18	GB/T 39093—2020	危险品热积累储存试验方法	2021/4/1
19	GB/T 39439—2020	电子商务第三方仓储服务管理规范	2021/6/1
20	GB/T 39448—2020	汽车整车物流多式联运设施设备配置要求	2021/6/1
21	GB/T 39461—2020	国际物流信息系统数据接口	2021/6/1
22	GB/T 39660—2020	物流设施设备的选用参数要求	2021/7/1
23	GB/T 39661—2020	道路运输用交换箱　技术要求与试验方法	2021/7/1
24	GB/T 39664—2020	电子商务冷链物流配送服务管理规范	2021/7/1
25	GB/T 39676—2020	跨境电子商务　物流信息申报和支付信息申报电子单证	2021/7/1
26	GB/T 39681—2020	立体仓库货架系统设计规范	2021/7/1

表2　　2020年1—12月新发布及实施物流行业标准汇总

序号	标准编号	标准名称	实施日期	发布单位
1	HJ 298—2019	危险废物鉴别技术规范	2020/1/1	生态环境部
2	JT/T 1295—2019	道路大型物件运输规范	2020/3/1	交通运输部
3	JT/T 1296—2019	道路大型物件运输企业等级	2020/3/1	交通运输部
4	JT/T 1284—2020	低平板半挂车技术规范	2020/4/1	交通运输部
5	JT/T 1285—2020	危险货物道路运输营运车辆安全技术条件	2020/4/1	交通运输部
6	JT/T 1286—2020	空陆联运集装货物转运操作规范	2020/4/1	交通运输部
7	JT/T 1287—2020	乘用车集装箱运输技术要求	2020/4/1	交通运输部
8	JT/T 1288—2020	冷藏集装箱多式联运技术要求	2020/4/1	交通运输部
9	QC/T 453—2019	厢式运输车	2020/4/1	工业和信息化部
10	WB/T 1101—2020	汽车成套零部件出口包装和集装箱装箱作业规范	2020/6/1	国家发展改革委
11	WB/T 1102—2020	汽车售后服务备件仓储作业规范	2020/6/1	国家发展改革委

续 表

序号	标准编号	标准名称	实施日期	发布单位
12	WB/T 1103—2020	食品冷链末端配送作业规范	2020/6/1	国家发展改革委
13	WB/T 1104—2020	道路运输医药产品冷藏车功能配置要求	2020/6/1	国家发展改革委
14	WB/T 1105—2020	废旧动力蓄电池金属物流箱技术要求	2020/6/1	国家发展改革委
15	JT/T 845—2020	危险货物港口作业安全评价导则	2020/7/1	交通运输部
16	MH/T 1073—2020	危险品货物航空运输存储场所安全管理规范	2020/10/1	中国民用航空局
17	MH/T 6006—2020	飞机集装/散装货物拖车	2020/10/1	中国民用航空局
18	JT/T 1312—2020	商品车多式联运交接单	2020/11/1	交通运输部
19	JT/T 1313—2020	城市配送服务规范	2020/11/1	交通运输部
20	JT/T 1324—2020	营运车辆 车路交互信息集	2020/11/1	交通运输部
21	JT/T 1325—2020	行驶温度记录仪技术要求和检验方法	2020/11/1	交通运输部
22	YZ/T 0172—2020	无人机快递投递服务规范	2021/1/1	国家邮政局
23	YB/T 4878—2020	钢铁物流数字化仓储建设基本要求	2021/4/1	工业和信息化部
24	YB/T 4864—2020	钢材仓储管理规范	2021/4/1	工业和信息化部

2. 应急标准和公共卫生防疫标准研制

2020 年，全球范围内突发的新冠肺炎疫情对我国国民经济发展、企业经营、生活都带来了巨大的影响，物流业作为重要的基础设施，在疫情防控、保障民生和经济社会运行及稳定全球供应链等方面发挥了重要作用。但针对这次疫情也暴露出了应急物流还存在着明显的短板，应急物流标准体系的建设还存在不健全的现状。2020 年年初，全国物流标准化技术委员会应国家标准委的要求，迅速对应急物流标准体系建设、标准制修订情况以及突发事件中的物流标准需求展开调研，多次向国家标准委提交应急物流标准调研报告；重新梳理和论证正在制定的应急物流标准，对正在制定的《应急物流基础数据元》《应急物流公共数据模型》《应急物流数据交换通用要求》《应急物流基础信息分类与代码》《应急物流数据交换格式》五项行业标准内容增加了相应的技术要求，其中三项标准已完成并报批，另外两项标准进入审查阶段；快速启动《医学检验生物样本冷链物流服务规范》和《体外诊断试剂温控物流服务规范》两项与抗疫密切相关的标准立项工作，其间得到国家标准委、国家发展改革委以及国家卫生健康委的大力支持，国家标准委对《医学检验生物样本冷链物流服务规范》走快速程序将其列入国家标准制修订计划中，国家发展改革委将《体外诊断试剂温控物流服务规范》列为行业标准，目前已完成制定并报批，国家卫生健康委在标准制定阶段专门委派专家进行专业指导，为确保两项标准高质量的完成保驾护航。

交通运输部也针对交通运输工具、交通运输港站启动《交通运输工具重大呼吸道传染病疫情防控技术指南》《交通运输港站重大呼吸道传染病疫情防控技术指南》两项国家标准的制定工程，目前已进入征求意见阶段。

中国商业联合会等单位制定的《商品无接触配送服务规范》发布。

3.《物流术语》基础类国家标准修订完成

《物流术语》是我国制定的第一个物流基础类国家标准，发布实施后标准对国内物流产业发展起到了极大促进作用。2006 年该标准进行了第一次修订。随着近年来我国物流产业的快速发展，物流业已发展进入了标准化、自动化、网络化、信息化、智能化的高质量发展新阶段，原 2006 年版《物流术语》已无法满足行业的发展需要，为此中国物流与采购联合会会同多家院校和企业于 2019 年启动了标准的修订工作，本次修订整体框架上未做大的调整，修订依照基础性、系统性、通用性、成熟性、国际性等原则对行业中常用术语进行了全面梳理，删除了 2006 年版中已不适用的术语条目，新增了近年来出现的新术语。与 2006 年版相比，本次修订新增术语 66 条，修改术语 137 条，删除了 66 条术语。目前标准已报批，标准的修订和发布将为我国的物流业及其相关领域的教育培训、理论研究、物流发展提供基础性支撑。

4. 首个冷链物流强制性国家标准发布

为了落实国务院办公厅《关于加快发展冷链物流保障食品安全促进消费升级的意见》（国办发〔2017〕29 号）中提出的“依据食品安全法、农产品质量安全法和标准化法，率先研究制定对鲜肉、水产品、乳及乳制品、冷冻食品等易腐食品温度控制的强制性标准并尽快实施”的具体要求，国家食品安全风险评估中心、中国物流与采购联合会等单位于 2018 年启动了《食品冷链物流卫生规范》强制性国家标准的制定。2020 年 10 月 13 日，《食品安全国家标准食品冷链物流卫生规范》（GB 31605—2020）强制性国家标准经国家卫生健委和国家市场监督管理总局正式批准发布，标准将于 2021 年 3 月 11 日正式实施。标准规定了在食品冷链物流过程中的基本要求、交接、运输配送、储存、人员和管理制度、追溯及召回、文件管理等方面的要求和管理准则，规定了当发生公共卫生事件时，应采取的预防和处置措施，以及清洗消毒要求等，适用于各类食品出厂后到销售前需要温度控制的物流过程。标准的发布和实施将进一步守护食品安全，为政府部门对食品冷链有效监管提供技术保障。

（中国物流与采购联合会标准工作部）

2020年中国物流信息化

2020年，是我国从物流大国向物流强国迈进的重要节点，推动行业信息化、数字化升级是践行物流业高质量发展的重要手段。此外，在新冠肺炎疫情的影响下，我国供应链安全与稳定受到了极大的挑战。疫情对物流的畅通与供应链的稳定造成了许多困难，正是由于物流与供应链的新业态、新模式、新技术的高速发展与应用，提升了疫情期间物流与供应链的响应速度，也提高了运力组织效率，把物资源源不断地送到疫情较为严重的地区。无人送货、无接触配送等新技术的应用也大大提升了物流配送的安全性。

一、国家对物流信息化工作高度重视

2020年3月23日，工业和信息化部办公厅印发的《工业和信息化部办公厅关于开展产业链固链行动 推动产业链协同复工复产的通知》中指出，坚持以大带小、上下联动、内外贸协同，聚焦重点产业链，以龙头企业带动上下游配套中小企业，特别是“专精特新”中小企业，增强协同复工复产动能。加强统筹指导和协调服务，打通产业链、供应链堵点，落实各项支持政策，协调解决企业实际困难，畅通产业链、资金链循环，维护产业链稳定。

9月18日，中国人民银行、工业和信息化部、司法部等8部门印发的《中国人民银行 工业和信息化部 司法部 商务部 国资委 市场监管总局 银保监会 外汇局关于规范发展供应链金融 支持供应链产业链稳定循环和优化升级的意见》中指出以下三点。

一是支持供应链产业链稳定升级和国家战略布局。供应链金融应以服务供应链产业链完整稳定为出发点和宗旨，顺应产业组织形态的变化，加快创新和规范发展，推动产业链修复重构和优化升级，加大对国家战略布局及关键领域的支持力度，充分发挥市场在资源配置中的决定性作用，促进经济结构调整。

二是提升产业链整体金融服务水平。推动金融机构、核心企业、政府部门、第三方专业机构等各方加强信息共享，依托核心企业构建上下游一体化、数字化、智能化的信息系统、信用评估和风险管理体系，动态把握中小微企业的经营状况，建立金融机构与实体企业之间更加稳定紧密的关系。鼓励银行等金融机构为产业链提供结算、融资和财务管理等系统化的综合解决方案，提高金融服务的整体性和协同性。

三是支持打通和修复全球产业链。金融机构应提升国际产业链企业金融服务水平，充分利用境内外分支机构联动支持外贸转型升级基地建设、开拓多元化市场、出口产品转内销、加工贸易向中西部梯度转移等，支持出口企业与境外合作伙伴恢复商贸往来，通过提供买方信贷、出口应收账款融资、保单融资等方式支持出口企业接单履约，运用好出口信用保险分担风险损失。

可见，供应链稳定是复工复产的关键因素。物流是供应链的重要组成部分，是保证供应链顺畅、高效、可持续的重要因素。8 月 22 日，国家发展改革委等部门印发了《关于印发〈推动物流业制造业深度融合创新发展实施方案〉的通知》，文件指出以下两点。

一是促进企业主体融合发展。支持物流企业与制造企业通过市场化方式创新供应链协同共建模式，建立互利共赢的长期战略合作关系，进一步增强响应市场需求变化、应对外部冲击的能力，提高核心竞争力。引导制造企业结合实际系统整合其内部分散在采购、制造、销售等环节的物流服务能力，以及铁路专用线、仓储、配送等存量设施资源，向社会提供专业化、高水平的综合物流服务。

二是促进信息资源融合共享。促进工业互联网在物流领域融合应用，发挥制造、物流龙头企业示范引领作用，推广应用工业互联网标识解析技术和基于物联网、云计算等智慧物流技术装备，建设物流工业互联网平台，实现采购、生产、流通等上下游环节信息实时采集、互联共享，推动提高生产制造和物流一体化运作水平。推动将物流业制造业深度融合信息基础设施纳入数字物流基础设施建设，夯实信息资源共享基础。支持大型工业园区、产业集聚区、物流枢纽等依托专业化的第三方物流信息平台实现互联互通，面向制造企业特别是中小型制造企业提供及时、准确的物流信息服务，促进制造企业与物流企业高效协同。积极探索和推进区块链、第五代移动通信技术（5G）等新兴技术在物流信息共享和物流信用体系建设中的应用。

物流与供应链信息化的建设是行业转型升级、融合发展的重要抓手，也是推动物流与供应链高质量发展，实现物流强国的重要路径。

二、传统物流企业数字化发展进入新征程

（一）传统物流企业内部管理系统从“电子化”向“数字化”升级

烟草行业经过多年快速发展，零售网点变化大且快，现有的配送管理系统已经较难满足当前业务的需要，目前较大程度上是基于人工经验，在车辆调度与管理、路线规划、适应淡旺季差异等方面存在明显短板。对此，河南省烟草公司驻马店市公司研发了卷烟物流智能调度实时配送系统，以适应市级卷烟“以销定送”的配送方式，积极探索跨区域配送和以送定访结合的新模式，通过精准坐标采集，完善配送网络，为调整优化配送业务奠定基础。以历史订单数据为支撑，通过大数据分析手段验证跨区域配送方案，以智能线路优化算法代替人工调度，以更合理的方式划分区域客户，能够节约物流成本，有效提升服务品质。

企业财务管理与业务不匹配是长久以来影响企业管理效率的因素之一，对此长安民生物流实施的智慧物流业财一体化管理平台项目，重在规范梳理流程，实现自动计费、工具化对

账、自动化核算，提升结算效率与核算效率，解放结算人员、财务人员，使得集团资源优化和降本增效。其中，中台结算系统集中沉淀各业务线的交易数据，搭建完整的数据仓库，支持各业态数据整合分析，实时掌控各业务线的盈亏情况，为业务决策提供有力的依据，能够挖掘数据价值，推动企业数字化转型。支撑业务变化与拓展统一的清结算系统避免了多业务线清结算功能重复建设，在新业务线产生时，系统扩展性可以使新业务系统快速接入清结算系统，实现高效管理。

除企业自身信息化转型升级外，也有为中小物流企业提供 SaaS 服务的软件服务商，助力中小物流企业数字化转型。“钢蜂云链”是由上海钢蜂物流科技有限公司开发的一款服务大宗商品行业中小物流企业的 SaaS 产品，致力于解决物流企业车辆、司机、订单管理和外部协作等方面的痛点，提高企业客户内外部协作效率和降低运营成本，提升客户物流运营标准化和数字化水平，增强其盈利能力。自 2019 年 11 月至今，上海钢蜂物流科技有限公司通过与找钢网等大宗商品 B2B 平台企业合作，已成功帮助数十家中小物流企业实现了数字化转型，为每家企业节约了 10 万 ~ 30 万元刚性成本。未来，机器学习、人工智能和车联网技术将融入系统，在大宗商品物流行业更加深入地应用。

（二）专业物流领域数字化管理水平进一步提升

危险货物场站这类特殊的物流场站，对于货物安全管理有着特殊的需求。结合危险货物管理法律法规，根据不同种类危险货物的理化性质，大连集发南岸国际物流有限公司有针对性地在库场建设物联网络，将数据汇聚到统一平台，通过智能算法进行管控，将传统的安全管理流程转换为数字化的全程动态管理。根据危险货物特殊性，以危险货物基础性质为底层数据，结合 GPS 技术、图像识别技术、互联网技术，完成危险货物全程动态数字化物流平台的搭建。通过积累危险货物产品、操作、走向、客户、口岸吞吐量等第一手数据，深层次挖掘危险货物大数据，为口岸危险货物操作、本地区安全保障工作提供强有力的数据支持。

生鲜食品对配送的时效性要求高，伴随着业务范围扩大、门店增多，元初集团配送中心对供应商送货的响应时间与处理速度都有了更高的要求。对此，厦门荆艺软件有限公司为元初集团开发了一套具备仓储作业、运输可视化、运输在途全程跟踪、财务计费结算等业务一体化的信息管理系统，满足了元初集团自身业务的个性化需求增长，同时兼顾多项目，可集成多种现有业务，解决了以往公司内部物流管理混乱、物流节点繁杂、物流控制薄弱、物流资金浪费的问题，对元初集团决策和管理水平、业务发展具有重大意义。

（三）仓配一体化模式在电商领域展现出突出优势

随着电商的快速发展，仓配一体化模式优势愈加明显，市场需求强烈。云南宝象物流集团有限公司基于宝象智慧物流云平台开展仓配一体服务，实现宝象运网、宝象云仓两大板块的无缝对接，将交易、仓储、配送全流程的作业进行整合，实现全流程信息的高效统一，提高了全流程的作业效率和准确率，提升仓配一体服务的响应速度和服务质量，为客户提供全链条透明可视的一体化解决方案，逐渐从为零散客户转向为中高端客户提供服务，实现服务场景多元化、服务能力高端化。同时，从传统出租模式转变为自主运营的整体供应链服务模式，从出租模式演变为全环节托管服务模式，从仓储延伸到客户生产、干线、城配、终端客户，增强客户的黏性。最后，根据客户的定位，锁定客户的仓储需求，并在与客户匹配度高的业务范围内进行同业资源整合，实现“1 + 1 > 2”的效果。

三、物流业与制造业融合发展迈入新阶段

（一）采购阶段数字化有效提升企业管理水平，降低采购成本

采购全流程电子化、无纸化、数字化是中国移动通信集团四川有限公司（以下简称“四川移动”）内部管理追求的目标。四川移动作为中西部地区最大的信息服务商，承载着大量的采购工作，然而在传统的招投标采购工作中，普遍存在管理难度大、评审效率低、采购成本高的问题。对此，四川移动建立采购管理系统，使得整个采购流程中生成的所有文档均经系统归档保存，实现了记录电子化和便捷查询。同时采用远程评审、电子签名等手段实现无纸化办公，大大降低了采购成本。

（二）制造型企业供应链数字化发展助力产业链升级

聚焦制造业信息化与自动化集成技术，锐特信息技术有限公司提出的锐特智能制造供应链一体化解决方案将“智慧供应链”延伸至“智慧工厂”与“柔性生产”，在家居、家电、汽车、通信电子行业，通过与 ERP（企业管理系统）、MES（生产管理系统）、APS（高级计划与排程系统）、物联网、自动化技术的连接与整合，实现供应链服务的精确计划、高效协同与智能执行，联动整个制造产业价值链，提高管理的透明度及作业效能，帮助制造企业提升运营效益，解决传统业务流程中供应链各环节个性化需求多、大量依靠人力及原有系统老旧的问题，通过大数据分析业务需求和预测业务发展，推动生产力提升，降低供应链成本攀升带来的压力。

（三）连接销售与物流环节，商贸型企业实现精细化管理

中国移动通信集团终端有限公司由于业务拓展，引进电视机的销售与配送业务，但现有管理系统和业务模式并不适用于大型家电的运输及仓储。由此，企业在业内首创“代收代发”系统，为电视机量身打造物流服务体系，从而构建商贸企业的 S2B2C 模式，解决电视机等大屏家电的运营难点。企业通过进销存管理系统（即“代收代发”系统），搭建销售环节和物流环节的桥梁，规范入库流程，同时引入监控系统，实现串码精细化管理。通过“代收代发”模式大幅降低项目成本，全年节省物流成本 900 万元。同时通过提高系统实现业务流程自动化，免去需求收集、数据导入、单据稽核等人工操作，实现精减人员 8 名，合计节省人力成本约 120 万元/年。

四、平台型物流创新企业发展开拓新模式

（一）科技赋能网络货运平台，数据决策提升运营效率

进入数字经济时代，通过 AI 技术对各个运输节点进行智能化重构，让技术深入落实到业务环节中，成为提升车辆效率的新动力。福佑卡车自主研发了全球首款城际整车智能调度系统，独创了用 AI 算法调度车辆的随机散跑模式，一辆 9.6 米厢车的每月有效行驶里程可以从 7000 ~ 9000 公里提升至 11000 公里，甚至更高，平均运行效率提升约 24%。此外，其智

能报价系统基于大数据和 AI 技术，实时计算全国范围内的普货类整车运价。目前，智能报价系统可以在 0.58 秒内，结合车型、车长、包装、装卸地点、路线、时间、货物类型、重量、体积、天气等因素计算价格，偏差在 10% 左右，与市场价的吻合度达到 90%。通过算法评估与修正，这一精准度还将不断提高。

河南省脱颖实业有限公司自主研发的货运快车网络货运系统，充分发挥平台海量数据汇集和大数据分析的优势，向货主提供定制化、个性化的全程运输服务。以大数据应用为基础，将散乱、无序的数据进行有机关联、融合、裂变，以此演化出颠覆式的分析逻辑。在当前位置下，可把方圆 5～100 公里内，车主最近在线的车辆统计出来，然后进行快速与货源进行匹配。网络货运平台通过货源组织、车辆整合，建立高效的车货匹配信息，缩短简化交易链条来实现降本增效，通过平台提高利用效率约 50%，平台等货时间由 2～3 天缩短至 8～10 小时；通过资源相互整合，达到成本最低、收益最大化，并建立合作共赢的机制。

（二）供应链一体化服务平台链接上下游，一站式服务实现降本增效

山东京博物流股份有限公司搭建的智慧物流供应链一体化平台是以安全、风控为基础，以一站式服务和联融思维为核心，借助物联网、大数据、现代信息化手段，依托核心物流服务向供应链上下游扩展，建立国内领先的一站式“供应链一体化智慧平台”，实现对供应链信息流、物流、资金流、商流的整合，建设开放性的京博物流智慧物流生态体系。该体系主要包括智能调度系统、GPS 车辆监控调度系统、主动预防系统、捷油宝物流可视化系统、“捷运互联”网络货运平台等，实现了车辆运力统筹、运输路线优化、成本计算模型、全程可视化、共享仓储、资讯服务、大数据可视化、车货匹配、在线支付、线上投保等关键功能的建设及完善。

山东佳怡供应链管理有限公司“e 享供应链协同平台”基于全链条信息流一体化管理，实现物流、商流、信息流与资金流的统一管理，消除信息孤岛，解决供应链信息流时效问题。平台将多个系统集成，解决企业内部的系统数据共享问题和整个供应链条上下游合作伙伴之间的数据共享问题，将客户、供应商、司机等环节对象连接，实现储运配一体化信息共享，物流、商流、信息流与资金流统一管理。截至目前，共计为 11 个细分行业 10 万多家客户及 700 多家战略客户提供优质的供应链规划解决方案。e 享供应链协同平台的应用，纵向打通了供应链全链条信息流，横向协同了各行业、各供应链成员企业，实现了“一单到底”和“资源优化”，极大地提高了供应链运行效率和质量。

（三）多式联运平台整合各方资源，提供多方联动的高效服务

我国铁路集装箱行业有千亿元市场空间，中铁铁龙集装箱物流股份有限公司在调整运输结构背景下，建设智铁运联物流平台，紧密依托互联网与物流网核心资源，为货主提供“一站式”托运，一票到底的“一单制”服务模式。智铁运联物流平台依托云计算、大数据、物联网、人工智能等技术，打造“互联网 +”物流一站式服务平台，为用户提供集装箱多式联运物流解决方案、物流链条信息互联互通解决方案及共享集装箱一站式解决方案，实现涉铁集装箱运输全流程信息化、智能化、可视化，创新服务模式、提升物流效能。平台数据覆盖现有业务体系及业务实景，根据业务数据生成画像、量化指标。通过对数据的采集、清

理、计算、分析等方式，深入挖掘大数据潜在价值，向业内提供数据产品及模型，促使物流全链条提质增效。

上海文景信息科技有限公司研发的“长江三峡枢纽港区多式联运创新服务平台”，立足长江三峡核心枢纽港区，通过大数据、云计算、移动互联网、物联网等现代化信息技术集成应用创新，打通港口物流供应链中各协作单位的信息互联通道，实现从发货人委托运输，到收货人确认收货的全程物流可视化跟踪。基于对宜昌白洋港各单位物流作业与信息化状况的深入调研，构建独特的“水公水”多式联运服务新模式，助力长江三峡枢纽“大分流、小转运”多式联运示范工程进一步落地。该项目平台拥有强大的大数据平台作为数据处理、集成、服务支撑，能够实现多维度精细化的统计分析，数据处理速度秒级，实时采集建模，并支持私有化部署。通过预处理、存储管理、大数据分析挖掘、大数据安全和大数据可视化等技术手段，实现了多式联运业务中各环节参与单位间的作业动态共享和高效协同，构建一个跨系统、多元异构、实时联动的大数据服务平台。

五、智能物流装备与技术应用探索新场景

（一）车联网技术助力整车物流全程品控，大幅提升服务质量

中寰卫星旗下商用车车联网产品以用户为中心，消除各端信息孤岛，连通车辆生产、销售、使用、经营、服务的全生命周期（TCO）。通过中寰卫星覆盖卡车全生命周期的 App 和平台产品体系，帮助整车厂实现内部数字化转型，形成整车厂、经销商、车队、司机之间的连接交互通道。车联网能帮助主机厂深入车辆全生命周期，更好地服务物流整个产业链。中寰卫星一直致力于与主机厂紧密配合，深度感知用户场景，精细化地深入各个细分行业中去，真正帮助物流企业和司机提升效率、降低成本。车联网大数据分析可以让司机买到更适合的车，车队可以对货物和司机车辆进行有效管理，政府部门通过车联网对危化品车辆、重点营运车辆安全进行有效监控。对整个行业来说产生了十分显著的效果。

东风日产乘用车公司供应链管理部通过将车联网数据引入整车物流品质管理过程，在对车联网数据和现有物流系统数据全面分析后，利用两个系统数据共同进行环节划分、作业点判断。在此基础上，车联网数据在整车物流品质管理提升方面的应用进一步拓展到整体监控分析、实时监控分析、里程、电量大数据统计分析和轨迹查询。车联网技术应用后，企业在管理指标方面实现标准作业执行率、仓储保管不良率、重大事故率、运输出险率的大幅降低，极大改善物流品质；在成本方面借助新技术导入，除了可以实现作业效率提升（如作业观察、品质确认）从而降低人工费用，还通过品质提升推动保险费用降低，整体总经济效益为 150 万元/年。

（二）“区块链 +”供应链金融初试，致力于解决中小企业融资问题

雪松大宗商品供应链集团通过搭建“区块链 +”大宗商品供应链金融平台，充分利用区块链技术特性，针对性地解决传统业务痛点并优化现有业务流程，实现全业务流程及周边供应链金融、物流、仓储的线上化支持。平台主要包含商品的生产出厂、货物在途运输、货物入库、货物贸易关系创建、货物出库、第三方机构监管、融资申请等相关核心环节的业务数

据，随着业务扩展逐步实现全量上链，在实现业务全方位支持的基础上，逐步实现与外部合作方、监管方、服务方业务系统的跨区域、跨机构、跨系统的高效便捷对接。雪松“区块链＋”大宗商品供应链金融平台目前已达成交易额282亿元，主要服务于华北、华东、华南地区的百余家中小贸易商和加工制造企业。其中，以应收账款和订单融资为主的供应链金融业务已经形成10多亿元的业务额，涉及15家企业。

“区块链＋”供应链金融创新的要点在于通过业务数据化、数据资产化、数据链上化、金融场景化，解决风险控制问题。路歌网络货运平台与蚂蚁区块链平台、网商银行合作，打造一套物流业务数据上链，实现真实业务流程可信化。通过长期合作，路歌网络货运平台帮助合肥拓佳物流将其产生的业务线上化，然后把业务数据存储到区块链。现在路歌网络货运平台已经和蚂蚁金服进行相关合作，将业务数据积累变成信用积累，再把信用积累转化成金融积累，最终变成客户在业务中需要的金融资源，而这种金融信用又可以帮助平台为客户提供风险管理，如对账期风险管理、支付风险管理和运营风险管理，既解决客户的资金问题，也提升客户风险管理能力。

（三）集成多种智能物流装备，自动化立体库由“自动化”向“无人化”发展

日日顺物流依托先进的管理理念和物流技术，以数字化为驱动力，在大件物流智能化方面先行先试。位于即墨物流园的智能无人仓是行业首个“黑灯”大件智能无人仓，定位是连接产业端到用户端的全流程、全场景区域配送中心，是日日顺物流基于新基建背景在科技化、数字化、场景化方面深度探索的成果，通过5G、人工智能技术以及智能装备的集中应用，打通前端用户和后端工厂的全流程、全场景，为用户提供定制化的场景物流服务解决方案。库内运用关节机器人、龙门拣选机器人、AGV、堆垛机等智能设备，通过“智慧大脑”——中央控制系统，使用智能算法进行调度控制，完全替代了人工操作。与传统作业模式相比，无人仓作业效率和准确率均得到大幅提升，出货量达到2.4万件/天。

机科发展科技股份有限公司建设高参数自动化立体仓库，使用车间成套物流装备、六关节搬运机器人、高速堆垛机、智能分拣机、高速托盘输送机等核心智能制造装备，建立中医药产品智能制造工厂互联互通网络架构与信息模型、中医药产品数据管理系统，实现中医药产品制造过程现场数据采集与可视化，建立面向信息集成的中医药产品制造大数据平台，实现MES、PLM（项目管理系统）和ERP协同的中医药产品智能工厂管控系统，促进自动化物流信息系统的集成；实现中医药产品从原辅料准备、前处理到后续多剂型制剂、包装、物流仓储、分拣配送等全过程自动化生产，实现全过程的实时质量监控与可追溯。

（中国物流与采购联合会物流信息服务平台分会　晏庆华　金妲颖）

第八部分

部分优秀物流企业及经典案例

SHIPPING
中远海运物流
COSCO SHIPPING Logistics
中国外代
PENAVICO
中国外理
COSTACO
电话：010-51568000
地址：中国北京市朝阳区八里庄北里220号
中远海运物流大厦

股票代码【603569】

二、国际铁路运输线路

"一带一路"沿线国家汽车物流领军者，整车、零部件国际铁路运输专家。

International Railway Transportation Routes

A leader in automobile logistics in national along the "Belt and Road",and an expert in international railway transportation of vehicles and parts

站到站线路

- 国内始发站：成都、西安、哈尔滨、重庆、沈阳、合肥、郑州、锦州、大连等
- 国外到达站：汉堡、杜伊斯堡、马拉、纽伦堡、蒂尔堡、杜尔日、布达佩斯、莫斯科、新西伯利亚、阿拉木图、塔什干等

Station-to-Station Routes

- Domestic departure stations：Chengdu, Xi'an, Harbin, Chongqing, Shenyang, Hefei, Zhengzhou, Jinzhou, Dalian, etc
- Overseas arrival stations: Hamburg(Germany)、Duisburg(Germany)、Mara(Poland)、Nuremberg(Germany)、Tilburg(Holland)、Dourges (France)、Budapest(Hungary)、Mexico (Russia)、Novosibirsk(Russia)、Alma-Ata (Kasachstan)、Tashkent(Uzbekistan) .

境外代理线路

- 进出口口岸：满洲里、绥芬河、二连浩特、阿拉山口、霍尔果斯
- 国外到达站：汉堡、杜伊斯堡、马拉、纽伦堡、蒂尔堡、杜尔日、布达佩斯、莫斯科、新西伯利亚等

Overseas Agency Routes

- Import and Export ports：Manchuria(China)、Suifenhe(China)、Erlianhot(China)、Alataw pass(China)、Horgos(China).
- Overseas arrival stations：Hamburg(Germany)、Duisburg(Germany)、Mara(Poland)、Nuremberg(Germany)、Tilburg(Holland)、Dourges (France)、Budapest(Hungary)、Mexico(Russia)、Novosibirsk(Russia).

三、国际海运主要线路

仁川—上海—胡志明—西哈努克—巴生—雅加达—新加坡—林查班—八打雁—仁川

上海—八打雁—上海—平泽—蔚山—上海—香港—八打雁—上海

上海、天津—蒙巴萨（肯尼亚）、达累斯萨拉姆（坦桑尼亚）、德班、伊丽莎白、开普敦（南非）、路易港（毛里求斯）马普托（莫桑比克）

Water Transportation Routes

Incheon (Korea)–Shanghai (China)– Ho Chi Minh (Vietnam) – Sihanouk (Cambodia)–Klang (Malaysia;) – Jakarta – Singapore – Laem cha bang(Thailand) – Batangas (Philippines) – Incheon

Shanghai (China)– Batangas (Philippines) – Shanghai (China)– Pyeongtaek (Korea) – Ulsan (Korea)– Shanghai (China)– Hong Kong – Batangas (Philippines) – Shanghai (China)

Shanghai，Tianjin (China)–Mombasa (Kenya), Dar es Salaam (Tanzania), Durban, Elizabeth, Cape Town (South Africa), Port Louis (Mauritius), Maputo (Mozambique)

四、海外分支机构

在德国、中国香港、波兰、俄罗斯均设有全资子公司，此外在波兰马拉收购ADP SA 30%股权。

Oversea Subsidiaries

We have subsidiaries in Germany, Hong Kong, Poland and Russia, and acquired 30% shares of ADP SA

ADD:

99 Shigezhuang Road, Chaoyang District, Beijing, China

Hamburg. Grobe Elbstrbe 45, 7.OC, 22767 Hamburg, Germany

www.changjiulogistics.global

+49 (0) 40 8090 06950

info.de@changjiulogistics.com

广西玉驰智联科技有限公司成立于2012年，注册资本2.4亿元，总部位于广西南宁，是国家4A级综合型物流企业。在全国大部分省市有业务布局，拥有20多家分（子）公司、50多个营运网点、24万平方米仓储资源，同时建立了覆盖全国的运输配送网络。公司始终致力于科技及模式创新，通过打造数智化综合供应链信息化平台，为工业智能物流、大宗商品、港口物流、跨境物流等细分市场客户，提供优质高效的运输、仓储、生产物流、供应链贸易、汽车后市场等服务产品。

主营业务

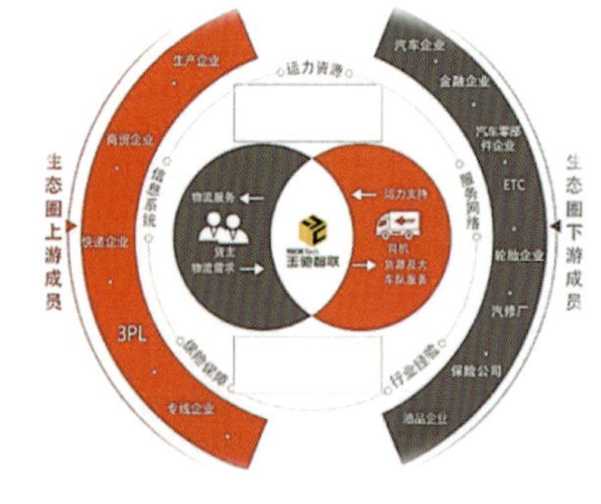

合同物流板块：在大宗物资、快消品、汽车零部件等行业具备一体化物流解决方案；通过“自有+加盟”整合超过6500台的核心运力，借助智慧物流技术，为客户提供运输全程透明化管理及数智化升级。

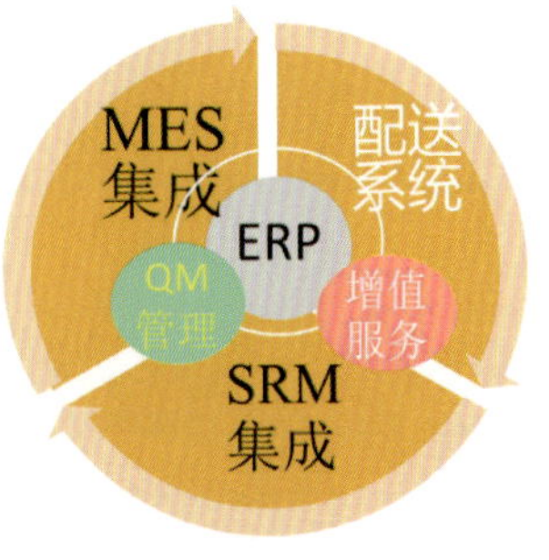

工业智能物流板块：为制造企业提供智能仓建设、智能配送、包装优化等数智化升级改造服务，帮助客户提升生产效率，实现降本增效，配送、物流准时率及准确率超过99%。

供应链贸易板块：围绕制造企业原材料、建筑材料、大宗农产品等领域，利用信息技术实现风控线上化管理，为客户提供高效的物流、金融、贸易等供应链一体化服务。

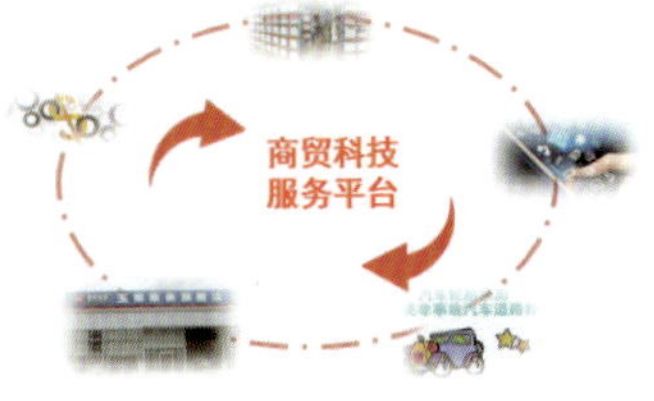

汽车后市场板块：整合国内外知名品牌优势厂商，提供轮胎、轮毂、油品、电瓶等产品，建成东盟轮胎智慧产业园，为客户提供集采购、仓储、物流、销售、金融服务为一体的数字化服务平台。

秦粤物流

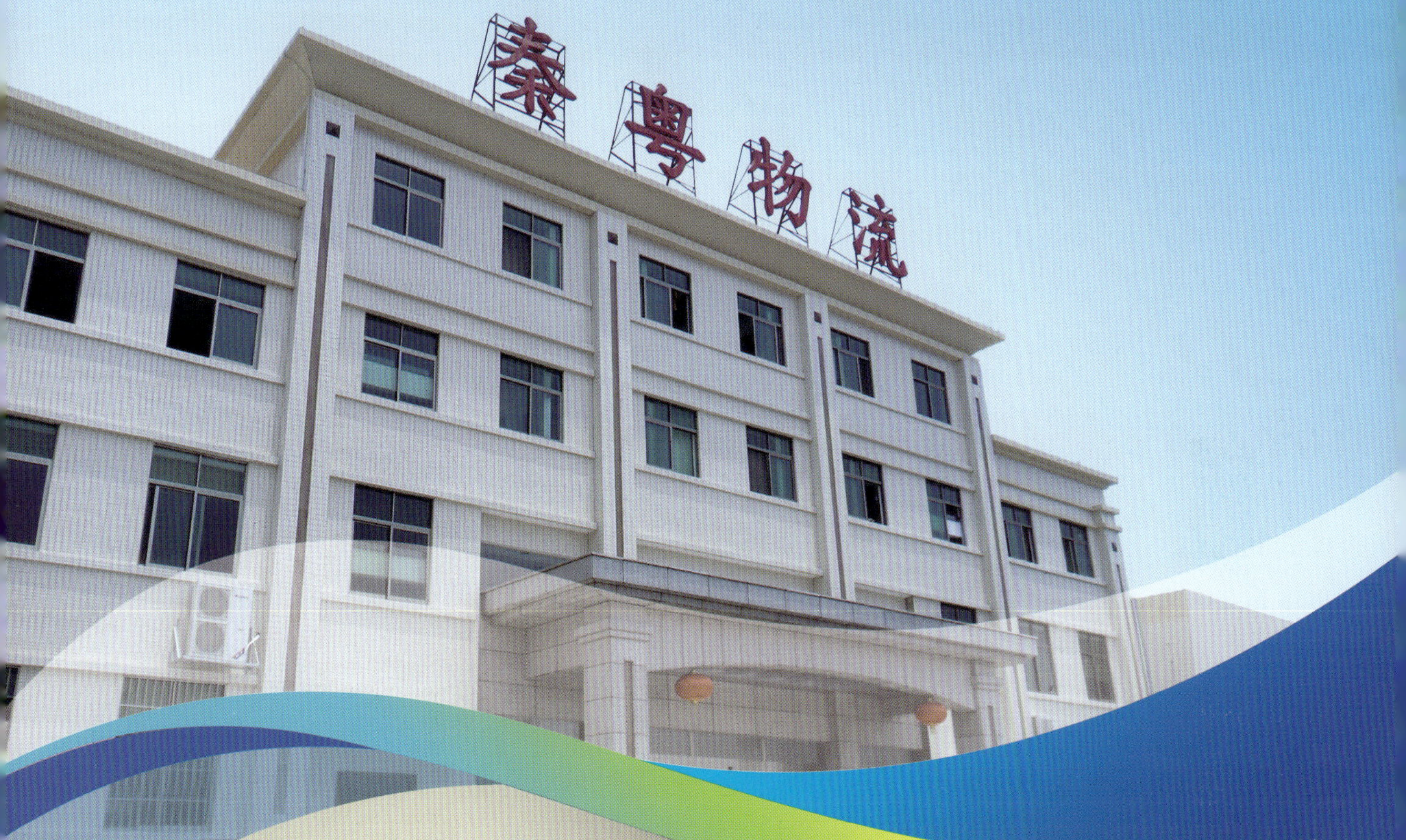

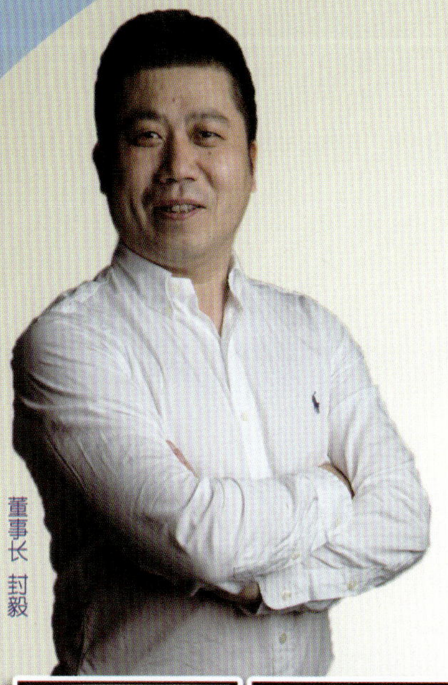

秦粤物流 物流全球

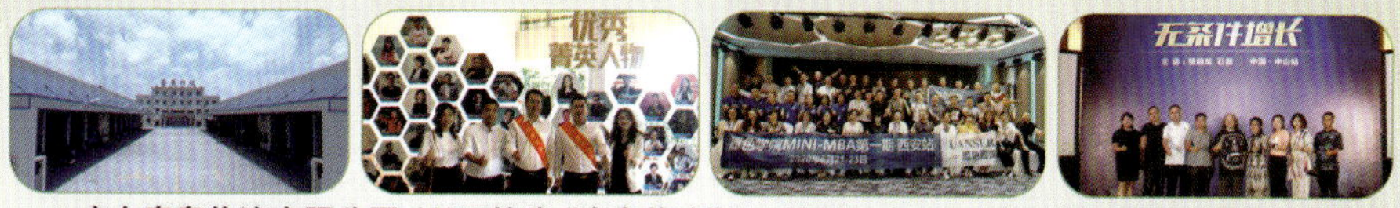

广东秦粤物流有限公司（以下简称“秦粤物流”），始创于1992年，主营零担快运、整车配货，国家AAAA级综合服务型物流企业，全国物流企业AAA级信用企业，具备ISO 9001:2015资质认证。下设北京市、西安市、乌鲁木齐市、兰州市、成都市、太原市、西宁市、拉萨市、银川市、重庆市、石家庄市、临沂市、济南市、天水市、郑州市、大同市等分公司，竭诚为广大客户提供安全、快速的精准物流服务，打造现代物流行业一流品牌。

秦粤物流员工人数800余人，运输车辆500余辆，经营场所近8万平方米，货物日吞吐量5000余立方米。凭借独有的“秦粤特色”运作管理服务体系，在业内树立了良好的企业形象，得到不断发展和壮大，竭诚为广大客户提供安全、快速、专业的精准物流服务。

“诚实、信用、安全、快捷”是秦粤物流的企业宗旨，“让您满意”是秦粤物流的企业目标，求真务实的秦粤人将本着“让客户享受最优质的服务”的企业原则，以全方位、全过程、全系统服务方针的物流体系，以完善系统管理、专业高效的人才队伍，超值的客户服务赢得客户的满意和信赖，打造现代物流行业一流品牌。

物流全环节信息化、智能化、科技化
为客户提供了更加便捷的货物查询、跟踪服务。

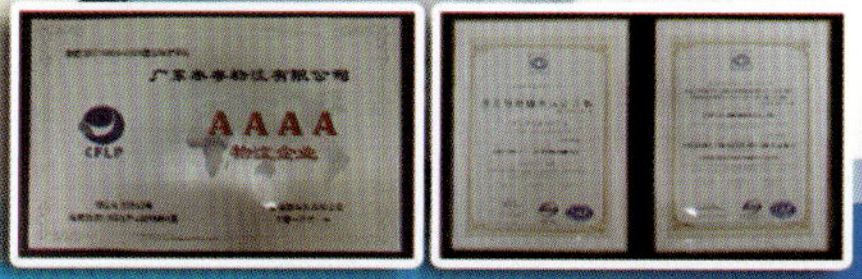

诚实 信用 安全 快捷

WWW.QINYUE56.CN

联系电话：0760-22389999（20条分线）

地址：广东省中山市古镇镇中国灯都灯饰配件城

“一点接入，全链掌控”广东电信物资运营平台

中国电信股份有限公司广东分公司（以下简称“中国电信广东分公司”）是中国电信最大的省级分公司，截至目前共有员工4.5万余人，为超过7600万名客户提供优质通信及信息服务。

中捷通信有限公司（以下简称“中捷公司”）是中国通信服务股份公司（香港上市公司0552.HK、中国电信集团公司控股）旗下专业的供应链服务公司，承接了广东省电信器材公司的资产和业务，是立足于信息通信业，面向现代大工业的商贸、物流、技术的综合供应链服务企业。中捷公司一直深耕信息通信行业，为信息通信行业提供优质高效的供应链服务，将先进的“全链路供应链服务”理念和行业客户需求有效结合，对供应链物资进行了全生命周期管理的供应链服务，包括采购服务、产品分销、进出口服务、国际国内物流服务和技术支持等供应链综合服务内容，经过多年的服务沉淀，其专业的供应链运营管理能力，包括运作流程、管控能力、数据积累等，已能充分满足信息通信行业的供应链服务需求。

中国电信广东分公司与中捷公司于2009年达成战略合作，由中捷公司全面承接其供应链服务管理工作，服务对象覆盖广东电信省本部、各地市分公司、直属中心等分支机构、专业公司；服务内容涵盖需求物资的综合信息处理、信息化建设、正向物流、逆向物流、仓储管理服务、交付验收管理、现场驻点服务等的供应链全流程服务。双方历经十余年的摸索与提升，中国电信广东分公司供应链服务项目的运作模式已趋于成熟，智慧供应链建设也初见成效并在持续推进。

一、中国电信广东分公司物资管理发展需求

中国电信广东分公司经过多年发展，已积累了一定的信息化基础，目前广东电信供应链管理主要有5个系统，包括中国电信集中MSS、广东电信ISCM和中捷公司开发的3个物流服务系统。现有系统虽然能满足基本的生产运营需要，但随着业务的发展，目前的系统群难以适应未来的发展与管理要求，急需一个延展性好、稳定性强的物资运营平台。为此，中

国电信广东分公司与中捷公司联手，对已有的系统进行分析，发现以下问题。一是缺乏整体规划。现有的多个系统建设立足于各自业务，从不同的应用场景进行规划，缺乏对物资运营管理的整体规划。二是多点系统操作。各系统独立性强，因此形成信息孤岛，数据不同步，用户在业务操作时需要在各个系统间切换，进行多点操作，操作烦琐。三是数据分散存储。物资数据没有全部存储于电信自有系统数据库，且数据存储分散在各个子系统，无法对数据进行深入挖掘，对于数据的价值利用不足。四是仓位体系不一。目前广东省物资没有统一的仓位体系，不同的系统实行不同仓位体系，库存物资统计维度不同。五是缺乏统一物资视图。目前广东省物资没有统一编码体系，仍有部分物资没有进行编码，无法对全品类物资流转的全过程进行监控，缺乏统一的物资视图。

为了解决上述问题，中国电信广东分公司与中捷公司合作协同构建链接前、后、上、下全方位的物资运营平台，对接供应商、客户和内外部多个系统，通过实施物资运营管理标准和服务标准，实现广东省全省物资的统一运营管理。

二、解决方案的实施

2020 年 7—8 月，中国电信广东分公司与中捷公司双方联手开展深度需求调研，对业务主流程、系统主流程、核心业务等场景进行了梳理，深入全面了解广东电信采购业务执行情况及系统使用情况，输出了业务主流程、平台整体方案、平台技术方案、平台功能清单以及平台系统原型等一系列调研材料。中捷公司加大了对信息化投入力度，通过应用手持终端，应用条码、电子标签、GPS/GIS 等技术绑定物资储位信息，实现储位、物资条码化管理，为后期建设统一的物资运营中台，实现数据汇集与流程节点串联，以“一点操作，全局应用”模式向用户提供整体的、全链条的物资生命周期管理服务。最后，从各个业务系统抽取数据，清洗并汇聚到物资平台，实现多系统数据集成，为实施大数据技术，借助分析与预测功能为业务决策提供有效支撑。

广东电信物资运营平台的搭建将分为两期：一期主要搭建平台框架、广东省统一仓位体系，实现订单统一归集管理和全省物资信息标准化，目前已成功验收；二期将搭建物资统一视图和物资运营引擎，实现全流程节点可视化管控，并融合移动端、PC 端、大屏端功能，可满足不同业务部门对数据运营平台应用需求，实现有效管理、高效协作。

（一）搭建平台框架，实现订单统一归集管理

鉴于目前存在线上、线下等多种订单形式，物资运营平台将对订单进行统一归集管理，将中捷公司物流系统中的进库、出库、库存管理、物流运输调用物资数进行对接，实现订单的统一归集、统一调用，形成订单处理闭环。

（二）搭建广东省统一仓位体系，实现物资信息标准化

在保证正常生产的平稳和安全的前提下，沿用中捷公司现有仓位体系，搭建广东省统一的仓位体系。通过条码化统一各系统的仓位体系和库存物资统计维度，并将物资编码的统一管理从“主要物资”扩展至“全品类物资”，达到全物资信息的标准化管理。

中捷公司在搭建全省统一仓位、编码体系过程中，加大了信息化设备的投入，应用手持终端设备绑定物资储位、编码信息。条码管理采用“四号定位”法，即编号格式为仓库编号—排号—列号—层号，均使用阿拉伯数字表示，

将储位编码转成条码，使用手持终端进行物资出入库操作，为每件物资赋予唯一的条码信息。此后再扫描该条码可绑定托盘、储位等信息，并直接将信息反馈、更新至物流系统。同时，仓库管理员也可通过手持终端及时取得系统分配的收发货等各类作业任务，仓库管理员通过手持终端扫描托盘、储位等容器或货物上的条码，即可获取该编码对应的信息，提高作业的准确性和及时性。

（三）搭建物资统一视图，实现全流程节点可视化管控

物资运营平台将串联 MSS 与中捷物流系统的各个流程，联通全流程节点，建立广东省物资统一数据库，实现订单全生命周期的透明化、可视化管控。将原本存储于中捷公司物流系统的广东物资数据进行切割，转移到物资平台数据库，通过平台可以查看全省物资状态，实现物资统一视图。

物资运营平台的跟踪管理模块（包括不同节点）可提供自定义的跟踪管理模型，为不同项目及业务提供不同等级的跟踪管理强度；并设定各环节的 OTD（观测时间差）时效要求，对超时环节发起处理提醒。

（四）搭建物资运营引擎，实现需求与供应联动

搭建平台的运营引擎，首先实现通过开放式端口的方式，在初期实现中捷公司物流系统的进、销、存数据调用对接，保证广东省物资的正常业务运作，后续再持续完善平台的能力输出，最终实现与广东电信 MSS 及其他生产系统的对接。

在平台能力基础上，各环节部门及人员能够实时了解或查看真实的库存数据、库存结构、历史数据，以便进行下单、领用、备货、发货、清库等一系列业务操作。同时，物资运营平台可提供库存多维度查询分析，为业务操作及库存管理提供依据，实现需求匹配联动。此外，该平台还可实现物资需求数据智能分析，分析各需求部门对供应商、物资种类、物资型号等需求偏好，与供应及备货情况进行匹配，关联安全库存预警，提高需求满足率。

三、平台应用成果

通过搭建统一的物资运营中台，与业务系统打通，实现业采融合、数据汇集与流程节点串联；通过“一点操作、全局应用”模式，向用户提供整体的、全链条的采购物资生命周期管理服务，以提升供应链管控能力和物资流转效率，降低运营成本。该平台的投入使用，大大提升了中国电信广东分公司与中捷公司合作的供应链服务项目运营效率，在物资全生命周期管理、风险自动预警、物资智慧运营等方面迈上新的台阶，为进一步规避运营风险、实现供应链高效运作和供应链智慧化运营提供决策支撑。

此外，该平台通过对广东省物资数据进行深度挖掘，构建各种场景模型，激活数据价值，实现物资业务场景的智慧化运用，如库存预警、自动补货、智慧打包、一次到达率、减少库存等。同时，通过大数据技术对不同需求部门采购物资行为进行挖掘，系统能依据需求单位性质、偏好等特征进行物资的自动推荐，便于采购部门有针对性地进行业务梳理优化，实现精准采购。

项目投入至今，中国电信广东分公司采购需求到货及时率超过 96%，平均响应周期比实施前减少 3.5 天，有效支撑了一线发展。结合驻厂追货、配送机制优化等举措，广东电信 2020 年 5G 建设任务网络规模集团第一，广东清远提前 53 天完成任务，是全国第一个率先

完成开通的地市；广东惠州提前16天完成任务，是全国第一个1000站以上规模完成开通的地市。在库存管理方面，通过库存分析、自动预警、工余料推荐等功能，结合共享盘活激励等手段，全省实物库存全年下降29%，重点终端融合机顶盒库存下降66%、4K机顶盒库存下降58%、天翼网关库存下降51%，有效释放企业现金流，降低资金占用成本，防范跌价风险，节约仓库资源。

四、结语

从全球范围看，信息化、网络化对经济发展的渗透趋势越来越明显，成为推动经济社会转型、实现可持续发展、提升国家综合竞争力的强大动力。通信技术作为推进网络强国建设的引擎，随着3G、4G、5G迭代时间缩短，通信设备物资的更新换代加快，精益供应链管理已成为市场运营和企业供应链管控不可或缺的部分，而供应链数据分析俨然已成为通信行业及其供应链服务快速发展的保障和助推器。在这样的背景下，中国电信广东分公司与中捷公司联合实施的物资运营平台是提升行业服务与决策管理能力的必要条件，是使广东电信总体运营绩效上升到新台阶、顺应行业发展趋势的必然要求。

（中国物流与采购联合会网络事业部）

SO56 系统助力成品酒运输

一、成品酒运输行业痛点

我国成品酒运输大多为传统运输模式，在信息化方面相对比较落后，所以在面临改变现有运作模式、提高物流水平和管理水平、向更高层次成品酒运输服务发展的挑战中，成品酒运输行业迫切需要优化信息化管理，而应用成品酒相关物流平台系统则成为一条必由之路。

传统成品酒运输模式问题错综复杂，如综合运输成本较高、信息化程度低、信息沟通不顺畅，导致流程难以有效管控、管理成本高、沟通效率低、货值高等。只有充分利用信息技术，让信息流主导物品流，通过信息化来实现物流的准确配置，才能让"物"的流动具有最佳的目的性和经济性。因此，面临上述诸多问题，成品酒运输行业急需进行信息化提升，SO56 系统应运而生。

二、SO56 系统介绍

SO56 系统是中国物流股份有限公司为满足现代物流仓、干、配一体化业务而打造的、服务于第三方物流企业的现代物流信息管理系统。

中国物流亳州有限公司是古井集团成品酒全国干线运输服务商，同时也是古井集团战略 5.0 物流板块核心企业，建有皖北地区最大的综合性物流园区——中国物流亳州综合物流园。为更好地服务于古井集团成品酒运输，公司应用 SO56 系统全面打造现代化成品酒运输。

三、SO56 系统的应用

SO56 系统主要包括客户管理、订单管理、仓储管理、运输管理、车辆管理、财务结算、数据分析等模块，各个模块既可以关联使用，也可以单独服务于特定用户，实现各账户多层级关联，即各账户之间可实现多对多且持续叠加层级的逻辑关系。在成品酒运输中，主要应用的是 SO56 系统的干线运输模块。

（一）数据对接

SO56 系统通过标准化数据接口与酒企客户生产系统对接，实现数据实时交互，有效降低中间沟通成本，降低出错率，提升工作时效。SO56 系统逻辑如下图所示。

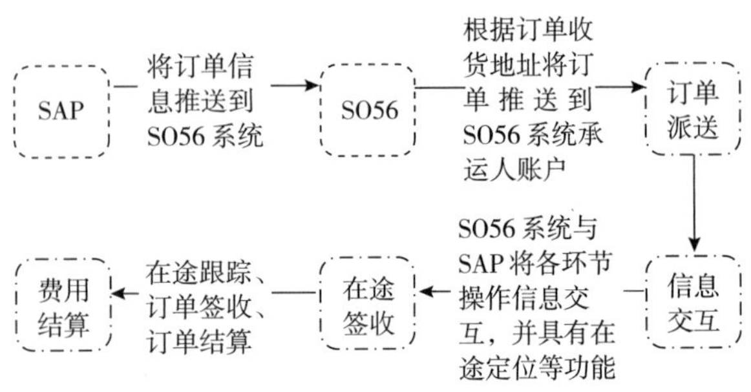

SO56 系统逻辑

SO56 系统应用在成品酒运输中，首先解决的就是订单信息交互问题。在传统运输模式中，先是接收客户电话告知的运输需求，然后通知承运企业前来领取客户纸质订单，在承运企业领取订单后，根据订单信息，前往仓库查询货物实际库存，综合所有情况安排车辆前来装货，此流程需要大量人力去进行订单信息沟通，耗费过多时间。而自 SO56 系统上线后，订单信息一目了然，根据系统制定的规则，将订单信息直接推送至承运人账户，承运人收到信息后可直接安排车辆，司机通过手机接收订单信息，前往服务厅领取单据装货即可。

在承运商完成派车时，SO56 系统将车辆及司机信息推送至客户系统，而在司机装货完成出库后，客户仓库出库信息又会再次同步推送至 SO56 系统，由此数据可实现实时交互。所以只要客户订单被推送，无论是客户系统使用者，还是 SO56 系统使用者，都可以登录系统，轻松查询订单当前运输状态，第一时间知晓订单最新动态。

（二）在途跟踪

在途跟踪方面，传统的运输模式无法有效跟踪车辆在途情况，货物出库后仅能通过电话问询车辆在途情况，然后一级级传达，不仅耗费大量时间和精力，关键是难以传达车辆准确的在途信息。SO56 系统则可有效解决这一问题，通过 GPS 终端、北斗货运平台、手机终端等方式，对在途车辆进行实时定位监控，车辆轨迹可随时查询，实时掌握在途车辆动态，及时发现异常情况。

（三）订单结算

SO56 系统的上线，改变原有纸质单据的录入模式，系统生成的所有纸质单据，在交接过程中均能通过扫描二维码进行识别，可实现多单短时间内迅速完成交接。二维码的应用，在结算环节中优势凸显。原有的结算模式是承运商需要将某一时间区间内的每一个运输单据汇总，并登记成表报送至结算中心，结算中心人员将所有承运商提交的单据逐一核对、统计汇总，在与上游客户完成对账后，才能进行费用结算。但是在启用 SO56 系统后，承运商使用手机，逐一扫描实际完成单据的二维码，便可将单号生成 Excel 表，发送至结算中心，结算中心人员将单号导入 SO56 系统，自动完成对账，极大地提升了结算时效及准确率，方便了承运商。

四、SO56 系统应用优势

SO56 系统在成品酒运输的应用优势，主要是实现提升运输效率，降低各环节成本支出。

（一）提高操作效率，降低人力成本，间接提升企业效益

1. 减少数据对接时间

SO56 系统是以面向接口模式开发的数字信息化管理平台，采用更为先进的开发理念，同时自身也具备着良好的数据接口对接能力，不但有能力降低平台各部分系统功能的相互依赖、提高组成单元的内聚性、降低组成单元间

的耦合程度，还可以对外提升平台扩展性，快速对接第三方系统数据，极大地缩减用户使用平台时数据的对接时间。SO56 平台提供了针对不同类型的企业或用户需要的数据导入方式，如新增订单、复制订单、匹配导入、模板导入、接口导入等多种导入方式，针对性比较强，可以逐一进入，根据自身需求选择对应的方式进行对接，用方便快捷的方式尽可能妥善地保存用户的原始数据。此外，除自身数据外，来自合作伙伴的各类 API 数据，也是经过慎重的筛选，接口的质量和稳定性也比较好。

2. 提升调度效率，降低调度人员工作压力

SO56 平台为满足各种企业调度服务场景，提供了多种调度方式，包括指定车辆派单、线路派单、区域派单、地图派单等，并通过使用大数据分析技术、机器学习技术、模型预测技术、数据结果可视化呈现技术，以及 SO56 开发团队自主开发的调度核心算法，对传统依赖人力、经验、时间的订单排线调度工作进行优化改进。SO56 平台能通过系统自动匹配、自动派单、自动生成分拣单、自动生成派车单等方式，让操作人员在 SO56 系统中，仅需执行简单的操作步骤，便可完成调度派单工作，大大缩短调度派单耗费的时间。

3. 数据全向透明，降低沟通成本

在 SO56 系统工作业务流程中，从订单导入到生成派单完成用户评价的整个过程，都会完整记录每一条订单的动向，在平台中可全方位监控每一条订单，数据全程可视化，业务各环节操作可追溯。业务数据由平台根据业务场景自动触发推送信息、短信通知，使发货人、承运人、配送员、收货人可随时了解业务订单的最新状态和配送进度。

（二）提升区域行业信息化水平

随着 SO56 系统的逐步拓展应用，在满足成品酒运输的同时，承运企业也将自身其他业务逐步上线到 SO56 系统中，能有效地带动区域内众多小型物流企业实现信息化，提高区域行业信息化水平。

（三）收益数据对比

订单交接时效由原来的每 100 单用时 60 分钟节约至 3 分钟，交接效率大幅提升。

五、结语

SO56 系统可对系统内数据进行综合分析，通过智慧云平台，以图标方式展现，为客户提供更加全面细致的大数据分析服务，使客户对自己整体业务的分布、需求等，能更直接客观全面了解，SO56 系统将进一步结合各酒企业务模式共性与差异，充分结合酒类运输的特点，打造一个全方位、适用于各类成品酒运输的信息系统，为客户市场战略布局提供强有力的数据支撑。

（中国物流与采购联合会网络事业部）

路歌集团“区块链 + 供应链金融”的创新应用

一、路歌集团简介

合肥维天运通信息科技股份有限公司（以下简称“路歌集团”）成立于 2002 年，是国内最早服务于中国公路物流领域的互联网平台之一。经过多年发展，路歌集团形成了“网络货运 + 车后服务 + 供应链金融 + 区块链应用”等多种新业态为一体的生态结构。

路歌集团建设运营的“互联网 + 物流”网络货运业务支撑平台，目前已有 7 万多名企业用户、400 万多名个体重卡会员，交易额突破 30 亿元/月。旗下“路歌卡友地带”是中国卡车人专属的互助、交流、资源平台，全国现有 298 家地面服务网点。2020 年，入选全国首批 5A 级网络货运平台企业，荣登中国民营企业 500 强，安徽省民营企业营收百强第 6 位、安徽省民营企业服务业百强第 3 位。路歌集团始终坚持以市场需求为导向、以科技创新为动力、以构建中国良性物流生态圈为己任，创新服务、创造价值。

二、中小型物流企业面临的金融难题

我国有三十万物流企业，其中 90% 以上是中小型物流企业。它们承担起我国物流的主要业务，但因为其本身局限，给外部的印象是“小、散、乱、差”，故而金融信用状况极差，主要表现为以下三个方面：一是缺少有形资产，不少都是租的地、调的车，难以得到金融机构的认可；二是业务信用难以数字化，运营及真实的业务场景难以资产数字化，同时与金融机构相匹配的产品和体系缺乏；三是资金管理能力缺乏，部分企业管理者缺少资金管理意识，甚至盲目扩张，最终结果不佳。

作为传统金融提供方的银行和第三方融资机构，与物流行业接触少，对物流公司的业务专业性、逻辑复杂性的了解并不完全；而中小物流企业信息化水平有限，业务数据不具备公信力；所以，虽然物流金融市场需求巨大，但传统金融机构受限于风控压力，不愿意为广大的中小型物流企业提供金融服务。

三、中小物流公司的信息化建设

（一）中小物流公司运营中的典型实际问题

大部分中小物流公司在实际日常的物流运营实务中，存在资金周转不足、流动资金需求量大等情况，经过了解，该试点对象存在的资金问题表现为以下六个方面：一是上游客户的账期经常性在三个月以上或更长；二是每日发车都需要付给司机包括油卡、现金在内的运营资金，资金经常有缺口；三是涉及仓储租赁、装卸工人工资支付，每年春节前后有固定性、集中大量的资金支付需求；四是节假日、周末物流仍正常运作，但金融机构、平台企业的资金申请和使用不提供服务；五是每年应对上游制造企业、第三方物流公司的物流线路投标费用（标的在 5% 左右）要占用数十万元的资金，加重公司资金流转难度；六是抵扣项不足，主要靠集中采购油卡和少量路桥费，但仍然不足，需要依靠网络货运平台按国家政策来提供一定的进项补充。

（二）信息化建设实施进程

大部分中小物流公司都是处于成长期且积极有为的物流企业，业务发展蒸蒸日上，创始人及公司都想努力拓展新的业务，所以资金缺口长期存在且需求大，但受限于本身规模较小、实体固定资产有限，因此按照传统模式，想从金融机构获得贷款，但其个体身份及轻资产模式的资质又不符合。通过长期合作的路歌物流平台资源和技术优势，借助区块链技术赋能的供应链金融就可以解决上述中小物流企业的金融难题，具体做法如下。

1. 物流数据链上化管理，赋能中小物流公司以可信业务

路歌平台基于区块链技术和蚂蚁区块链平台，通过与金融机构合作，打造一套物流业务数据线上化、网络货运线上化，实现信用共识。从而使这种金融解决方案具有可信性、高效性和可持续性，金融机构客户信任物流公司的运营收益。通过路歌平台和区块链技术，连接起银行、金融、保险和物流公司、卡车司机，线下业务实现数据化、场景化。

2. 利用区块链技术，基于信用凭证的支付结算

通过长期合作，路歌网络货运平台帮助物流公司积累自己的业务数据，然后把业务数据上区块链。路歌集团已经和蚂蚁集团进行相关合作，把这种积累变成信用积累，再把信用积累转化成金融积累，积累的该金融信用可以在路歌平台上转变成为客户提供对于风险的管理，如对账期风险管理、支付风险管理和运营风险管理。最终这些都会沉淀为管理资源，如输出资金管理和输出业务管理等。

四、路歌平台促进中小物流公司快速成长

路歌平台应用区块链技术的去中心化、不可篡改、高安全性和智能合约等技术特征，保证信息的完整与可靠性，能够有效解决供应链金融实施过程中的信任和安全问题，对中小物流公司的业务发展起到了推动作用。

（一）促进业务发展

（1）金融机构在区块链上进行上链业务数据的真实有效性的核对与确认，区块链不可篡改的特点保证业务数据本身不能造假，证明物流资金流转的真实有效性，实现路歌平台企业的信用穿透，从而解决链上物流企业融资难的问题，助力物流公司的业务发展。

（2）链上数据均可追溯根源，节省了金融机构大量的线下尽调、验证交易信息真实性的人力物力成本，成为金融机构的风控系统的补充。物流公司依托核心企业路歌平台的信用传递，能享受更快捷高效的融资服务，有效解决融资难融资贵的问题。

（3）在这个信任的生态中，路歌物流平台的信用可以转化为线上数字权证，通过智能合约防范履约风险，使信用可沿供应链条有效传导，降低合作成本，提高履约效率。更为重要的是，当数字权证能够在链上被锚定后，通过智能合约还可以实现对上下游企业资金的拆分和流转，极大地提高了资金的转速，可实现自动清算。

（二）提高竞争力

我国目前属于“银行主导型”金融体系，符合我国劳动密集型的成熟制造业的特点，银行贷款倾向于这一领域，但当我国经济换挡到创新型驱动时，这一金融体系会明显阻碍产业结构的转型与升级。目前，实体经济融资存在结构缺陷问题，表现为信贷资源在大企业与创新型中小企业间的错配；信贷资源流向产能过剩行业甚至“僵尸企业”，不利于新兴产业融资，不能满足产业结构升级的需要。路歌平台提供“区块链+供应链金融”解决方案，提高了物流公司的竞争力。具体做法如下。

1. 降低物流企业融资成本

由于与平台上物流企业有长期的业务往来关系，路歌平台不仅对这些中小物流企业的经营状况、信用状况、管理水平等方面有较为全面的了解，而且还通过订单和结算渠道紧密联系着中小物流企业。金融机构通过核心企业路歌平台的担保将对中小物流企业的授信转化为对核心企业的授信，基于区块链技术的分布式记账、不可篡改、可追溯等特性，破解信息不对称问题，极大限度地盘活资金，让中小物流企业能够以相对较低的成本获得融资。

2. 降低中小物流融资门槛

在供应链金融模式下，为了应对中小物流企业资信普遍偏低的特点，金融机构可以只关注一定时期内同路歌平台上物流企业每笔具体的业务交易，适当淡化对企业的财务分析和贷款准入控制。在融资过程中，金融机构重点考察申贷企业单笔物流业务真实背景及企业历史信誉情况，通过资金的封闭式运作，利用账款自偿性来控制贷款风险，从而使一些因财务指标不达标而导致贷款被拒的中小物流企业，可以凭借单笔业务的物流背景真实性来获取贷款融资。

3. 降低中小物流企业融资风险

通过核心企业在路歌平台上的大数据资源，对中小物流企业的物流单据控制和融资款项的封闭运作，金融机构可以对资金流和物流进行控制，使风险监控直接渗透到企业的物流和管理的过程中，有利于对风险的动态管控。

同时，供应链金融在一定程度上实现了金融机构授信与融资主体风险的隔离。金融机构更注重企业交易背景的真实性和连续性，通过对企业的全面审查，确定企业销售收入作为其融资的还款来源，同时限定融资期限与物流周期相匹配，使资金不能被动用，金融机构发放贷款的风险相对较小。风险的降低鼓励金融机构拓宽开展中小物流企业融资业务的范围，一定程度上缓解了惜贷拒贷的问题。

（中国物流与采购联合会网络事业部）

圆通全球集运——“智慧园区系统建设”

圆通全球集运有限公司（以下简称“全球集运”）是上海圆通蛟龙投资集团旗下全资子公司，于2017年2月在浙江省金华市义乌创立，注册资本5000万元，并于2018年5月成立杭州研发中心。全球集运自成立伊始，即开始从事物流信息服务平台研发与运营工作，自主研发了“全球集运平台”，作为物流信息互通共享技术及应用国家工程实验室的业务示范平台，可提供整个供应链长链的基础服务。

为帮助圆通速递有限公司（以下简称“圆通速递”）提升自营物流转运中心的信息化水平，全球集运研发“智慧园区系统”，结合第三方硬件系统，帮助其自营转运中心实现降本增效。

圆通速递信息化建设

在圆通速递转运中心信息化改造试点中，全球集运通过调研发现，新系统的建设受原有的场地设备（如鼓风机设备等）影响，智能化硬件设备无法找到最合适的安装位置，由此影响智能设备的实际应用效果（如识别准确率等）。此外，设备安装后也容易被碰撞，增加了设备的人工维护成本。

同时，由于转运中心长期以来对车辆和人员以人工化管理为主、数据采集和录入以人工操作为主，因此历史采集的数据规范性不够，智能设备对历史数据的识别采集导入较难。

（一）系统实施具体方案

为落实推进圆通速递物流转运中心信息化进程，解决园区存在的新设备安装位置不佳、出入园管理人工化操作、月台运转效率低、智能监控缺失以及人工调度管理等问题，全球集运研发了一套完整的可视化、智能化的监管系统（即“智慧园区系统”），以“软件+硬件”相结合的方式，对场内和场外车辆、月台、司机、货物实行365天全天候无死角的监控与管理。智慧园区系统由全球集运提供软件系统开发，同时采购市面上有竞争力的第三方硬件服务商设备产品，通过抽取硬件设备的有效数据，并融合平台研发的软件系统，更好地服务智慧园区建设。

智慧物流管理平台（智慧园区系统）主要由平台展示层、平台应用层、应用支撑层、传输网络以及设备层组成，整体采用前后分离的模式，将客户端与服务端分离，保证了平台系统服务的稳定性。客户端包含了系统控制中心、用户 Web 端与 App 端。

其中，全球集运提供软件系统研发，由第三方提供硬件设备支撑，通过软硬件融合的方式，将硬件层数据接入存储模块，数据通过分析输出指令，高效完成调度等工作，保证了平台服务的时效性。

智慧园区系统主要由车辆管理、月台智能化管理、调度管理、硬件系统四个模块组成。以下为系统实施的具体方案。

1. 车辆管理

在物流旺季，各地分拨中心外围的 A/B 线车辆数量庞大，车辆在进入中心场地时秩序混乱，导致转运中心场地内车辆数量过饱和，出现因管理困难而引起的通道堵车，场外车辆又无法有秩序地进入转运中心场地内。

平台制定智能移动设备、电子围栏、智能道闸结合的方案，设置合理的车辆到/发车机制，将触发围栏的已到车辆进行分类和排序，让不同类型的车辆可以快速、有序地进入中心场地内的指定月台。通过智能道闸对中心场地内的车辆总数进行计数，保证场内车辆不会出现过度饱和的状况，保证中转场地内部道路的畅通。同时，系统根据采集到的车辆数据，对场地内车辆情况进行统计管理。

从系统功能上来看，车辆管理包括排队叫号、智能 ETC、车辆引导三大功能组成。

（1）排队叫号。

运单内的干线进港/出港车辆、分公司进港/出港车辆，按照运单完结时间由早到晚顺序，在触发电子围栏后，在中心场地外围进入运盟系统虚拟队列，绑定中心场地的装货/卸货月台，进入排队序列。同时，通过司机 App 告知司机前方排队车辆数、预计排队等待时长，根据司机 App 指示到指定位置等待进场或进场作业。

排队叫号系统基于一套算法规则为车辆分配合适的月台，以车型、线路类型、月台类型等多种要素作为约束条件，以最大化月台利用率、减少车辆排队等候时间为目标，为车辆分配好月台后通知司机到指定月台装/卸货。系统集成了多种技术方式实现对司机的及时通知，包括电子大屏、App 消息提醒等。

调度人员可通过后台系统内的队列列表查看所有排队车辆，并干预车辆入场顺序，如将任意车辆置于该条队列的顶端，被置顶车辆在场地关联位置有空时，拥有此队列的优先入场权限。

（2）智能 ETC。

园区出入口安装智能 ETC，用于对出/入园车辆进行识别得到车辆入园信息，将车辆出/入园信息通过传输模块发送给云端数据库模块，并及时更新场地内车辆数量。

①信息获取。

智能 ETC 自动获取车牌信息、车辆品牌信息、车型信息等，根据排队序号、月台状态等信息进行导引播报。

②快速放行。

智能 ETC 根据识别的车辆信息判断车辆是否为叫号入场车辆，做出快速放行或劝返等操作。

③数据采集。

智能 ETC 自动采集车牌号、车辆类型、入场时间等车辆数据，并及时更新场地内车辆数。

智能 ETC 改变了原有的进出场人工登记车辆信息的操作模式。数据显示，当前试点中心的车辆出入识别准确率达到 99%，平均车辆进出园时间缩短近 50%。此外，通过智能 ETC 对车辆数据的采集，管理人员可以根据获取到的数据进行园区车辆管理优化，同时可依托数据辅助开展园区配套业务。

（3）车辆引导。

园区内安装标准的 LED 屏，显示车辆排队等待叫号情况或停靠月台位置信息，在月台上方也安装小型的 LED 月台屏，显示月台号、车牌号等信息，引导车辆正确靠台。

而司机 App 发送的车辆排队情况、指定月台等信息，也有助于司机正确停靠月台，减少无效挪车时间。

2. 月台智能化管理

为解决园区存在的月台闲置时间过长、货物堆积过多、车辆完成装卸车后未及时驶离等影响月台运转效率的问题，系统研发月台管理模块，通过月台管理、月台配置、月台看板三大功能实现月台的智能化管理。

（1）月台管理。

月台管理的主要功能为月台作业监控。

首先，车辆根据排队叫号有序停靠月台，通过月台布局摄像头 + 智能算法，准确识别车牌并上传至调度管理模块，实现月台占用可视化。

其次，通过摄像头进行装卸作业监控，提供视频流以及相关智能算法，如装卸率、暴力分拣行为识别等场景应用，提高事中警示、事后追溯的精益化管理水准。

最后，通过红、绿、灰三种颜色标记不同状态下的月台，中心调度可查看月台状态详情并分析异常，快速进行干预直至异常处理完成。

（2）月台配置。

通过月台配置功能，可实现对月台报警开关的实时设置。

月台配置后台可设置报警开关配置和装车卸车配置，当开启报警功能后，该月台如果出现异常情况系统就会报警提示，当关闭报警功能后，该月台不再提示异常状况，系统地图上可见该月台报警开关的状态。

（3）月台看板。

所有智能 ETC、监控系统采集到的数据，均由系统集成对数据进行分析，并通过月台看板展示。

目前月台看板大屏展示所有和场地关联的干线车辆数据，包括场内车辆总数、车到未卸总数、即将到达车辆、车辆作业数据、场内异常总数等，数据大屏可手动切换仓库数据、干线车辆数据大屏使用动态数据，数据数秒内实时更新。此外，系统地图显示实时的月台状态，包括货物堆积预警、装车阈值预警、卸车阈值预警、异常报警、空车位预警等。

3. 调度管理

调度管理主要有排队规则设置、车辆调度、车辆引导、授权出园等业务场景。从系统功能来看，调度系统主要由车辆出入场智能监控、月台智能监控作为数据来源进行调度判断，并通过排队叫号、引导车辆靠台、发出异常处理指令等完成调度工作。中心场地内车辆停靠、装卸货作业的有序进行、车辆的有序离园最终通过调度系统实现。

车辆进入中心场地时，智能摄像机自动识别和采集车辆信息，系统实时更新场地内车辆的数量数据。通过对智能摄像头和智能分析算法，将场内车辆、月台运转情况以及异常状况实时反映给中心调度人员，调度人员根据规则设置发出调度指令，引导车辆靠台作业和处理场地内异常情况。实现了中心调度人员坐在电脑前就掌握中心场地内人、车、货及月台的所有状态，并及时做出应对策略，对司机和月台作业进行远程调度。

通过调度系统，把有经验的外场管理人员留在总控室，通过系统看到整个中心的所有信息去调剂线下的管理人员，落实管理思路，解决此前管理人员信息收集不全、思考片面、没有足够的信息数据支撑形成更加优化的配给方案和决策整体思路的问题。

4. 硬件系统

通过采购行业内具有竞争力的第三方硬件设备，实现中心场地的智能化管理。主要硬件设备为智能摄像机、出入口智能道闸以及数据大屏。其中，高清智能摄像机起到非常重要的作用，在植入物流云远程智能算法后，智能摄像机除了高清拍摄的作用外，增加了数据分析和自我学习的功能，远程智能算法配合智慧园区管理系统可以辅助中心场地调度人员对整个中心场地完成实时线上监控、调度、管理，保障中心场地的运行秩序和工作效率。

（1）智能摄像机。

园区内安装智能摄像系统，在园区出入口、月台等多个点位安装智能摄像机，摄像机有监控记录功能，对车辆从进入园区、停靠月台开始装卸作业到驶离园区整个过程中的所有动作进行全程监控。

此外，与传统摄像机不同的是，智能摄像机通过静态感知和动态判断相结合，对车辆信息、月台状态、作业信息等做出智能分析，给以具体的操作指引。

静态感知。智能摄像机对入场车辆、月台动态进行监控识别，并将识别结果通过数据化方式传输至系统，实现调度系统和司机 App 的实时联动，调度人员通过系统传输数据信号进行线上调度，司机根据线上提醒完成线下操作。

动态判断。智能摄像机识别月台是否空闲、装车/卸车作业是否正常进行、月台货物堆积是否已饱和、有无堵塞作业通道等，将数据传输系统作为异常报警的数据来源。辅助场地调度人员对整个中心场地完成实时线上监控、调度、管理，保障中心场地的运行秩序和工作效率。

通过智能摄像系统，原本需要使用人力现场巡检的工作，由摄像头完成实时识别，并第一时间推送至调度后台，调度人员可迅速做出处理。园区内的管理模式，也由人员主动巡检不能及时发现异常，或者异常导致场站停摆后再被动介入的处理模式，变成了实时智能管理模式。

（2）出入口道闸系统。

通过在中心场地出入口及消防通道布置出入口升降道闸，并通过道闸系统内的摄像机监控识别车辆牌照，判定车辆入场资质、对出入车辆进行计数并将车辆信息与月台信息进行关联。

（3）数据大屏。

中心调度室的数据大屏，实时展示场地内车辆情况和异常情况；出入口道闸显示屏，实时显示进出道闸的车辆信息；户外月台叫号 LED 显示屏，显示作业中和排队中的车辆号码等信息。

（二）信息化实施对圆通速递发展的推动作用

1. 信息化实施对圆通速递业务流程的改造

智慧园区系统在圆通速递部分转运中心试点应用后，优化了转运中心原有的车辆停靠作业流程，对企业的降本增效有明显的作用。圆通速递在信息化实施前后业务流程对比如下表所示。

圆通速递在信息化实施前后业务流程对比

业务流程	实施前	实施后	流程优化
排队等待	车辆到达园区入口，排队等待入园	车辆触发电子围栏进入排队序列，司机根据排队序列及预估等待时长有序入园	减少车辆入园无效等待与占用时间
进入园区	门卫了解车辆详情并做登记后车辆入园	通过智能 ETC，自动采集车辆信息后快速放行入园	减少车辆通过道闸的时间，并有效采集信息
车辆引导	调度人员现场跑动了解月台情况并引导车辆靠台	系统自动采集数据实时获取月台情况，系统发送靠台消息至关联车辆的司机 App	调度人员根据系统精准数据判断，调度引导车辆靠台，提高车辆靠台的精准性
停靠车位	根据人工调度引导车辆靠台，不能精准识别车牌号信息	司机 App 精准通知司机关联月台，车辆根据引导进入指定月台，月台相机识别车牌是否正确	车辆精准有序靠台，避免车辆停靠错误的月台等乱象
装/卸货	车辆进行装/卸货，其间可能出现暴力装卸等异常情况	车辆装卸货全程摄像监控，系统对暴力装卸等发出警报并实时记录；如果装卸货完成度超过阈值范围，系统就会安排通知下一辆车准备靠台	提高装卸货的规范化监管；提高月台运转效率
车辆驶离	车辆完成装卸货作业后驶离月台，可能出现未及时驶离的情况	车辆完成装卸货后超过正常阈值时间未驶离月台，系统发出警报提醒	减少月台闲置时间，有序引导车辆驶离
离开园区	车辆完成园区内的所有作业后离开园区，可能出现未及时驶离的情况	车辆完成园区内作业，在超过正常阈值时间后未驶离园区，系统发出警报提醒	提高园区内车辆运转效率，减少园区拥堵等情况的出现

通过对比分析，虽然原有的工作流程没有发生本质改变，但原手工完成的作业和传递的信息可以通过信息化系统进行传递，提高了时间和沟通效率，大幅度缩短了业务流程时间和

人员支出成本。

2. 信息化实施提高了圆通速递的竞争力

转运作为快递运输的重要环节，转运中心的信息化建设通过提升物流作业能力、物流控制能力、物流管理能力，达到企业降本增效的作用，从而提高企业的竞争力。

（1）信息化实施提升圆通速递转运中心的物流作业能力。

体现在物流在其各个作业环节的运行能力。车辆在途的预约排队、车辆入园的智能道闸快速放行以及数据采集、月台的智能化管理、车辆精准靠台、异常报警等系统功能，大大提升了转运中心车辆停靠以及装卸作业效率，在提升园区运转效率的同时，也降低了企业的人力成本。

（2）信息化实施提升圆通速递转运中心的物流控制能力。

体现在对于物流作业流程的实时监督，快速调动的能力。从车辆通过智能道闸开始，车辆的所有数据信息和动态信息均被采集和监控，并传输至运盟系统，系统根据大数据分析对异常情况及时发出报警，调度人员根据报警及时做出处理。对比信息化实施前调度人员对园区内的控制能力，信息化实施后的智能化预警极大地提升了调度人员对物流的控制能力。

（3）信息化实施提升物流管理能力和决策能力。

体现在企业制定物流系统的准则，以及对业务规划做出正确决策的能力。转运中心的信息化建设，为物流作业和服务制定了一套系统准则，如车辆入园的排队预约规则、车辆装卸作业开始和完成的正常阈值时间设置、月台货物堆积正常阈值范围设置等，实现业务操作的规范化和标准化。

通过系统采集数据，对数据进行分析，帮助企业找出问题，改善管理，优化业务流程，实现转运中心的科学管理。通过系统长期的数据沉淀，进行大数据分析，了解市场行情及变化趋势，了解用户行为，为企业决策提供支持。

（中国物流与采购联合会网络事业部）

云顺通——中国专业的网络货运平台

山东云顺科技有限公司（以下简称“云顺科技”）是由青岛海尔日日顺物流与山东齐鲁云商共同倾力打造的以城乡配送、大件和大宗资源为主的线上物流交易中心及网络货运平台。云顺科技坚持以客户需求为导向，通过提供运力服务、货源支持、供应链金融、网络货运、车后生态等一站式物流解决方案及车后管家增值服务，为企业和用户赋能，助力行业降本增效。

云顺科技借助海尔集团日日顺供应链生态遍布全国的城乡物流网络体系和创新模式，能够有效解决传统物流行业“小、散、乱、差”的局面，使货主有车可选、司机有货可运。目前，日日顺场景物流已经建立起辐射全国的分布式三级云仓网络，136个智慧物流仓和6000多家服务网点，为全国2915个区县的用户提供全品类、全渠道、全流程、一体化物流服务解决方案。

同时，借助齐鲁云商的资源与经验优势，云顺科技利用互联网与物联网技术，结合智能配送、运输管理与跟踪定位等先进技术，打通货物运输各节点的数据流通，实现高效匹配车货信息、缩短简化交易链条、延伸增值服务，切实为城乡配送和大宗物流行业降本增效。

作为全国第一家通过网络货运线上服务能力认定且获得全国首张网络货运牌照的企业，云顺科技基于数字科技为驱动的平台经济发展新模式，致力成为中国专业的网络货运平台服务商。

截至2021年3月，云顺科技服务网络货运企业及各行业超过30000家。

一、网络货运行业存在的问题

当前，国内网络货运行业信息化进程发展时间短，实施过程中存在很多共性困难。虽各界均对网络货运人进行了一系列的研究和推进，并进行了大量卓有成效的实践，但是相较于欧、美、日等物流业发达地区和国家，我国网络货运行业的发展仍然处于初级阶段。主要问题体现在一是管理制度不适应发展需要，亟待健全完善；二是行业数据共享体系未建立，行业标准缺乏；三是行业企业规模偏小，影响力不足；四是智能化程度低，平台缺乏核心技术内涵；五是风险管控体系、信用体系和服务质量体系等配套运营支撑体系尚不成熟；六是商业模式不健全，尚未实现大规模盈利。

二、云顺科技的“破局”路径

针对行业的现存问题，云顺科技专注于货运场景物流，为货主和司机提供个性化的一站式物流解决方案及车后管家增值服务。开发建设了“云顺通网络货运平台”（以下简称“云顺通”）。云顺通网络货运平台运作模式如图 1 所示。

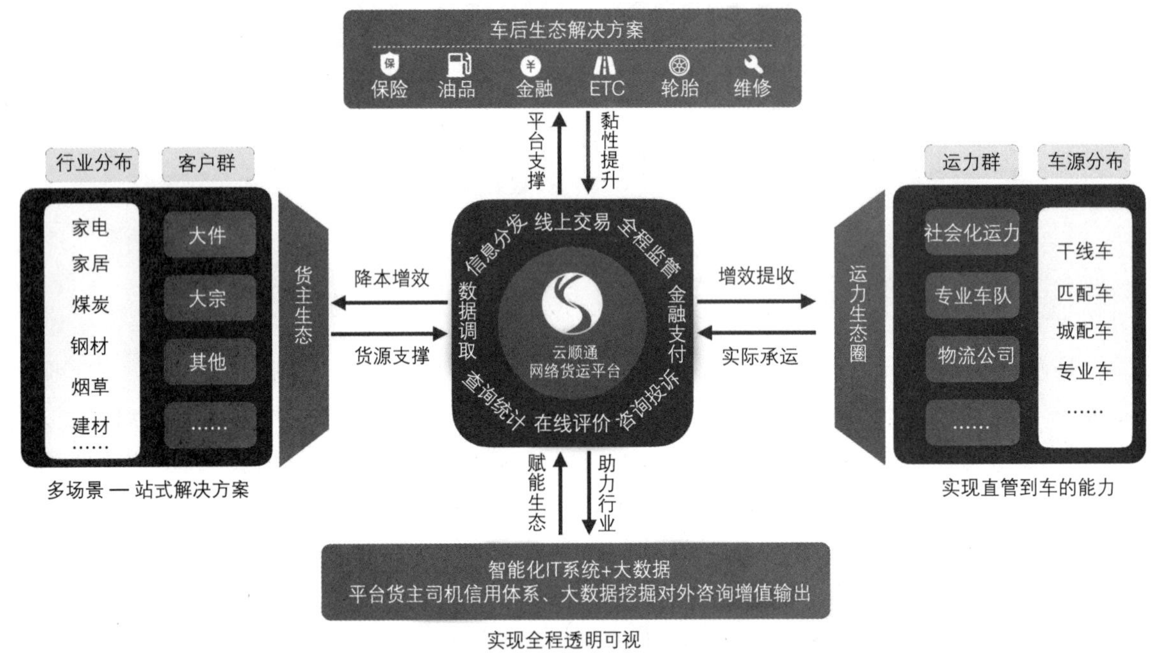

图 1　云顺通网络货运平台运作模式

（一）云顺通产品特色

1. 平台架构

云顺通依托于海尔日日顺物流多年行业技术经验及健全体系，通过订单管理系统 OMS、仓储管理系统 WMS、运输管理系统 TMS，实现企业内部与外部企业间互通互联，系统配置健全且稳定。同时采用 DDD（领域驱动设计）、SOA（微服务架构）、DI/AOP（依赖注入/面向切面编程）、模块化开发、异步编程、分布式数据存储缓存架构、应用服务器集群伸缩设计（http 重定向负载均衡，负载均衡算法）、信息加密技术及密钥安全管理、电子商务风险控制等技术，实现平台高并发、高性能、大流量、高可用、安全可扩展的功能。

30 多个开发接口，全面领衔。支持多种支付平台对接，如政府企业、ETC/保险系统/汽油平台，轨迹开放接口、开放短信平台，电子签章平台，全方位对接相关领域及行业产品，帮助企业开拓新的利益点。

2. 多级运营

云顺通率先支持集团化管理，满足企业分子公司、各地代理整体管控需要。实现了数据隔离，单独开展业务；接口可按分支结构单独配置，保证跨省业务正常开展。

3. 在线合规支付

实现了最大限度降低运营成本（手续费最

低)；针对物流行业特点量身定制收付款系统，满足了物流企业的个性化需求；提供账户体系，收付款系统统一管理资金，企业收支一目了然；账务实时清分，提供货款智能代收付，按需结算至客户。

4. 发票开具合法合规

适配多种开票场景，更高规格的发票管理真正满足用户实际需求。一是货主向具备开具发票的运输企业申请开票；二是货主向平台申请代开发票；三是开票与支付并行，相互不受约束且相互作为参考。

5. 业务场景全覆盖

（1）新建货源四种模式（外包平台运输、承运企业竞价、指派承运商、直发司机）。承运订单两种模式（司机抢单、指派司机），交叉组合后多达12种业务流转线路。

（2）流程单据、认证字段可配，满足不同的管理需求（同行忽略的重点）。

（二）服务能力

云顺科技以山东为核心，不断扩大战略布局，业务范围辐射全国30多个省市区，覆盖了煤炭/钢铁/铁矿石/烟草/家电/建材等行业。

（三）平台运作模式

货主和司机方通过扫码下载“云顺通App”，注册简单快捷，如图2所示。

图2 云顺通App扫码下载及提供的服务内容展示

（四）车后生态构建

云顺通提供集保险、油品、金融、ETC等于一体的一站式车后管家增值服务，提高平台对在途货物和司机的服务能力，为货主企业和车主司机赋能。

1. 保险

云顺通与行业优秀企业达成战略合作，提供保前风险评测、保中实时预警监控、保后线上专属理赔服务，险种品类齐全，全方位多层次保障在途货运人、车、货的安全。合作的保险性价比高、保额足、保费低、保障范围广；出单快，在线投保、一键出单；提供次单/年单、物责险/意外险/货主责任险等全方位保障。

2. 油品

云顺通与同行业优秀企业展开战略合作，合力打造电子油卡产品，为在途货运提供优质服务，截至2021年3月，已嵌入加油站+加气站共9000余家（国内领先）。做到了范围广；品类全，支持油、电、气全品类服务；支付快，一键加油，简单方便；优惠多，享受优惠折扣，福利实惠。

3. 云顺通车后生态

（1）金融。

与行业优秀企业合作，为货主和司机提供运费垫付服务，解决货主企业金融痛点难题。做到额度高，上游确权，根据发货体量进行高额授信；利息低，提供最优方案，降低发货成本；到账快，签约打款，及时到账。

（2）ETC。

与行业优秀企业合作为平台用户提供ETC服务，审核快，操作便捷，用户可在云顺通App一键申请。实现快速缴费，通行快、避免拥堵和等待，节省时间；安装ETC通行费享受不少于5%的优惠折扣；支持日/周/月结，账期灵活可选，缓解资金周转压力。

三、云顺通个性解决方案

（一）青岛菲尔斯特物流有限公司

以“云顺通”平台为基础，通过提供差异化、一体化解决方案，打造菲尔斯特橡胶轮胎物流供应链智能物流货运平台样板工程，实现菲尔斯特TMS系统和云顺通系统对接，满足直管到车的需求，搭建完善的橡胶轮胎物流生态体系，拓展三流合一综合解决方案，增加车后服务生态链（如油卡、轮胎、ETC、保险等），为橡胶轮胎供应链上下游企业赋能。

协助菲尔斯特公司打造了车队管理、订单管理、信息管理一站式在线信息管理系统，实现在途货物实时定位，达到了降本增效10%以上的目的。

（二）天津晟鸿物流有限公司

云顺通平台根据晟鸿物流的痛点与需求，为客户定制了短途运输解决方案，实现对在途车辆跟踪管理，通过轨迹、运单实时统计运费，减少司机与客户90%的操作量，成功破解了两方面难题。一方面是运费结算及车辆管理，基于客户的业务模式需要在短时间、短距离内往返运输，造成车辆管理混乱；另一方面是单车每日运单量多、统计工作量大等痛点。实现了对各车辆进行直接掌控、统一管理，运费结算更快捷便利，提高了物流公司运作效率，降低了运行成本。

四、结语

云顺科技在信息化实施过程中，始终坚持以“符合企业的实际运营要求，真正解决用户具体痛点，为用户带来降本提效可见价值”为核心价值观。通过与大量用户合作，对实际案例和多场景进行摸索、论证，复盘，听取用户最真实意见，满足用户多元化需求，打造网络货运平台完整闭合链。

云顺科技认为，真正的网络货运平台，首先要简单易用，满足多层次司机、货主学习0成本诉求，做到“会用微信，就会用云顺通”。与此同时，产品始终保持更新迭代，全面适配多用户、多品类、多渠道业务场景，才能真正满足客户的个性化需求，做成真正的自有车队及强大车队调运能力的合规网络货运平台，而非仅仅是开票平台。其次，产品不必面面俱到，不做大而全，而专注小而美，不恶意捆绑，轻松打造客户易懂的独立品牌。

如今，在物联网时代，合作共赢、资源共享已然是大势所趋，网络货运让货运与互联网深度融合，也将成为未来物流市场的主体模式。云顺科技接下来将继续放大优势，优化物流市场格局，推动道路货运行业转型升级，引导货运行业向集约化、规模化、智能化方向发展，营造健康有序的网络货运生态环境，构建“物流+大数据+互联网”的城乡配送与大宗物流产业新生态。

（中国物流采购联合会网络事业部）

卓越的现代港口物流与供应链集成服务商

一、中物港务简介

中物港务有限公司（以下简称“中物港务”）成立于2014年2月，注册资本8亿元，投资逾40亿元建设中物通用码头及后方配套物流设备和基础设施。中物港务以港口运营为中心，建设仓储中心，配套有港口运营中心、产品交易中心、物流配送中心、期货交割中心、供应链金融服务中心，为客户提供装卸、仓储、运输、交易、金融等综合服务。中物港务拥有强大的资源整合能力和一支专业化团队，致力成为卓越的现代港口物流和供应链集成服务商。

二、中物通用码头简介

中物通用码头坐落于唐山港曹妃甸港区东区三港池顶端，拥有岸线1000米，码头位置处于曹妃甸自贸区的核心位置。建有4个五万吨级通用泊位，结构均按七万吨级预留，建有60万平方米仓库及20万平方米堆场。具有对外开放资质，同时配备门机、龙门吊、堆取料机等齐全的港口作业设备和专业化的现场作业团队。

中物通用码头为散货、件杂货、集装箱通用码头。主要经营业务有成品钢材、大型结构件在内的各类件杂货、水渣、矿粉、工业盐、水泥、碎石、焦炭等散货。

三、现代化港口物流行业背景

随着全球经济一体化的不断推进，物流航运向综合物流服务的方向迈进，作为整个物流链中的节点，港口肩负着航海、船舶、通信、内陆运输等一系列工作和职责。因此，现代化的港口物流向着全方位的增值服务发展已经迫在眉睫。在全程物流新形态的基础上，全面优化整个港口物流供应链上的资源，提升运转效率，降低运转成本，打造集资金流、商品流、技术流以及信息流为一体的现代化港口物流体系是我国港口未来建设发展的必经之路。

作为以运输枢纽为主的第一代港口、作为以装卸和服务为主的第二代港口，已经不能适应现代社会发展的步伐，作为以贸易和物流中心为主的第三代港口正成为港口发展的方向。

第三代港口具有以下六大特点：一是除了具有第一代、第二代港口的功能以外，加强了与城市以及用户之间的联系，使港口的服务超出以往的界限；二是增添运输、贸易的信息服务与货物的配送等综合服务；三是逐步成为生产与流通网络的枢纽；四是经营管理更富于主动性，业务不断专业化、集成化，更富于可变性；五是港口基础设施规划建设信息化程度更高；六是重视产品增值服务。

第三代港口的迅速发展对港口传统供应链体系带来了新的挑战：一是客户需求分散，导致服务标准不统一，给生产带来压力，导致计划、库存、倒运等方面都面临很大挑战；二是客户、船代、货代、港口、贸易商等各方信息互通能力差，信息数据共享程度低、信息协同难度大，线上线下港口物流体系分离导致生产计划链条增长、沟通时间增长，从而导致成本增加；三是随着客户对时效的要求越来越高，港口物流供应链的链条也会越来越精简，对企业的生产组织能力提出新的挑战；四是伴随着客户定制化服务越来越多，增加了公路、海运及其他运输方式在物流中的复杂性，对企业在整个供应链当中的协调整合能力提出更高的要求；五是智能基础设施建设和港口智慧信息系统的搭建是第三代港口发展的必然，随着资金的投入、技术人员的引进，企业会付出更高的成本，但这也是企业核心竞争力的体现。

为顺应现代化港口迅猛发展趋势，中物港务以云计算、大数据、物联网、互联网等技术开发建设智慧港口物流系统、智能闸口、现代化基础设施（环保型智能化矿粉仓储及装船系统）等。

四、创新港口物流新模式

（一）创新港口新模式——高效的供应链+智慧港口物流系统+港口后服务市场、集疏港车辆后服务市场

1. 高效的供应链

以港口为核心整合全产业供应链上下游客户，通过“多式联运”供应链流程设计，建立“工厂—港口—港口—工厂”的“端到端”流程，实现全流程的精益供应链管理，提高整个供应链运作效率，达到供应链各节点共赢，起到“降本增效”目标。

2. 智慧港口物流系统

利用物联网、互联网、云计算、大数据、BDS（北斗导航系统）等技术建设智慧物流系统，将物联网技术运用到原材料的采购、生产加工、流通加工、仓储、运输等产业链的各个环节，实现企业园区内部的ERP（企业资源计划系统）、TMS（运输管理系统）、WMS（仓库管理系统）等供应链管理协同系统与外部的客户管理系统、运营系统、合作伙伴系统、海关、商检、卫检、银行、保险等进行直连。从而实现信息统一接入、智能派单、智能调度、运营大屏、物流金融、在线支付、在线审核等功能，实现基础信息的共享、信息的数据化、减少数据转化流程，最终实现大数据的沉淀、挖掘和应用，建设绿色、智能、高效的协同供应链港口物流园区。

3. 港口后服务市场

为停靠船只提供岸电、物料、设施机械维修、港口设施租赁、生活用品、餐饮、住宿、休闲娱乐“一站式服务”。

4. 集疏港车辆后服务市场

为集疏港汽运车辆提供汽车代买、融资租

赁、保险、上牌、贸易运输订单、工程车租赁、维修、保养、加油加气、住宿、餐饮、二手车交易等“全生命周期服务”。

（二）创新物流组织新模式

以服务客户为前提，以生产为核心，通过将自主研发创新的港口物流新技术（见下表）应用到生产组织当中，使内部供应链各节点顺畅衔接，提高生产运作的智能化水平。

港口物流新技术

技术	①汽运短驳创新技术	②堆场创新技术	③自动化传输技术	④散杂货自动化集装箱装卸设备技术	⑤无人驾驶技术
作用	通过自动化翻侧运输车辆，减少港口堆场卸车时间及成本	建设标准化模块化的储存货位（RFID），建设散杂货自动化的遮盖系统，减少对环境的污染	建设从堆场至船舶的自动化密闭管道传输系统，可以实现24小时不间断作业，减少大型机械设备的投资、减少人工、减少多次装卸转运成本，同时减少粉尘对环境的污染	建设散杂货自动分拣设备、90度翻转集装箱装卸设备，实现散杂货集装箱单元化，减少多次装卸成本、减少货损、减少人工成本、减少对环境的污染	合理规划集装箱汽运场地运输路径，通过GPS、BDS、GIS、5G等技术实现场地集装箱汽运无人驾驶

（三）港口现代设施建设

为了响应国家环保等各项政策、减少粉尘污染、提高行业竞争力，中物港务开启港口现代设施“环保型智能化矿粉仓储及装船系统”建设，投资约1亿元人民币，建设储罐库群、装船机等设施设备，年吞吐量达到400万吨。建成后不再受环保影响可以24小时不间断作业。例如，目前一条2万吨粉船通过“车船对接”模式用时96小时，通过环保型智能化矿粉仓储及装船系统技术10小时就可以完成，该系统比现有“车船对接”模式每条船节省装船时间72小时以上。环保型智能化矿粉仓储及装船项目，改变目前车船对接装船中粉尘外溢、码头车辆拥堵等现状，进一步提高现有码头的资源有效利用率，为国家“碳达峰、碳中和”战略行动做出行业贡献。环保型智能化矿粉仓储及装船系统介绍如下。

1. 项目情况

在4#泊位后方场地建设6个钢板存储库，单只储量2.0万吨，共计12万吨的储量，在4#泊位设置2台1000t/h门架轨道移动式装船机，建设范围是从物料入库、仓储、出库、输送、装船到智能化控制系统等全套设施。

矿粉由散装汽车经地磅计量后进入库区，用压缩空气配合散装车将料送到储存库。每个库底设置13个出料口、分成3组卸料系统，每个出料口的最大能力为500t/h，通过流量控制阀进行出料量控制。库底3组卸料系统通过继电器控制可以任意组合出料。库底料经空气输送斜槽、提升机分两路送至码头固定卸料点，然后经装船机上的组合设备卸至4#泊位的散货船。

2. 项目优势

①先进性。以外形及内部构造20多项专利科学的设计理念，库体直径可以设计20～60米，有特殊需求还可以加大。高度与直径的比例一般为1∶1.1至1∶1.5。可根据场地及厂方要求建成多排型仓（库）或仓（库）群。

②结构独特。库体为圆柱形，库顶及库底为球缺型，基础为圆台桶型。

③仓储量大。单库容量2万吨，可组建更大容量的储库群。

④入库方便。物料入库方式根据不同材料和厂方情况，可采取提升机入库、斜槽入库或气力管道入库。

⑤出库先进。该大型钢板库采众家之所长，自行设计出全新气动出库系统，靠气动压力将库内物料输送到指定位置。

⑥初投资少。由于采取多项专利技术，使用该钢板库不仅可节省50%左右的建筑材料，还节约了60%以上的土地。

⑦安全可靠。采用真空密闭专利技术，水泥储存9个月内，各项物理指标基本不变。储存18个月以上，除凝结时间稍有延长和抗折能力略有降低外，其他指标基本不变。

⑧节能环保。在入库和出库过程中采用了专利除尘技术，对周围环境不会造成污染。

⑨用途广泛。不仅可应用于水泥、粉煤灰储备，还可以储存石油、化工原料等。

3. 项目核心价值

①运行成本少——出料系统采用专利技术，吨出料耗能0.3～0.5度；维护费用低——吨维护费用0.1元/年；使用寿命长——按规范维护，可使用50年左右。

②提高装船效率。该套系统装船量为1000t/h×2台=2000t/h，2万吨粉船现有模式需96小时，此系统仅需10小时。

③提高码头利用率，释放泊位。原有“车船对接”模式完成200万吨需要2～2.5个泊位，采用此系统后只需1个泊位，释放1～1.5个泊位。

④缩短通航时间，增加船方收益。从船舶开到曹妃甸装船再到上海等港口卸船一个航次需要13～16天，一个月大约运行2个航次。由于装船效率的大幅度增加，单航次装船作业能够节省5～6天时间，每月大约增加1个航次，单位时间内增加航次可提高船方收益。

⑤单位时间通航缩短，减少货主滞期费，节省部分运费，提高货主盈利能力。

五、结束语

中物港务致力于打造新型智慧港口，区别于传统港口经营模式，通过创新港口模式、物流组织模式，建设现代化基础设施设备来提高供应链整体效率，创造更大的社会效益，推动中国港口事业的发展。致力于成为卓越的现代港口物流与供应链集成服务商。

（唐山曹妃甸中物港务有限公司总经理 熊道雷

唐山曹妃甸中物港务有限公司综管部副部长 王振）

第九部分

物流综合

全国物流行业抗疫先进企业名单

序号	企业名称	序号	企业名称
1	武汉商贸集团有限公司	18	武汉东本储运有限公司
2	湖北大通互联物流股份有限公司	19	武汉玺安物流有限公司
3	武汉捷利物流有限公司	20	宜昌三峡物流园有限公司
4	湖北普罗劳格科技股份有限公司	21	国药控股湖北有限公司
5	襄阳光彩国际物流产业投资有限公司	22	黄石九州物流科技集团有限公司
6	湖北联海食品集团有限公司	23	宜昌海源物流有限公司
7	武汉中远海运集装箱运输有限公司	24	黄石天海航运有限公司
8	长江新丝路国际投资发展有限公司	25	湖北英迅通物流服务有限公司
9	九州通医药集团物流有限公司	26	湖南空港实业股份有限公司
10	湖北众联物流发展有限公司	27	国药控股湖南有限公司
11	湖北省十堰亨运集团物流有限公司	28	湖南星沙物流投资有限公司
12	黄石新港港口股份有限公司	29	云通物流服务有限公司
13	武汉诚通物流有限公司	30	浩通国际货运代理有限公司
14	武汉国际集装箱有限公司	31	湖南湘钢洪盛物流有限公司
15	武汉东丰物流股份有限公司	32	祁阳县海洋物流运输有限公司
16	湖北安捷物流有限公司	33	湖南省弘广物流集团有限公司
17	中燃宏途物流有限公司	34	湖南湾田供应链管理有限公司

续 表

序号	企业名称	序号	企业名称
35	湖南宏发物流有限公司	61	陕西华氏医药有限公司
36	湖南一力股份有限公司	62	陕西九州通医药有限公司
37	国药集团湖南潇湘医疗器械有限公司	63	西安中港智慧物流有限公司
38	衡阳市雁城物流园有限公司	64	中铁一局集团物资工贸有限公司
39	湖南惠农物流有限责任公司	65	国药控股陕西有限公司
40	湖南和立东升实业集团有限公司	66	陕西医药控股集团派昂医药有限责任公司
41	长沙争渡网络科技有限公司	67	陕西华远医药物流配送中心
42	北京京隆伟业供应链管理有限公司	68	陕西商储物流有限公司
43	北京四通搬家有限公司	69	西部机场集团航空物流有限公司
44	中铁现代物流科技股份有限公司	70	上海北芳储运集团有限公司
45	北京长久物流股份有限公司	71	上海郑明现代物流有限公司
46	中物华商集团股份有限公司	72	壹米滴答供应链集团有限公司
47	中国物流股份有限公司	73	上海铁闵物流有限公司
48	北京福瑞达物流有限公司	74	宇培供应链管理集团有限公司
49	南京福佑在线电子商务有限公司（福佑卡车）	75	德邦物流股份有限公司（德邦快递）
50	北京京邦达贸易有限公司（京东物流）	76	安吉华宇物流科技（上海）有限公司（天地华宇）
51	中铁快运股份有限公司	77	上海安能聚创供应链管理有限公司
52	中国外运股份有限公司	78	上海天地汇供应链科技有限公司
53	北京百利威仓储物流有限公司	79	上汽安吉物流股份有限公司
54	中都物流有限公司	80	上海三快智送科技有限公司（美团配送）
55	中铁集装箱运输有限责任公司	81	福建陆地港集团有限责任公司
56	中国黑色金属材料北京有限公司	82	福建省医药集团有限责任公司
57	中国邮政速递物流股份有限公司	83	福建省嵘瀚物流股份有限公司
58	北京汇通天下物联科技有限公司（G7 物联）	84	福建栢合冷链仓储管理有限公司
59	北京龙城丽华快餐餐饮管理有限公司	85	龙岩市闽盛物流有限公司
60	陕西远韬供应链管理有限公司	86	盛丰物流集团有限公司

续 表

序号	企业名称	序号	企业名称
87	盛辉物流集团有限公司	115	四川九州通医药有限公司
88	厦门港务控股集团有限公司	116	四川省物流产业股份有限公司
89	厦门象屿集团有限公司	117	达州达运公路物流港有限公司
90	福建蓝海物流有限公司	118	中通服供应链管理有限公司四川分公司
91	日日顺供应链科技股份有限公司	119	四川北新大弘置业集团有限公司
92	山东宇佳物流有限公司	120	四川安吉物流集团有限公司
93	济南星光大道物流有限公司	121	宝供物流企业集团有限公司
94	山东人和集团有限公司	122	深圳市柏威国际科技物流有限公司
95	淄博炎邦物流有限公司	123	深圳市深国际物流发展有限公司
96	济南永昌物流有限公司	124	深圳市朗华供应链服务有限公司
97	山东盖世国际物流集团有限公司	125	深圳市顺丰同城物流有限公司
98	山东端信供应链管理有限公司	126	万科物流发展有限公司
99	希杰荣庆物流供应链有限公司	127	广东天图物流股份有限公司
100	山东泉胜物流集团有限公司	128	宝湾物流控股有限公司
101	安徽斯坦威物流有限公司	129	跨越速运集团有限公司
102	安徽长风物流科技有限公司	130	深圳顺丰泰森控股（集团）有限公司
103	安徽共生物流科技有限公司	131	江苏飞力达国际物流股份有限公司
104	安徽港口物流有限公司	132	惠龙易通国际物流股份有限公司
105	安徽省徽商五源国际物流港务有限公司	133	南京骆驼储运集团有限公司
106	合肥维天运通信息科技股份有限公司	134	昆山品勤供应链管理有限公司
107	马鞍山市联运货运有限责任公司	135	中储南京智慧物流科技有限公司
108	芜湖龙鼎物流有限公司	136	江苏卫岗供应链管理集团有限公司
109	芜湖惠众物流服务有限公司	137	江苏禾健物流发展有限公司
110	芜湖达成储运有限公司	138	江苏满运软件科技有限公司（满帮集团）
111	四川东方物流集团有限公司	139	江苏苏宁物流有限公司
112	四川宜宾港（集团）有限公司	140	苏州物流中心有限公司
113	西昌市金茂实业有限公司	141	江西正广通供应链管理有限公司
114	四川长虹民生物流股份有限公司	142	江西四顺物流集团股份有限公司

续 表

序号	企业名称	序号	企业名称
143	弋阳县鹿富汽车运输服务有限公司	169	百世物流科技（中国）有限公司
144	江西省供销电子商务有限公司	170	云南能投物流有限责任公司
145	弋阳县翔通物流有限责任公司	171	云南广大铁路物资储运有限公司
146	上饶市新华龙物流有限公司	172	大理沧龙物流有限公司
147	江西泗丰物流有限公司	173	天驰物流有限责任公司
148	江西江龙集团鸿海物流有限公司	174	云南腾俊多式联运股份有限公司
149	上饶市中合农产品市场有限公司	175	云南建投物流有限公司
150	江西中联智能物流有限公司	176	云南省物流投资集团有限公司
151	中国邮政速递物流股份有限公司郑州市物流分公司	177	营口港吉星物流有限公司
152	河南航投物流有限公司	178	海城市大涛冷链运输有限公司
153	华润河南医药有限公司	179	大连铁成物流有限公司
154	郑州市四季安物流有限公司	180	沈阳鲜天顺供应链管理有限公司
155	河南宇鑫物流集团有限公司	181	大连升运物流有限公司
156	河南大河速递广告有限公司	182	鞍钢汽车运输有限责任公司
157	漯河双汇物流投资有限公司	183	河北宝信物流有限公司
158	郑州长通实业有限公司	184	河北新发地农副产品有限公司
159	河南省鸿泰物流有限公司	185	张家口通泰物流中心有限公司
160	杭州华商物流股份有限公司	186	唐山港集团股份有限公司
161	杭州佳成国际物流股份有限公司	187	亿博控股集团有限公司
162	海盟控股集团有限公司	188	山西渊远物流有限公司
163	传化智联股份有限公司	189	山西汽运集团临汾汽车运输有限公司
164	浙江绿色慧联有限公司	190	山西宝特国际物流有限公司
165	宁波天易物流有限公司	191	临汾晋临运货运有限公司
166	浙江汤氏供应链管理有限公司	192	山西晋德帮医药科技有限公司
167	浙江八方物流有限公司	193	山西汽运集团晋龙捷泰运输贸易有限公司
168	上海本来生活信息科技有限公司（本来生活网）	194	中国天津外轮代理有限公司

续 表

序号	企业名称	序号	企业名称
195	天津港国际物流发展有限公司	213	兰州新区商贸物流投资集团有限公司
196	天津德利得供应链管理股份有限公司	214	成县顺通物流园有限公司
197	天津大田集团有限公司	215	甘肃省食品股份有限公司
198	天津市交通（集团）有限公司	216	青海省汽车运输集团凯尔货物运输有限公司
199	广西钦州市祥龙物流有限公司	217	青海朝阳国家电子商务示范基地有限公司
200	广西先飞达物流股份有限公司	218	青海省汽车运输集团有限公司
201	广西百色一号农业发展有限公司	219	重庆光环国际货运代理有限公司
202	北部湾港股份有限公司	220	重庆祥茂物流有限公司
203	南宁云鸥物流股份有限公司	221	重庆飞鸿运输有限公司
204	广西万通国际物流有限公司	222	宁夏新华物流股份有限公司
205	哈欧国际物流股份有限公司	223	宁夏新华百货现代物流有限公司
206	哈尔滨乾龙置业有限公司	224	贵州金穗宏达物流有限公司
207	齐齐哈尔商业储运有限公司	225	贵阳心联心物流有限公司
208	黑龙江农垦北大荒物流集团有限公司	226	贵州京邦达供应链科技有限公司
209	新疆振坤物流股份有限公司	227	贵州黔运通达物流有限公司
210	新疆新铁外运物流有限责任公司	228	内蒙古安快物流发展有限责任公司
211	新疆蓝天石油化学物流有限责任公司	229	内蒙古鄂尔多斯物流有限公司
212	新疆九洲恒昌供应链管理股份有限公司	230	一汽物流有限公司

（中国物流与采购联合会）

全国物流行业先进集体、劳动模范和先进工作者名单

一、先进集体（49 个）

北京市

中都物流有限公司

北京九州通医药有限公司

天津市

天津港远航矿石码头有限公司

河北省

唐山市发展和改革委员会

沧州港务集团有限公司

山西省

山西能源交通投资有限公司

辽宁省

大连五佳国际贸易有限公司

吉林省

吉林省佳业物流有限公司

黑龙江省

哈欧国际物流股份有限公司

上海市

上海景鸿国际物流股份有限公司

上海商业储运有限公司

上海欧坚网络发展集团股份有限公司

上海三快智送科技有限公司（美团配送）

江苏省

江苏省江海粮油集团有限公司

江苏苏宁物流有限公司

徐州徐工智联物流服务有限公司

浙江省

浙江菜鸟供应链管理有限公司

浙商中拓集团股份有限公司

宁波亚细亚集装箱货运有限公司

安徽省

安徽省合肥港国际集装箱码头有限公司

安徽国力物流有限公司

福建省

龙洲集团股份有限公司

耀泰物流股份有限公司

厦门远海集装箱码头有限公司

江西省

赣州市南康区口岸发展有限责任公司

山东省

山东高速物流集团有限公司

山东佳怡物流有限公司

山东省物流与采购协会秘书处

青岛市交通运输局物流业发展处

河南省

郑州市发展和改革委员会

驻马店市恒兴运输有限公司

湖北省

长江新丝路国际投资发展有限公司

鄂州市临空物流发展服务中心

湖南省

湖南湘钢洪盛物流有限公司

湖南空港实业股份有限公司

湖南金煌物流股份有限公司

广东省

深圳市怡亚通物流有限公司

广东京邦达供应链科技有限公司

佛山顺丰速运有限公司

广西壮族自治区

广西物产投资发展集团有限公司

重庆市

永辉物流有限公司

四川省

四川川航物流有限公司

四川长虹民生物流股份有限公司

贵州省

贵州省物资现代物流集团有限责任公司

云南省

天驰物流有限责任公司

陕西省

陕西省物流企业综合评估审核办公室

甘肃省

兰州新区商贸物流投资集团有限公司

宁夏回族自治区

宁夏新华百货现代物流有限公司

新疆维吾尔自治区

新疆九洲恒昌供应链管理股份有限公司

二、劳动模范（188 名）

北京市

赵　萌（女，满族）　北京超市发连锁股份有限公司常务副经理

齐传振　北京和众奥顺达物流有限公司运输部经理

康晓楠（女） 北京德利得物流有限公司项目经理

熊 丫（女） 北京宅急送快运股份有限公司总监

顾兆学 北京新发地农副产品批发市场中心常务副总经理

王丽琦（女，满族） 世盟供应链管理股份有限公司运营总监

邹福利 北京顺丰速运有限公司副总裁

刘京京（女） 百利威仓储服务（北京）有限公司市场部经理

郭沭君 北京德邦货运代理有限公司华北公共事务高级总监

穆荣均 北京三快在线科技有限公司联合创始人

杨焕平（女） 北京华冠商业科技发展有限公司仓储中心办公室职员

天津市

苏 磊 中信梧桐港供应链管理有限公司物流部总经理

王 峰 当当网信息技术（天津）有限公司华北总部运营中心店长

穆怀永（回族） 天津天辰物流股份有限公司总经理

李 斌 天津货运航空有限公司董事长

吕发国 天津运友物流科技股份有限公司大区经理

河北省

楚 轩 泰通国际运输有限公司董事长

李建卫 河北宝信物流有限公司副总经理

杨永君 开滦（集团）有限责任公司副总经理

肖明建 河北省物流产业集团有限公司副总经理

程淑艳（女） 秦皇岛冀盛物流有限公司副总经理

孙万财 安平县聚成国际物流有限公司副总经理

刘金朋 河北远鹏物流有限公司铁路业务部部长

张 浩 新奥能源贸易集团副总经理

内蒙古自治区

葛耀勇 内蒙古伊泰集团有限公司副总裁

高 波 内蒙古额济纳旗庆华马克那林苏海特商贸有限责任公司运营总监

王立辉（蒙古族） 内蒙古久通物流有限公司运营经理

赵 凯 内蒙古安快物流发展有限责任公司行政办主任

山西省

温全贵 山商供应链管理有限公司董事长

曹继祥 山西汽车运输集团有限公司副董事长

底建国 山西现代物流有限公司副总经理

靳宏军 山西国际物流有限公司销售分公司副总经理

辽宁省

曹 禹 特兰格睿物流（大连）有限公司销售经理

封衍东 大连万路通科技有限公司董事长

吉林省

秦俊宇（女） 吉林省长久物流有限公司总经理

翟启智 吉林省香江物流有限公司副总

经理

马同健　双辽市同源顺物流有限公司发运经理

杨晓宇　吉林省百川物流有限公司物流总监

黑龙江省

刘少波　哈尔滨龙运物流园区有限公司总经理

李　进　黑龙江农垦北大荒物流集团有限公司运营总监

史立臣　黑龙江省顺丰速运有限公司销售支持专员

邱伟龙　哈尔滨中央红小月亮超市有限公司分公司经理

曾建平　牡丹江对俄贸易工业园区华晟国运物流有限公司副总经理

上海市

熊星明　上海荣庆国际储运有限公司总裁

王　京　西本新干线股份有限公司企划部部长

胥　铁　上海大微物流科技有限公司董事长

张光春　速尔快递有限公司商务管理中心副总监

赖世强　上海韵达货运有限公司运营副总裁

葛守成　上海东泽国际物流有限公司运输平台保障中心车队长

李化飞　云丰供应链管理（上海）有限公司主管

李红光　上海久信国际物流有限公司运输部调度高级物流师

孙鸣杰　上海欣海报关有限公司分公司经理

江苏省

梁　晨（女）　江苏海晨物流股份有限公司董事长

李　伟（女）　扬州恒基达鑫国际化工仓储有限公司总经理

李敬泉　中储南京智慧物流科技有限公司战略规划师

郑成功　江苏方洋物流有限公司常务副总经理

丁耀明　江苏正大富通股份有限公司干线物流司机

范继东　南京医药股份有限公司物流管理部总经理

阮金鑫　金湖金塔物流有限公司业务经理

陈巍伟　大丰海港港口有限责任公司重大件吊装组组长

曾　焱　泰州港务集团有限公司技术信息部经理

曹金林　宿迁市港口发展有限公司生产操作部经理

曹　飞　诺得物流股份有限公司商务部经理

浙江省

唐雄伟　浙江物产物流投资有限公司董事长

汤召录　浙江汤氏供应链管理有限公司董事长

何林竹　浙江巨化物流有限公司铁路线路工

贾　骏　宁波港东南物流集团有限公司总经理

史　进　温州市交通运输集团有限公司物流分公司副经理

李晓庆（女） 浙江宏伟供应链集团股份有限公司副总经理

钟满祥 舟山港老塘山中转储运有限公司副总经理

陈 坚 传化智联股份有限公司执行总裁

黄小晴 浙江凯鸿物流股份有限公司智能公路港经理

安徽省

王明鼎 安徽省徽商集团有限公司办公室副主任

杨 青 芜湖宝特物流有限公司副总经理

王 寅 安徽省徽商五源国际物流港务有限公司水路港经理

韩东亚（回族） 安徽公共资源交易集团有限公司总经理

黄学良 池州港远航控股有限公司总经理

袁礼洲 安徽徽运物流有限公司项目主管

张 腾 芜湖同泰智能物流园有限公司技术总监

张宏伟 安徽共生物流科技有限公司高级软件工程师

福建省

高 雨 莆田港务集团有限公司总经理

陈于凡 盛丰物流集团有限公司副总裁

蔡汉辉 福建省嵘瀚物流股份有限公司副总经理

赖兆华 盛辉物流集团有限公司运营部经理

吴仁峰 福建省建瓯市芝峰同齐物流有限公司董事长

郭 宇 宁德市交投物流发展有限公司业务经理

陈 方 厦门象屿集团有限公司总裁

张碧水 厦门港务发展股份有限公司物流事业部顾问

江西省

陈 军 江西省机场集团公司宜春机场分公司总经理

陈润华 江西顺丰速运有限公司收派员

刘常敏 江西永和诚信供应链管理有限公司副总经理

汪春霞（女） 上饶市新华龙物流有限公司副总经理

金定粮 江西江龙集团鸿海物流有限公司董事长

殷春芳（女） 九江新雪域农副产品批发市场管理有限公司冷链物流发展部部长

甘细英（女） 江西五洲医药营销有限公司仓储部长

刘京尧 江西四顺实业有限公司总经理

山东省

盖忠琳 山东盖世国际物流集团有限公司总经理

宋 健 交运集团有限公司（青岛）物流发展部部长

范晓涛 山东京博物流股份有限公司高级技工

郝根池 济宁市蔬菜批发市场有限责任公司党委书记

赵 博 山东省港口集团日照港集团有限公司副总经理

魏学伦 中铁联合国际集装箱有限公司青岛分公司常务副总经理

刘 青 中创物流股份有限公司副总经理

邵海涛 菏泽市牡丹区晋达物流有限公司业务经理

张非非（女） 德州宏运通国际物流股份有限公司集装箱箱管员

盖忠涵（女） 聊城盖氏邦晔物流有限公司财务经理

河南省

郅英武 河南华夏易通物流有限公司董事长

尹华敏 安钢集团汽车运输有限责任公司董事长

夏青田 郑州长通实业有限公司副董事长

邓云旭 河南宇鑫物流集团有限公司副总经理

刘文杰 焦作物资集团公司副总裁

陈 研（女） 河南集成供应链管理有限公司关务经理

李国昌 郑州贝斯兰德服饰股份有限公司物流中心主任

黄 华 河南中博物流有限公司业务部经理

谷圣涛 贰仟家物流有限公司企划部经理

赵士金 信阳市汇达现代物流有限公司副董事长

湖北省

王 凯 黄石传化物流基地有限公司项目经理

王其耿 湖北玖通达供应链管理有限公司企划部经理

王海波 武汉盛强隆大件运输有限公司营运部经理

陈 兵 宜昌三峡物流园有限公司物流总监

陈晓玲（女，土家族） 黄石新港港口股份有限公司投资发展部经理

汪智玉 风神物流有限公司华中区总监

张青松 九州通医药集团股份有限公司物流总监

张国良 黄石天海物流集团副总经理

湖南省

郑璧双（女） 浩通国际货运代理有限公司董事长

曾春辉（女） 湖南天士力民生药业有限公司总经理

曾家润 湖南兴义物流有限公司仓库主管

尹卫东 邵东星沙物流股份有限公司副总经理

吕 晶 湖南星都物流有限责任公司配送调度员

李怀庆 湖南中庆物流有限公司车队长

凡雄光 娄底市金惠物流有限公司副总经理

周 正 湖南一力股份有限公司分公司总经理

余 恒 岳阳科德商贸有限公司物流主管

广东省

马亚胜 广东自来物智能科技有限公司董事长

徐心武 广东省佛山市运输有限公司董事长

王志华 广东志邦速运供应链科技有限公司总经理

苏文高 广东彩丰物流有限公司物流总监

蒋晓莉（女） 广州凯骋物流有限公司营运总监

李德林 金羚电器有限公司中国区物流总监

朱永志（女） 深圳市怡亚通物流有限公

司副总裁

祝泽文 深圳前海飞特控股有限公司董事长

肖伸雄 深圳市快运航物流有限公司副总经理

袁海军 跨越速运集团有限公司分拨领班

广西壮族自治区

刘 鑫 广西物资集团有限责任公司总经理

李 同 广西志得实业有限公司副总经理

沈葆华 南宁云鸥物流股份有限公司业务员

黄谟超 广西糖网物流有限公司仓储部经理

陈 路 玉林市玉柴仓储服务有限责任公司物流配送中心主任

海南省

岑长春 海南海汽物流有限公司经营发展部副经理

重庆市

樊 强 重庆交通运输控股（集团）有限公司物流部部长

王渝培 陆海新通道运营有限公司董事长

汪兰芳（女） 重庆国际物流枢纽园区建设有限责任公司副总经理

胡成玺 重庆果园集装箱码头有限公司电工

赵 亮 重庆机场航空物流园区管理委员会市场发展部经理

王 杨（仡佬族） 重庆苏宁物流有限公司经营副总监

四川省

廖 伟 四川通宇物流有限公司总经理助理

唐先令 四川铁投广润物流有限公司物流产业部部长

杨丽霞（女） 蒲江申通快递有限公司经理

朱青松 泸州华储物流有限公司运营专员

张秉淙 四川华峰物流有限公司一线管理人员

周朝忠 四川鑫锐投资有限公司行政营销经理

贵州省

解荣才 贵阳超群物流有限公司总经理

李 旭（女） 贵州道坦坦科技股份有限公司项目部经理

田仁凯（土家族） 贵州威远镖局物流有限公司员工

云南省

蒋兴祥 云南建投物流有限公司董事长

廖志文 云南能投物流有限责任公司总经理

靳劲松 云南宝象物流集团有限公司副总经理

邬李存（彝族） 云南交通运输有限责任公司驾驶员

西藏自治区

李玉春 拉萨卓越汇通速递有限公司（西藏百世快递）总经理

陕西省

王文岐 陕西通汇汽车物流有限公司总经理

李林森 陕西新贸物流配送连锁有限责任公司党总支书记

马登成　靖边县商贸物流园区筹建处主任

李开旺　商洛陆港实业（集团）有限公司副总经理

孙　婷（女）　陕西祥云物流有限公司执行董事

甘肃省

梁森林　甘肃酒钢物流有限公司副经理

王海峰　捷时特物流有限公司国际事业部总经理

许国兴　金川集团物流有限公司工务段白家嘴站班长

青海省

杨　斌　青海物产物资配送有限责任公司装卸作业部经理

方　宏　青海优力农村电商服务有限公司物流部经理

朱小捷　青海省汽车运输集团有限公司总经理

胡枝华（女）　青海迅达冷链物流股份有限公司总经理助理

宁夏回族自治区

王晓明　宁夏交通物流集团有限公司副总经理

朱月芳（女）　宁夏晟晏实业集团星月安顺物流有限公司总经理助理

罗　涛　宁夏众一物流有限公司副总经理

新疆维吾尔自治区

刘金国　新疆新铁中泰物流股份有限公司董事长

何红杰　新疆众和现代物流有限责任公司副总经理

王凯枫　新疆福隆物流有限公司安全总监

陈　铭　新疆德鲁亚国际物流有限公司副总经理

三、先进工作者（28 名）

北京市

方澍磊　北京物流与供应链管理协会会员部部长

河北省

孙海德　沧州市发展和改革委员会副调研员

胡志为　石家庄市发展和改革委员会物流发展处处长

内蒙古自治区

白明洁（女，蒙古族）　内蒙古自治区发展和改革委员会二级调研员

徐国栋　乌兰察布市发展和改革委员会科长

山西省

温星星（女）　朔州市服务业发展服务中心主任

吉林省

郑德红　长春市发展和改革委员会主任科员

上海市

李林海　上海市国际货运代理行业协会秘书长

江苏省

周晓林（女）　江苏省发展和改革委员会

经济贸易处处长

夏　坚（女）　扬州市发展和改革委员会服务业（经贸）处处长

周立岩　连云港市发展和改革委员会服务业（经济贸易）处处长

浙江省

王建明　义乌市市场发展委员会国际陆港发展研究中心主任

薛英汉　宁海县物流行业协会常务副会长

安徽省

张彩云（女）　合肥市发展和改革委员会贸易和服务业处处长

福建省

曾莉苹（女）　漳州市工业和信息化局生产服务业科科长

程圣焜　福州市商务局物流工作处副处长

江西省

傅　南　江西省商务厅二级调研员

河南省

刘宏海　河南省发改委服务业发展办公室副主任

湖南省

彭志勇　湖南省发展和改革委员会调研员

肖和山　湖南省物流与采购联合会副秘书长

广西壮族自治区

冯春美（女，壮族）　广西物流与采购联合会学会部经理助理

海南省

岳　松　海南省物流与采购联合会综合服务部部长

重庆市

杨黾勉（女）　重庆市人民政府口岸和物流办公室二级主任科员

云南省

龚勇全　大理白族自治州物流行业协会会长

西藏自治区

娜珍吉宗（女，藏族）　西藏自治区发展和改革委员会经济贸易和消费处四级主任科员

陕西省

王　明　陕西省发展和改革委员会贸易和服务业处主任科员

新疆维吾尔自治区

陈　欣　新疆物流行业协会综合部主任

其他

武　威　中国物流信息中心经济师

（全国物流行业评选表彰工作领导小组办公室）

2020年中国物流企业50强名单

排名	企业名称	物流业务收入（万元）
1	中国远洋海运集团有限公司	24370441
2	厦门象屿股份有限公司	16344720
3	顺丰控股股份有限公司	10598300
4	中国外运股份有限公司	7765009
5	中国物资储运集团有限公司	4120000
6	百世物流科技（中国）有限公司	3710292
7	中通快递股份有限公司	3508378
8	韵达控股股份有限公司	3440405
9	中铁物资集团有限公司	3261255
10	圆通速递股份有限公司	3115112
11	德邦物流股份有限公司	2592210
12	上汽安吉物流股份有限公司	2356372
13	申通快递有限公司	2234474
14	江苏苏宁物流有限公司	1510288
15	中铁铁龙集装箱物流股份有限公司	1507200
16	一汽物流有限公司	1290000
17	福建省交通运输集团有限责任公司	1248298

续　表

排名	企业名称	物流业务收入（万元）
18	重庆交通运输控股（集团）有限公司	1101741
19	全球国际货运代理（中国）有限公司	1075528
20	中国石油化工股份有限公司管道储运分公司	1046494
21	日日顺供应链科技股份有限公司	1045063
22	嘉里物流（中国）投资有限公司	1008550
23	上海中谷物流股份有限公司	989985
24	上海天地汇供应链科技有限公司	962715
25	准时达国际供应链管理有限公司	942095
26	中集现代物流发展有限公司	911119
27	湖北交投物流集团有限公司	776408
28	湖南和立东升实业集团有限公司	712174
29	云南能投物流有限责任公司	687711
30	四川安吉物流集团有限公司	663132
31	武汉商贸国有控股集团有限公司	634059
32	全球捷运物流有限公司	618228
33	浙江物产物流投资有限公司	594975
34	日通国际物流（中国）有限公司	580127
35	中都物流有限公司	568084
36	云南省物流投资集团有限公司	543742
37	林森物流集团有限公司	543038
38	泉州安通物流有限公司	500686
39	九州通医药集团物流有限公司	485867
40	湖南星沙物流投资有限公司	478870
41	北京长久物流股份有限公司	478254
42	广东省航运集团有限公司	460313
43	中创物流股份有限公司	451342

续 表

排名	企业名称	物流业务收入（万元）
44	深圳越海全球供应链有限公司	449696
45	上海则一供应链管理有限公司	420948
46	希杰荣庆物流供应链有限公司	400156
47	利丰供应链管理（中国）有限公司	396389
48	包头钢铁（集团）铁捷物流有限公司	390880
49	中通服供应链管理有限公司	383936
50	建华物流有限公司	370520

（中国物流与采购联合会）

2020 年中国民营物流企业 50 强名单

排名	企业名称	物流业务收入（万元）
1	顺丰控股股份有限公司	10598300
2	百世物流科技（中国）有限公司	3710292
3	中通快递股份有限公司	3508378
4	韵达控股股份有限公司	3440405
5	圆通速递股份有限公司	3115112
6	德邦物流股份有限公司	2592210
7	申通快递有限公司	2234474
8	江苏苏宁物流有限公司	1510288
9	上海中谷物流股份有限公司	989985
10	上海天地汇供应链科技有限公司	962715
11	准时达国际供应链管理有限公司	942095
12	湖南和立东升实业集团有限公司	712174
13	全球捷运物流有限公司	618228
14	林森物流集团有限公司	543038
15	泉州安通物流有限公司	500686
16	九州通医药集团物流有限公司	485868
17	湖南星沙物流投资有限公司	478870

续 表

排名	企业名称	物流业务收入（万元）
18	北京长久物流股份有限公司	478254
19	中创物流股份有限公司	451342
20	深圳越海全球供应链有限公司	449696
21	上海则一供应链管理有限公司	420948
22	希杰荣庆物流供应链有限公司	400156
23	建华物流有限公司	370520
24	正本物流集团有限公司	352963
25	镇海石化物流有限责任公司	271720
26	陕西卡一车物流科技有限公司	244537
27	湖南湾田供应链管理有限公司	242589
28	密尔克卫化工供应链服务股份有限公司	241879
29	天津大田集团有限公司	234905
30	盛丰物流集团有限公司	234746
31	河北万合物流股份有限公司	230365
32	盛辉物流集团有限公司	229604
33	宏图智能物流股份有限公司	229329
34	山东京博物流股份有限公司	212318
35	新疆九洲恒昌供应链管理股份有限公司	210497
36	湖南金煌物流股份有限公司	208561
37	湖南兴义物流有限公司	197528
38	优合集团有限公司	193053
39	山东佳怡供应链管理有限公司	180085
40	上海青旅国际货运有限公司	173336
41	成都道臣物流集团有限公司	125528
42	广东高捷航运物流有限公司	115403
43	江苏澳洋医药物流有限公司	114587

续 表

排名	企业名称	物流业务收入（万元）
44	江苏无锡朝阳集团股份有限公司	105803
45	山西云启正通物流有限责任公司	102418
46	诺得物流股份有限公司	101128
47	快捷物流有限公司	100158
48	宝供物流企业集团有限公司	92108
49	江苏海晨物流股份有限公司	88316
50	安徽徽运物流有限公司	86540

（中国物流与采购联合会）

2020 年度优秀物流园区名单

（共 123 个，按行政区划排序）

普洛斯北京空港物流园
迁安市北方钢铁物流产业聚集区
邢台好望角物流园
石家庄市栾城区润丰物流园
唐山海港物流产业聚集区
秦皇岛临港物流园区
河北宝信物流园区
河北新发地农副产品物流园
承德国际商贸物流园区
河北肃宁物流产业聚集区
安平县聚成国际物流园区
中鼎物流园
山西穗华物流园
山西万昌国际物流园
宝特物流园
内蒙古红山物流园区
集宁现代物流园区
内蒙古鑫港源顺物流园
鄂尔多斯空港物流园区
札萨克物流园区
牙克石大兴安国际物流园区
满洲里国际物流产业园区
森富国际中俄跨境商贸物流园区
北方陆港国际物流中心
七苏木国际物流枢纽产业园
沈阳国际物流港
大连保税区（物流园区）
深国际·沈阳综合物流港
铁成（大连）物流园
大连升运物流园区
东北快递（电商）物流产业园
香江物流园
哈尔滨龙运物流园区
上海外高桥保税物流园区
洋山特殊综合保税区（一期）物流园区
张家港玖隆钢铁物流园
惠龙港国际物流园区
南京龙潭综合物流园区
上合组织（连云港）国际物流园
无锡西站物流园区
禾健物流园区
中储发展股份有限公司无锡物流中心
江苏大成物流园
江苏志宏物流港
如皋港现代综合物流园
江苏海安商贸物流产业园

盐城市现代物流园区

江苏中运物流园

泰州高港综合物流园

江苏三江现代物流园

运河宿迁港物流园

江苏通湖物流园

中国宿迁电商物流园区

杭州传化公路港

嘉兴现代物流园

宁波（镇海）大宗货物海铁联运物流枢纽港

宁波经济技术开发区临港工业与国际物流园区

衢州工业新城物流园区

嘉兴港区综合物流园

德清临杭物流园区

菜鸟网络浙江金义物流园

安徽合肥商贸物流园区

安徽华源现代物流园

宝湾（合肥）国际物流中心

京东亚洲一号合肥长丰物流园

宝特芜湖现代物流产业园

福建福港综合物流园区

厦门保税物流（区港联动）园区

漳州漳龙物流园区

鹰潭市现代物流园

江西奇佳物流园

江西红土地物流园

上饶市新华龙现代物流园

山东盖家沟国际物流园

临沂经济技术开发区现代物流园

青岛胶州湾国际物流园

山东佳怡物流园

威海国际物流园

青岛华骏物流园

青岛胶州宝湾国际物流园

青州市泓德物流园

金乡县鲁西南商贸物流园

山东岱岳经济开发区综合物流产业园

天源国际物流园

聊城盖氏邦晔物流园

郑州国际物流园区

豫东综合物流产业集聚区

郑州乾龙现代物流园

鹤壁现代煤炭物流园区

武汉东西湖综合物流园

宜昌三峡物流园

菜鸟网络武汉江夏物流园

武汉汇通公路港管理有限公司

湖南金霞现代物流园

湘南国际物流园

一力物流园

湘潭荷塘现代综合物流园

湖南衡缘物流园区

雁城物流中心

衡阳铁路口岸综合物流园

林安物流园

南方物流集团物流园

深国际华南物流园

深圳正广通物流园

防城港市东湾物流园区

秀山（武陵）现代物流园区

重庆国际物流枢纽园区

重庆南彭贸易物流基地

中国西部现代物流港

南充现代物流园

成都国际铁路港

泸州临港物流园区

宜宾临港国际物流园

贵州省清镇市物流园区

云南腾俊国际陆港
陕西国际航空物流港
普洛斯西安航港物流园
陕西商山物流园
甘肃（兰州）国际陆港
甘肃省物产集团兰州物流园
嘉峪关多式联运物流园
青海朝阳物流园区
宁夏众一物流园区

（中国物流与采购联合会物流园区专委会）

2020 年全国通用仓储企业排名[①]

名次	企业名称	仓库面积（万平方米）
1	江苏苏宁物流有限公司	1210. 0
2	日日顺供应链科技有股份有限公司	780. 0
3	厦门象屿股份有限公司	701. 1
4	中国邮政速递物流股份有限公司	426. 0
5	重庆长安民生物流股份有限公司	414. 0
6	百世物流科技（中国）有限公司	350. 0
7	北京长久物流股份有限公司	322. 2
8	上海发网供应链管理有限公司	310. 0
9	中外运物流有限公司	301. 0
10	中储发展股份有限公司	300. 0
11	安迅物流有限公司	300. 0
12	九州通医药集团股份有限公司	257. 0
13	准时达国际供应链管理有限公司	250. 0
14	顺丰控股股份有限公司	249. 0
15	中通云仓科技有限公司	235. 0
16	山东盖世国际物流集团有限公司	200. 0

① 表中数据存在四舍五入。

续　表

名次	企业名称	仓库面积（万平方米）
17	速必达希杰物流有限公司	200.0
18	上海益嘉物流有限公司	200.0
19	宝供物流企业集团有限公司	200.0
20	中国物流股份有限公司	200.0
21	嘉里物流（中国）投资有限公司	196.0
22	中远海运物流有限公司	180.0
23	网赢如意仓供应链有限公司	160.0
24	北领科技物流有限公司	160.0
25	北京昌达供应链管理集团有限公司	150.0
26	中通服供应链管理有限公司	143.0
27	上海郑明现代物流有限公司	140.0
28	深圳市怡亚通物流有限公司	134.0
29	河北宝信物流有限公司	130.6
30	利丰供应链管理（中国）有限公司	130.0
31	广东锐捷数智供应链有限公司	128.0
32	深圳市兆航物流有限公司	120.0
33	北京宏贤达物流集团有限公司	110.0
34	德邦物流股份有限公司	106.0
35	上海顶通物流有限公司	100.0
36	北京科捷物流有限公司	100.0
37	海元物流有限公司	86.3
38	陕西商储物流有限公司	70.0
39	云通物流服务有限公司	70.0
40	盛丰物流集团有限公司	70.0
41	山东佳怡物流有限公司	70.0
42	江苏新宁现代物流股份有限公司	70.0
43	天津大田集团有限公司	69.0

续 表

名次	企业名称	仓库面积（万平方米）
44	深圳越海全球供应链有限公司	66.8
45	江苏飞力达国际物流股份有限公司	65.0
46	重庆公路运输（集团）有限公司	61.9
47	湖南湾田供应链管理有限公司	61.3
48	建发物流集团有限公司	60.0
49	杭州松松供应链管理有限公司	50.0
50	上海商业储运有限公司	42.6
51	杭州龙田供应链管理有限公司	40.0
52	伊藤忠物流（中国）有限公司	40.0
53	河南宇鑫物流集团有限公司	40.0
54	湖北国储物流股份有限公司	39.0
55	深圳市铭可达物流有限公司	38.0
56	深圳市盐田港物流有限公司	36.0
57	广东天图物流股份有限公司	30.1
58	云仓配供应链管理（厦门）有限公司	30.0
59	深圳市凯东源现代物流股份有限公司	30.0
60	林森物流集团有限公司	30.0
61	广州广日物流有限公司	30.0
62	深圳综合信兴物流有限公司	30.0
63	福兴祥物流集团有限公司	30.0
64	武汉普罗格集成科技有限公司	25.7
65	上海有常物流有限公司（唯捷城配）	24.5
66	广州市广百物流有限公司	24.0
67	振华物流集团	22.0
68	新杰物流集团股份有限公司	21.0
69	五矿贸易有限责任公司	20.6
70	湖北安捷物流有限公司	20.2

（中国仓储与配送协会）

2020年全国冷链仓储企业排名[①]

名次	企业名称	冷库容积（万立方米）
1	上海郑明现代物流有限公司	250.0
2	重庆明品福物流有限责任公司	150.0
3	北京亚冷国际供应链管理有限公司	90.0
4	海南罗牛山食品集团有限公司	90.0
5	成都银犁冷藏物流股份有限公司	90.0
6	顺丰控股股份有限公司	87.0
7	希杰荣庆物流供应链有限公司	85.8
8	济南维尔康冷链物流有限公司	81.0
9	中外运冷链物流有限公司	79.2
10	上海宇培（集团）有限公司	78.5
11	山东盖世国际物流集团有限公司	75.0
12	河南中原四季水产物流港股份有限公司	75.0
13	沈阳副食集团有限公司	75.0
14	杭州餐友供应链管理有限公司	62.0
15	红星冷链（湖南）股份有限公司	60.0
16	山东中凯物流有限公司	60.0

① 表中数据存在四舍五入。

续 表

名次	企业名称	冷库容积（万立方米）
17	增益冷链（武汉）有限公司	60.0
18	海元物流有限公司	54.4
19	德州飞马冷链物流有限公司	54.3
20	上海有常物流有限公司（唯捷城配）	53.6
21	大连港毅都冷链有限公司	51.0
22	武汉山绿冷链物流有限公司	44.7
23	上海领鲜物流有限公司（光明）	43.0
24	南京天环食品（集团）有限公司	36.0
25	中通云仓科技有限公司	34.0
26	天津蓝玺冷链物流有限公司	33.0
27	云通物流服务有限公司	30.0
28	重庆万吨冷储物流有限公司	30.0
29	山西优鲜多歌供应链有限公司	25.5
30	郑州华夏易通物流有限公司	25.0

（中国仓储与配送协会）

2020 年全国金融仓储企业排名

名次	企业名称	年管理担保存货对应的贷款额度（万元）
1	南储仓储管理集团有限公司	2633674.0
2	华夏易通国际物流有限公司	970000.0
3	安徽隆泽丰投资产管理有限公司	727800.0
4	四川三鼎金融仓储有限公司	476691.0
5	湖北襄管物流有限公司	406824.3
6	浙江长运安信仓储服务有限公司	392106.0
7	宁夏嘉宝信金融仓储有限公司	351445.3
8	宁夏亿博丰担保品管理有限公司	350000.0
9	湖北谊嘉金融仓储有限公司	253032.0
10	广西融桂物流集团有限公司	101800.0

（中国仓储与配送协会）

2020 年全国仓储地产企业排名

名次	企业名称	仓库面积（万平方米）
1	普洛斯投资（上海）有限公司	3170.0
2	江苏苏宁易达物流投资有限公司	1198.5
3	万科物流发展有限公司	1148.0
4	易商红木 ESR	850.0
5	上海宇培（集团）有限公司	590.0
6	上海龙地物流有限公司	511.0
7	安博（中国）管理有限公司	510.0
8	嘉民管理咨询（上海）有限公司	470.0
9	宝湾物流控股有限公司	460.0
10	新宜（上海）企业管理咨询有限公司	430.7
11	维彧（上海）企业管理咨询有限公司（维龙）	410.0
12	第一创建仓储服务（深圳）有限公司	300.0
13	新地物流发展有限公司	260.0
14	湖南和立东升实业集团有限公司	200.5
15	深圳市深国际物流发展有限公司	200.0
16	福建东百集团股份有限公司（东百物流）	172.0
17	杭州网营物联控股集团有限公司	140.0

续 表

名次	企业名称	仓库面积（万平方米）
18	复星国药（香港）物流仓储发展有限公司	130.0
19	西藏京通易购商贸有限公司	120.9
20	北京百利威仓储物流有限公司	100.9

（中国仓储与配送协会）

物流企业综合评估全国第二十九批、第三十批 A 级物流企业名单

全国第二十九批物流企业名单（各项排名不分先后，共 341 家）

5A 级物流企业（6 家）：

天津狮桥国际物流有限公司
中集凯通物流发展有限公司
岳阳森凯仓储物流有限公司（4A 升 5A）
湖南省衡缘物流有限公司（4A 升 5A）
深圳市原飞航物流有限公司（4A 升 5A）
成都传化公路港物流有限公司（4A 升 5A）

4A 级物流企业（104 家）：

北京二商东方食品集团有限公司（2A 升 4A）
上海联达物流有限公司（3A 升 4A）
上海中超物流有限公司
上海平文物流有限公司（3A 升 4A）
上海久耶供应链管理有限公司
优速物流有限公司
顺丰速运重庆有限公司
汇通图腾国际物流有限公司
山西一路发物流有限公司（3A 升 4A）
太原世华物流科技有限公司（3A 升 4A）
山西老鸿运物流有限公司
山西中鲁物流有限公司（3A 升 4A）
长春一汽四环运达物流有限公司
吉林省一汽富晟物流有限公司
吉林省新之化物流有限公司
长春卓创物流有限公司
吉林省陆港物流有限公司（3A 升 4A）
哈尔滨传化公路港物流有限公司
常熟市宏民物流中心有限公司
江南石油集团有限公司
江苏冉光物流有限公司（3A 升 4A）
南通市保安服务有限公司
江苏宝应湖粮食物流中心有限公司
浙江圆通速递有限公司
网赢如意仓供应链有限公司
浙江顶顺物流有限公司（3A 升 4A）
浙江长昌海运有限公司（3A 升 4A）
温州中权汽车运输有限公司（3A 升 4A）
金华市海成供应链管理有限公司（3A 升 4A）

得力集团有限公司
安徽中汇海运有限公司（3A 升 4A）
合肥智运物流有限公司
安徽骏杰物流有限公司（3A 升 4A）
安徽斯坦威物流有限公司
安徽全直达供应链管理有限公司
芜湖屹东物流有限公司
芜湖龙鼎物流有限公司
马鞍山宇环汽车运输有限公司（3A 升 4A）
马鞍山江东汽运有限公司（3A 升 4A）
安徽诺普水运有限公司
福州新港国际集装箱码头有限公司（3A 升 4A）
厦门象兴国际物流服务有限公司
江西中联智能物流有限公司
瑞昌市华中国际木业有限公司
江西富华物流有限公司（3A 升 4A）
瑞康医药（山东）有限公司
济南安利达物流有限公司（3A 升 4A）
济南宇路物流有限公司
山东齐运物流有限公司
山东振宇物流有限公司（3A 升 4A）
淄博诚起物流有限公司（3A 升 4A）
淄博君诚物流有限公司
淄博九州行物流有限公司（3A 升 4A）
临沂中北物流有限公司
山东鲁中钢铁物流有限公司
郑州市四季安物流有限公司（3A 升 4A）
河南鸿翔物流有限公司（3A 升 4A）
一拖（洛阳）物流有限公司
河南省紫牛快跑物流有限公司
南阳市汇融物流发展有限公司
河南柿槟仓储物流有限公司
长江新丝路国际投资发展有限公司
襄阳市亚合物流有限公司
东风襄阳物流工贸有限公司
当阳市万里运输有限责任公司（3A 升 4A）
荆门市腾飞达物流有限公司（3A 升 4A）
武汉山绿冷链物流有限公司（3A 升 4A）
湖北普罗劳格科技股份有限公司
招商局物流集团湖北有限公司（3A 升 4A）
湖南星沙物流运输有限公司
红星冷链（湖南）股份有限公司
湖南省康程物流有限责任公司
湖南中电物流有限公司（3A 升 4A）
长沙传化公路港物流有限公司
株洲市大丰物流有限公司（3A 升 4A）
深圳市宏大供应链服务有限公司
深圳市金鹰鹏物流有限公司
珠海港弘码头有限公司
深圳市盐田港物流有限公司
深圳市金胜晖米业有限公司
深圳市汇利运通物流有限公司
深圳市易通安达国际物流有限公司
深圳市宏运发物流有限公司（3A 升 4A）
深圳市诚邮天下跨境物流有限公司
广州东风日梱物流有限公司
广州海福物流有限公司
弘胜集团有限公司
广东德邦物流有限公司
海南鑫捷通物流有限公司
宜宾安仕吉国际物流有限公司
四川东皓物流有限公司（3A 升 4A）
成都创源国际货运代理有限公司（3A 升 4A）
贵州物联（集团）有限公司
文山市茂盛经贸有限公司
云南宏程物流集团有限公司（3A 升 4A）
楚雄市兴龙物流有限责任公司
云南顶众物流有限责任公司（3A 升 4A）

陕西延长石油物流集团有限公司（3A 升 4A）

榆林市货达物流有限公司（3A 升 4A）

陕西润海物流有限公司（3A 升 4A）

西安华通货运有限公司

陕西广通运输发展有限公司

兰州敦敦运输服务有限公司

宁夏智慧危化品园区股份有限公司

3A 级物流企业（187 家）：

重庆市万州铁公水联运有限公司

重庆飞力达供应链管理有限公司

河北环海物流有限公司

河北集通快运有限公司

保定英利水牛物流有限公司

太原市鸿新农产品有限公司

国药山西运城有限公司

辽宁竞大国际物流有限公司

鞍山佳辉物流有限公司

大连升运物流有限公司

大连胜狮国际集装箱有限公司

营口浩东实业有限公司

黑龙江龙运快运有限公司

肇东市銮通物流有限责任公司

江苏苏迈克斯国际物流有限公司

江苏省圆通速递有限公司

南京瑞星航国际货运代理有限公司

江苏华远供应链管理有限公司

江苏海华嘉豪物流有限公司

江阴市海益物流有限公司

常熟市速尔运输有限公司

常熟市聚丰货运有限公司

江苏云驰物流有限公司

扬州奥克石化仓储有限公司

淮安融盛圆通速递有限公司

江苏有则国际物流有限公司

泗阳县交运港务有限公司

泗洪县常洪物流有限公司

扬州邮畅物流有限公司

嘉兴市信和物流有限公司

嘉兴博洋物流有限公司

嘉兴越江物流有限公司（2A 升 3A）

新昌白云人家农副产品配送服务有限公司

绍兴市飞马货运有限公司（2A 升 3A）

浙江联吉物流有限公司

台州市捷阳快递有限公司

浙江中拓海运有限公司

台州市黄岩屿下物流有限公司

瑞安市建忠物流有限公司

浙江云达物流有限公司

温州铁军供应链管理有限公司

义乌市万胜货物运输有限公司

浙江盛泰天顺物流有限公司

宁波甬隆物流有限公司（2A 升 3A）

浙江宁绍物流有限公司

宁波国华国际货运代理有限公司（2A 升 3A）

宁波铭仕国际物流有限公司

宁波外运国际货运代理有限公司

宁波达源国际货运代理有限公司

安徽鸠瑞船务有限公司

招商局物流集团芜湖有限公司

安徽新景昌物流有限公司

马鞍山市嘉浩物流有限公司

福建隆胜达物流有限公司

漳州顺丰速运有限公司

福建永创物流有限公司

福建省莆头港口开发有限公司

石狮市宽网盛运物流有限公司

福建省瑞卡达冷链物流有限公司

上杭县紫金物流有限责任公司
永安市万鑫物流有限公司
三明市祥和物流有限公司
三明市开心物流有限公司
永安市宏顺达物流有限公司
三明市明龙物流有限公司
泉州领速物流有限公司
漳州市同协物流有限公司
厦门艺辉物流有限公司
厦门集盛达物流有限公司
弋阳县鹿富汽车运输服务有限公司
江西上饶海港物流有限公司
九江兴源集装箱运输有限公司
华东诚通物流有限公司
江西普特物流有限公司（1A 升 3A）
于都捷达物流有限责任公司（1A 升 3A）
赣州建辉物流有限公司
山东三志物流有限公司
山东统超物流有限公司
山东大鹏物流有限公司
济南优快通物流有限公司
淄博闽信物流有限公司
淄博苏北物流有限公司
淄博华奥物流有限公司
淄博通顺物流有限公司
淄博康胜经贸有限公司
山东亚欧国际物流有限公司
青岛易通致远国际物流有限公司
青岛中韩国际物流有限公司
青岛鸿亚润达国际物流有限公司
青岛中外运供应链管理有限公司
烟台市炎邦物流有限公司
河南公路港务局集团有限公司
河南省商储物流有限公司
河南省脱颖实业有限公司（2A 升 3A）
南召县汇融实业有限公司
南阳市多邦物流运输有限公司
焦作市豫通沁北物流有限公司
河南全润通供应链管理有限公司
松冷（武汉）科技有限公司
武汉市捷安达物流有限责任公司（2A 升 3A）
襄阳市鑫海顺物流有限公司
襄阳顺发运输有限责任公司
襄阳市如义通物流有限公司
武汉通汇汽车物流有限公司
湖北咪联供应链管理有限公司
襄阳佳驹物流有限公司
国药控股咸宁有限公司（2A 升 3A）
咸宁市中邦物流有限公司
宜昌江山贝尔公铁物流有限公司
远安县正星物流有限公司
宜昌大树弯果蔬市场置业有限公司
宜昌八方物流有限公司
宜昌金阳光物流有限公司
湖北省十堰市亨运大道物流有限责任公司
湖北金博物流有限公司
湖北潜网生态小龙虾产业园集团有限公司
宜都鑫隆达物流有限公司
麦古供应链管理（武汉）有限公司
武汉双丰安信物流有限公司
武汉百安通物流有限公司
武汉佳润达物流有限责任公司
武汉中原物流有限公司
武汉市硚口区神通运输有限公司（2A 升 3A）
醴陵通达物流有限公司
株洲市一汽运有限责任公司（2A 升 3A）
湖南龙秀供应链管理有限公司
祁阳县海洋物流运输有限公司

永州市冷水滩区军联物流有限公司
湘潭市鸿星物流有限公司
招商局物流集团珠海有限公司
广东国城供应链管理有限公司
深圳市环国运物流股份有限公司
深圳市越航物流有限公司
大森林全球物流（深圳）有限公司
深圳市讯鸟流通科技有限公司
深圳市胜欧国际物流有限公司
深圳市力合物流有限公司
深圳市鼎恒物流有限公司
深圳市成乾物流有限公司
深圳市宏运达物流有限公司
深圳市一代国际货运代理有限公司
深圳易欣物流有限公司
深圳前海西部疆源物流有限公司
深圳市嘉威讯物流有限公司
深圳市和宏物流有限公司
深圳市鼎安达货运有限公司
深圳市鹏海达物流有限公司
广州凯沣物流有限公司
广州市畅翔物流有限公司
中山海慧科企物流（集团）有限公司
广西铁捷物流有限责任公司
广西闪电物流有限公司
广西星速道物流股份有限公司
柳州市国联物流中心有限责任公司
广西亿丰物流有限公司
钦州鑫和物流有限公司
广西万福隆海运物流有限公司
绵阳富邦物流有限责任公司
成都众上供应链管理有限公司
成都锦兰货运有限公司
云南营家优鲜供应链有限公司
云南国豪通信集团有限公司
大理州美登储运有限公司
云南省玉溪市红塔运输有限公司
南华县腾龙物流有限公司
陕西的达的货运有限公司
陕西盛瀚运输有限公司
陕西申通快递有限公司
陕西欣桥实业发展有限公司
西安嘉信物流有限公司
西安市申玲珑农业科技开发有限公司
西安中远海运国际货运有限公司
西安星安物流有限公司
西安飞盛国际货运代理有限公司
迅通（西安）仓储发展有限公司
西安安航大件运输有限公司
西安方欣食品有限公司
西安市恒广物流有限公司
西安荣宾运输服务有限责任公司
陕西卓裕医药供应链服务有限公司
西安佳思特供应链管理有限公司
陕西大黄蜂冷链物流有限公司
陕西唯客润物流有限公司
西安正文鑫物流有限公司
陕西捷成物流有限公司
宁夏鑫茂祥冷藏运输有限公司
新疆华凌物流配送有限公司

2A 级物流企业（42 家）：

天津新征程物流有限公司
重庆湘东渝运输有限公司
大连宏创货物运输有限公司
沈阳深国际综合物流港置业有限公司
营口经济技术开发区顺程装卸有限公司
常州德和物流有限公司
浙江佑通物流有限公司
浙江凯鹰物流有限公司

临海市禾顺危险品运输服务有限公司
台州跃鑫物流有限公司
玉环华东物流有限公司
仙居县鑫鸿运输有限公司
浙江托尼供应链管理有限公司
浙江永锭国际货运代理有限公司
宁波安和达菜篮子配送有限公司
宁波新嘉国际供应链有限公司
宁波涌金林业股份有限公司
龙岩顺丰速运有限公司
福建闽昌物流有限公司
永安市途胜物流有限公司
上饶市京九联合物流有限公司
上饶市建鑫市政工程有限公司
上饶市九狮物流有限公司
九江礼涞生物科技有限公司
江西捷托物流有限公司
江西省中联时代电子商务有限公司
信丰广佳物流有限公司
信丰县赣通物流有限公司
信丰橙乡锦通物流有限公司
莱州市晟丰物流有限公司
莱州德普国际物流股份有限公司
远安县东扬运输有限责任公司
广东世宏智能物流有限公司
四川上马科技有限公司
绵阳金循环金融仓储有限公司
西昌市华忠实业运输有限公司
德昌汇源运输有限公司
德昌县安利捷运输有限公司
汉源县玲雅物流有限责任公司
雅安鑫品物流有限责任公司
天全县红睿物流有限公司
瑞丽市大通物流有限公司

1A 级物流企业（2 家）：
沈阳唯晟通医疗冷链运输有限公司
深圳市泰嘉物流有限公司

2019 年下半年通过复核的 A 级物流企业名单（共 365 家）

5A 级物流企业（24 家）：
中国铁路上海局集团有限公司
开滦集团国际物流有限责任公司
唐山市佳源贸易发展有限公司
大连北方国际粮食物流股份有限公司
辽渔集团有限公司
长春市亚奇物流有限公司
大庆油田物资公司
建华物流有限公司
张家港港务集团有限公司
江苏金驹物流投资有限公司
湖州鑫达国际物流有限公司
天天快递有限公司
厦门象屿速传供应链发展股份有限公司
山东盖世国际物流集团有限公司
山东港天物流有限公司
山东九州通医药有限公司
湖北安卅物流有限公司
东莞市南方物流集团有限公司
中外运物流有限公司
广东省航运集团有限公司
广州华新集团有限公司
四川安吉物流集团有限公司
云南能投物流有限责任公司
陕西煤业化工物资集团有限公司

4A 级物流企业（108 家）：
天津丰田物流有限公司

上海康展物流有限公司
上海茂金物流有限公司
上海顺城物流有限公司
上海际华物流有限公司
重庆中集汽车物流股份有限公司
重庆川维物流有限公司
中国邮政速递物流股份有限公司河北省物流分公司
河北之江物流有限公司
河北尚锋物流有限公司
承德天运物流有限公司
石家庄市栾城区润丰物流有限公司
山西大唐盛世物流有限公司
山西九州通医药有限公司
临汾经济技术开发区兴荣汽车运输有限公司
山西汽运集团运城汽车运输有限公司
内蒙古鄂尔多斯物流有限公司
洋浦鹏翱船务有限公司
大连宝信国际物流有限公司
营口港务股份有限公司集装箱码头分公司
营口新世纪集装箱码头有限公司
中储粮营口储运有限责任公司
辽宁中成物流有限公司
吉林大药房药业股份有限公司
长春远方实业集团有限公司
长春市鸿程物流有限公司
吉林省国华物流集团有限公司
长春丰泰物流有限公司
吉林省建达贸易有限公司
吉林省长久物流有限公司
江苏河海运输股份有限公司
苏州得尔达国际物流有限公司
江苏澳洋医药物流有限公司
昆山市海联仓储运输有限公司
江苏海晨物流股份有限公司
江苏新宁现代物流股份有限公司
南通汇晟物流有限公司
江苏中运物流集团有限公司
江苏燕进石化有限公司
江苏景瑞农业科技发展有限公司
太仓阳鸿石化有限公司
江苏大地物流有限责任公司
昆山综合保税区物流中心有限公司
南京浩宇物流有限公司
江阴兴澄储运有限公司
连云港市交控物流集团有限公司
泰州益嘉物流有限公司
徐州市长兴运输有限公司
浙江海西供应链有限公司
浙江长兴田川物流有限公司
宁波港集装箱运输有限公司
安徽飞腾国际物流股份有限公司
亳州市天运物流有限责任公司
安徽省徽商物流有限公司
安徽皖新供应链服务有限公司
安徽城坤物流有限公司
泉州晋江陆地港港务有限公司
江西三志物流有限公司
江西安智物流股份有限公司
高安市豪顺物流有限公司
江西省高安汽运集团翔运汽运有限公司
江西保捷实业集团有限公司
江西国磊供应链集团有限公司
江西省高安汽运集团鸿弘汽运有限公司
江西昌荣物流有限公司
江西玉丰实业有限公司
江西四顺物流集团有限公司
江西红土地物流集团有限公司
济南永昌物流有限公司

青岛春明物流有限公司
青岛成龙国际仓储物流有限公司
青岛鹏程置业集团有限公司
河南中博物流有限公司
河南大用运通物流有限公司
湖北大通互联物流股份有限公司
湖北丰庆源粮油集团有限公司
当阳市长坂坡物流有限公司
黄冈市卫尔康医药有限公司
湖北迪腾物流有限公司
武汉汉欧国际物流有限公司
荆门东盟投资有限公司
湖北良品铺子食品工业有限公司
湖北信通通信有限公司
招商局物流集团湖南有限公司
湖南龙骧神驰运输集团有限责任公司
三旺实业有限公司
浩通国际货运代理有限公司
湖南省惠尔物流有限公司
浏阳市鼎顺物流集团有限公司
湖南省星沙物流储运有限公司
湖南九鼎物流有限公司
湖南三湘和达现代物流有限公司
深圳神彩物流有限公司
深圳市柏威国际货运代理有限公司
深圳市有信达供应链集团股份有限公司
广东远翔物流实业有限公司
广州市万发物流有限公司
广州市博涛物流有限公司
广东天图物流股份有限公司
广州港物流有限公司
四川华峰物流有限公司
四川安仕吉供应链管理有限公司
四川中移通信技术工程有限公司
四川文传物流有限公司
宁夏港通国际物流有限公司
新疆蓝天石油化学物流有限责任公司
新疆大动脉物流有限公司
新疆众和现代物流有限责任公司

3A 级物流企业（194 家）：

天津中远海运航空货运代理有限公司
天津市东丽区魏王储运有限公司
顺丰速运（天津）有限公司
上海中远海运航空货运代理有限公司
上海亨利达国际物流有限公司
上海敬诚物流有限公司
上海钧源物流有限公司
上海润东物流有限公司
重庆港湾储运有限公司
重庆嘉峰实业（集团）有限公司
重庆鑫之道物流有限责任公司
石家庄军城物流有限公司
扎鲁特旗正达粮油贸易有限公司
呼和浩特市新畅铁路储运有限责任公司
内蒙古泽强医药有限公司
大连风神物流有限公司
大连鲜星国际物流有限公司
大连国际货运有限公司
大连俱进汽贸运输有限公司
大连中外运物流有限公司
沈阳一运实业有限责任公司
富临仓储物流（营口）有限公司
长春市胜森物流有限公司
无锡高新物流中心有限公司
苏州工业园区报关有限公司
江苏中大物流有限公司
江苏恒安物流有限公司
昆山飞力宇宏航空货运有限公司
无锡市中卡物流有限公司

无锡宇昊运输有限公司
南通瑞诚物流有限公司
南通宏仁化学危险物品运输有限公司
淮安市恒安天然气运输有限公司
徐州捷捷运输有限公司
江苏亿翔供应链管理有限公司
张家港保税区长江国际扬州石化仓储有限公司
南京深普物流有限公司
江阴市江顺物流有限公司
海邦（江苏）国际物流有限公司
南通华润燃气有限公司
浙江英特物流有限公司
中国舟山外轮代理有限公司
浙江嘉鸿国际货运代理有限公司
浙江统冠物流发展有限公司
绍兴市集亚物流基地有限公司
温州图兴物流有限公司
衢州市海欣物流有限公司
宁波市阿六食品有限公司
宁波长胜货柜有限公司
余姚市东方国际物流有限公司
宁波外代新华国际货运有限公司
宁波外代新扬船务有限公司
宁波人丰运输有限公司
余姚市鑫天地货运有限公司
金辉江海物流股份有限公司
余姚市粮油运输有限公司
中国邮政速递物流股份有限公司浙江省慈溪市分公司
宁波广博赛灵国际物流有限公司
宁波新思路物流有限公司
宁波大榭开发区宁港物流有限公司
宁波市新庄物流有限公司
芜湖楚江物流有限公司
马鞍山亚太物流集团有限公司
安徽苏宁物流有限公司
芜湖市安顺船务有限责任公司
安徽迅捷皖江物流有限公司
马鞍山市润通物流有限公司
福建华威商贸物流有限公司
福建中闽物流有限公司
福建万达物流有限公司
宁德市申通快递有限公司
福建万鼎物流有限公司
福建省莆田市双赢物流有限公司
晋江市凤池汽车运输有限公司
南安市英豪物流有限责任公司
泉州市天盛集装箱运输有限公司
泉州万弘物流有限公司
石狮市阜康集装箱储运有限公司
永安市源通物流有限公司
福州星光德邦物流有限公司
福州世海国际物流有限公司
福建合利物流有限公司
福建省佳林物流有限公司
石狮市华锦码头储运有限公司
邵武天宇物流有限公司
龙岩市港通汽车运输有限公司
漳平市闽富物流有限公司
福建可门港物流有限责任公司
福建友昌物流有限公司
泉州外代物流有限公司
石狮万兴物流有限公司
凯祥（福建）物流有限公司
漳州兴四海物流有限公司
龙岩市卓信物流有限公司
龙岩市龙雁运输有限公司
福建省龙岩鑫龙物流有限公司
三明市建荣物流有限公司
三明市云领物流有限公司

厦门火炬集团物流有限公司
厦门象屿胜狮货柜有限公司
厦门市捷利顺国际货运代理有限公司
厦门国贸泰达保税物流有限公司
厦门汉连物流有限公司
厦门鑫闽通物流有限公司
厦门中迪物流有限公司
厦门硕航物流有限公司
厦门郎运物流集团有限公司
厦门来得顺物流有限公司
厦门外代国际货运有限公司
厦门中外运裕雄物流有限公司
厦门诚发物流有限公司
赣州市南康区荣宝正泰物流有限公司
江西康华企业发展有限公司
江西鹏泰物流有限责任公司
赣州三志物流有限公司
信丰华洲物流有限公司
赣州市南康区增源物流有限公司
德州飞马冷链物流有限公司
中盐青岛盐业有限公司
青岛师帅冷链物流股份有限公司
青岛九州通医药有限公司
青岛道者无极科技物流股份有限公司
烟台福昊物流有限公司
烟台德华物流有限公司
烟台开发区诚信通和物流有限公司
南阳奥博物流中心
枝江市兴港装卸运输有限责任公司
湖北捷阳物流有限公司
宜昌顺达运输有限责任公司
宜昌万富工贸有限责任公司
宜昌山里来食品有限责任公司
卓尔（天门）棉花交易中心投资发展有限公司
荆门市屈家岭张湾仓储有限公司
武汉鸿泽通物流有限公司
鄂州市金航物流股份有限公司
荆州市昊瀚物流有限公司
宜都市松宜铁路有限责任公司
宜昌春晓物流有限公司
宜昌立信物流有限公司
湖北宏拓工贸有限公司
武汉恒钢物流发展有限公司
武汉四方交通物流有限责任公司
武汉市梦园冷链物流有限公司
武汉汉鹏物流发展有限责任公司
武汉普罗格集成科技有限公司
武汉梁子湖水产品加工有限公司
武汉长盛港通供应链管理有限公司
武汉联华运贸物流有限公司
长沙诚德运输服务有限公司
广东东立商贸物流有限公司
东莞市德邦货运有限公司
东莞三江港口储罐有限公司
广东德力智慧物流股份有限公司
广东珠江国际货运代理有限公司
茂名市茂南华鹏汽车运输有限公司
深圳市兴华兄弟货运有限公司
深圳市亚洲顺物流有限公司
深圳市理想物流有限公司
广州市广石物流有限公司
广州长运冷链服务有限公司
广州广汽木村进和仓储有限公司
广州和力物流有限公司
泸州市叁陆运业有限公司
德阳华荣大件运输有限公司
四川达竹物流有限责任公司
成都中阳物流有限责任公司
绵阳市高水农副产品批发有限公司

四川兴兴药业有限公司
达州达运物流有限公司
四川荣邦物流有限公司
上海锐拓冷链物流有限公司
成都亚美物流有限公司
四川川宁苏宁物流有限公司
四川齐天大圣物流有限公司
大英鑫业物流有限公司
毕节市黔金叶货物运输有限责任公司
贵阳全程德邦物流有限公司
贵州冶诚物流有限公司
贵阳心联心物流有限公司
贵州省鹏程物流有限公司
保山骏泰物流有限公司
陕西东运物流有限公司
西安市华中快运有限公司
陕西红太阳仓储有限公司
陕西苏宁物流有限公司
陕西吉顺龙物流有限公司
陕西祥云物流有限公司
中通服供应链管理有限公司甘肃分公司
甘肃苏宁物流有限公司
宁夏中邮物流有限责任公司
宁夏骏通达实业有限公司
宁夏新华百货现代物流有限公司
宁夏新华物流股份有限公司
新疆快立达物流有限公司

2A 级物流企业（37 家）：

上海锦路物流有限公司
大连一运运输有限公司
沈阳鑫运物流有限公司
营口经济技术开发区四海物流有限公司
哈尔滨悦路运输有限公司
南通新轮国际储运有限公司
嘉兴外轮代理有限公司
宁波中亚国际集装箱储运有限公司
宁波英特物流有限公司
宁波涌金物流有限公司
宁波海辰物流有限公司
宁波信诺国际物流有限公司
福建省赵家堡国通物流有限公司
将乐县中福物流服务部
九江鑫昌隆物流运输有限公司
会昌县锦程物流有限公司
龙南宏金达汽车运输有限公司
赣州市赣鑫物流有限公司
大余县东深物流有限公司
青岛金巴赫国际物流股份有限公司
烟台翔川货运有限公司
十堰鹏程达物流有限公司
荆州市丰泽园农业股份有限公司
湖北俏牛儿牧业有限公司
天门元淼农业产业化发展有限公司
房县鄂西北物流中心
国药控股麻城有限公司
国药控股黄梅有限公司
房县诚信汽配有限责任公司
武汉经开港口有限公司
武汉市武物储运有限公司
贵州永利物流有限责任公司
云南铁塔物流有限公司
曲靖麟泰商贸有限公司
乌鲁木齐世纪华程物流有限公司
石河子天银物流有限公司
新疆生产建设兵团棉麻有限公司驻库尔勒储运经销站

1A 级物流企业（2 家）：

营口水隆船舶服务有限公司

厦门市快行线物流有限公司

放弃复核的企业（107 家）：

唐山海港华贸物资经销有限公司、唐山联丰仓储服务有限公司、吉林省天荣工贸有限责任公司、长春市中远快运有限公司、吉林市东北亚物流有限公司、沈阳铁道通化铁鹰实业集团有限公司、吉林市统泰物流有限公司、大庆钻探工程公司运输一公司、商德金属股份有限公司、浙江顺天物流有限公司、广深物流有限公司、浙江集海物流有限公司、义乌市正航国际货运代理有限公司、义乌市百纳国际货运代理有限公司、义乌市征帆供应链管理有限公司、浙江省义乌市毕盛国际货运代理有限公司、中山市锐鹰物流有限公司、中山市金鹰鼎晟物流有限公司、深圳捷递国际物流有限公司、广东孟源物流有限公司、国本供应链集团有限公司、锦州中裕物流有限公司、沈阳市天顺路发冷藏物流有限公司、营口宏通物流有限公司、五矿物流（营口）有限公司、营口振岐物流有限公司、长春汇丰实业有限公司、吉林省航天仓储有限责任公司、前郭县六正物流有限公司、哈尔滨电机物流有限责任公司、黑龙江海安现代物流股份有限公司、杭州杭锅运输有限公司、杭州近江物流有限公司、湖州广和物流有限公司、浙江锦鸿物流有限公司、长兴华顺物流有限公司、台州供销华联仓储有限公司、温州市新正龙货物运输有限公司、浙江雨中雨水产有限公司、宁波金海岸物流有限公司、宁波金海岸集装箱运输有限公司、宁波远成物流发展有限公司、浙江中冠农资有限公司、宁波明乐物流有限公司、福建永杰物流有限公司、凯鹏（福建）物流有限公司、福建永得利物流有限公司、福建南华物流有限公司、石狮市春松申通快递有限责任公司、叶水福物流（厦门）有限公司、厦门锦集物流有限公司、厦门特运物流有限公司、吉水县广顺物流有限公司、赣州通力物流有限公司、赣州市南康区畅远物流有限公司、赣州市南康区正印物流有限公司、河南东阳物流服务有限公司、郑州航空港区泓源物流有限公司、武汉京昌物流有限公司、武汉市佳利物流有限责任公司、深圳市泛亚物流有限公司、深圳市新杰飞豹货运服务有限公司、深圳市东方佳源实业有限公司、深圳顺仓物流有限公司、深圳市赣峰物流有限公司、深圳市湘粤华物流有限公司、深圳市亚风快运股份有限公司、深圳市宗永物流有限公司、深圳市楚深嘉华货运服务有限公司、深圳市联中实业发展有限公司、深圳市鸿泰信国际货运代理有限公司、广州市权智物流有限公司、新疆轻工国际投资有限公司、新疆生产建设兵团棉麻有限公司驻阿克苏储运经销站、营口中联理货有限公司、营口中理外轮理货有限责任公司、营口口岸物流有限公司、吉林省银保动产质押咨询有限公司、大庆福瑞邦医药有限公司、大庆市铁邦物流有限公司、黑龙江省哈牡绥东投资有限公司、浙江景宁畲乡物流有限公司、宁波出口加工区物流中心有限公司、宁海县恒旺食品配送中心、宁波大榭开发区中达运输有限公司、泉州市创辉物流有限责任公司、安福永和诚信物流有限公司、赣州市南康区赣峰物流有限公司、寻乌县通成物流有限公司、信丰晨逸物流有限公司、赣州市新鸿物流有限公司、赣州明萱物流有限公司、河南露洋物流有限公司、南阳弘发物流有限公司、黄冈市宏骏物流有限公司、武汉市鑫锋物流有限责任公司、深圳市龙迅国际物流有限公司、深圳市骏盈快递有限公司、深圳市双捷物流有限公司、深圳市天之健物流有限公司、深圳里路通达运输有限公司、深圳市科伦特物流有限公司、深圳市中宝丰商贸有限公司、深圳市汉文广达电子商务有限公司、深圳市星辰现代物流有限公司、深圳市大常生国际物流有限公司、昌吉州神瑞药业有限责任公司因物流业务调整、并购重组、经营模式改变、企业被注销等原因，不再保留A级企业资质。

全国第三十批A级物流企业名单（各项排名不分先后，共586家）

5A级物流企业（27家）：

申通快递有限公司

保定陆港投资有限公司（4A升5A）

传化物流集团有限公司

振石集团浙江宇石国际物流有限公司（4A升5A）

信风（宁波）海运物流有限公司（4A升5A）

安徽顺丰速运有限公司（4A升5A）

淮北矿业集团（滁州）华塑物流有限公司（4A升5A）

济南永昌物流有限公司（4A升5A）

山东将山铁路物流有限公司（4A升5A）

茌平信发物流有限公司

山东高速物流集团有限公司

青岛日日顺供应链有限公司

海程邦达供应链管理股份有限公司

安钢集团汽车运输有限责任公司（4A升5A）

中铁物资集团中南有限公司（4A升5A）

湖南省港务集团有限公司

中都（株洲）物流有限公司（4A升5A）

湖南红光物流有限公司（4A升5A）

深圳易可达科技有限公司

深圳科捷物流有限公司（4A升5A）

深圳市柏威国际货运代理有限公司（4A升5A）

深圳市顺丰快运有限公司

优合集团有限公司

云南省物流投资集团有限公司

西安顺丰速运有限公司（4A升5A）

陕西医药控股集团派昂医药有限责任公司（4A升5A）

商洛陆港实业（集团）有限公司（4A升5A）

4A级物流企业（199家）：

北京西南物流中心有限公司

北京顶通物流有限公司

中钢国际货运有限公司

北京兆驰供应链管理有限公司 汽车

卡力互联科技（上海）有限公司

上海汇森智联速运有限公司

上海开尔唯国际物流有限公司

上海梅盛运贸有限公司

上海远欣物流有限公司

上海博翼物流有限公司

中都格罗唯视（重庆）物流有限公司（3A升4A）

中国邮政速递物流股份有限公司石家庄市物流分公司

河北远鹏物流有限公司

河北小菜一碟网络科技有限公司

国药乐仁堂唐山医药有限公司

曹妃甸港物流发展有限公司

山西瑞吉中通物流有限公司（3A升4A）

内蒙古包钢钢联物流有限公司

舟山市定海增展船务有限公司（3A升4A）

吉林省德邦货运代理有限公司（3A升4A）

吉林省晨光经贸有限公司

吉林省欣鸿程物流有限公司

黑龙江九州通医药有限公司

海邦（江苏）国际物流有限公司（3A 升 4A）

张家港驰乐汽车配件有限公司（3A 升 4A）

南通泰和食品有限公司

东部家具材料市场海安有限公司

东部全球家具采购中心（海安）有限公司

江苏西隆粮油贸易有限公司

海安华中五金机电城有限公司

江苏海航供应链管理服务有限公司

宿迁市昆仑物流有限公司（3A 升 4A）

江苏百盟物流有限公司（3A 升 4A）

湖州国际物流有限公司（3A 升 4A）

浙江德玛物流有限公司

浙江托你福物流有限公司（3A 升 4A）

台州市大道物流中心有限公司

浙江鼎发供应链管理有限公司

宁波鹏信国际货运代理有限公司

招商局物流集团宁波有限公司（3A 升 4A）

明光广大物流城有限公司（3A 升 4A）

安徽天鹰供应链管理有限公司

合肥传化信实公路港物流有限公司

合肥周谷堆大兴农产品国际物流园有限责任公司

安徽兄弟物流有限公司

安徽天昊物流有限公司

中外运物流华中有限公司

安徽省徽商五源国际物流港务有限公司

安徽新顺物流科技有限公司

马鞍山市中大申众物流有限公司（3A 升 4A）

马鞍山市联运货运有限责任公司（3A 升 4A）

马鞍山长运物流港有限公司（3A 升 4A）

阜阳红楼国通快递有限公司（3A 升 4A）

安徽远宏物流有限公司（3A 升 4A）

安徽淮海现代物流有限责任公司

泰州市振陵运输有限公司铜陵分公司（3A 升 4A）

福建翔福物流股份有限公司

福建省中通通信物流有限公司（3A 升 4A）

福建安踏物流信息科技有限公司

福建德邦物流有限公司（3A 升 4A）

厦门中远海运物流有限公司（3A 升 4A）

厦门达达股份有限公司

厦门信和达供应链有限公司

厦门兆冠物流有限公司（3A 升 4A）

厦门港务海宇码头有限公司

厦门海润集装箱码头有限公司

鹰潭步步高物流有限公司

江西省江南物流有限公司（3A 升 4A）

江西省万国物流有限公司

江西瑞州汽运集团顺鑫汽运有限公司

江西如通实业有限公司

江西瑞州汽运集团天安汽运有限公司

江西瑞州汽运集团粤通汽运有限公司

江西瑞州汽运集团久鼎汽运有限公司

江西省精振实业有限公司

江西结财物流有限公司（3A 升 4A）

江西省高安汽运集团庞骏汽运有限公司

九江市新雪域置业有限公司（3A 升 4A）

江西永信国际货运代理有限公司

山东佳怡智慧供应链管理有限公司

山东舜天成物流有限公司

济南蚂蚁创智供应链管理有限公司

济南长征货物运输有限公司（3A 升 4A）

山东同丰供应链管理有限公司

山东长久重汽物流有限公司

济南广汇物流有限公司（3A 升 4A）

山东丰尔达物流有限公司

淄博特通物流有限公司（3A 升 4A）

淄博环达交通运输有限公司（3A 升 4A）

山东传泰物流供应链管理有限公司（3A 升 4A）

淄博万梦众创新能源科技有限公司

青岛中海金福实业有限公司

一汽物流（青岛）有限公司

郑州飞腾货运有限公司（3A 升 4A）

贰仟家物流有限公司（3A 升 4A）

河南远航大运供应链管理有限公司

河南德运物流有限公司

国药控股驻马店有限公司

河南飞腾供应链管理有限公司

河南嘟嘟货运有限公司（3A 升 4A）

郑州坤乾道通物流有限公司（3A 升 4A）

南阳市诚远物流有限公司（3A 升 4A）

焦作市宏达运输股份有限公司（3A 升 4A）

河南源森实业有限公司（3A 升 4A）

武汉中铁伊通物流有限公司

湖北盛丰物流有限公司（3A 升 4A）

武汉峡江长航运输有限公司

武汉融鼎合物流有限公司

武汉天虎物流有限责任公司

黄石新港港口股份有限公司

黄石市广运物流有限公司（3A 升 4A）

黄石九州物流科技集团有限责任公司（3A 升 4A）

枝江市安宁汽车运输有限责任公司（3A 升 4A）

湖北楚元石化物流有限公司（3A 升 4A）

博源（湖北）实业集团股份有限公司（2A 升 4A）

武汉阿凡达物流有限公司（3A 升 4A）

湖北西马国际物流有限公司

湖北厚载供应链管理有限公司

湖北丰源物流供应链管理有限公司（3A 升 4A）

湖北盛投物流有限公司

赤壁市交投集团盛安物流有限公司（3A 升 4A）

荆州市地方铁路有限公司（2A 升 4A）

宜昌市宏泰运输有限公司（3A 升 4A）

武汉金邦泰物流有限公司

武汉智通恒大供应链科技股份有限公司（2A 升 4A）

武汉武商超市管理有限公司

湖南弘元新港实业发展有限公司

岳阳市铭业经贸有限公司

醴陵市龙兴贸易有限公司（3A 升 4A）

湘潭百嘉香食品贸易有限公司（3A 升 4A）

长沙巴运物流有限公司（3A 升 4A）

湖南高速物流发展有限公司

湖南易丰物流有限公司

湖南云冷物流有限公司

长沙争渡网络科技有限公司

湖南中庆物流有限公司（3A 升 4A）

郴州湘郴辉达仓储物流有限公司

长沙诚德运输服务有限公司（3A 升 4A）

湖南神龙丰物流有限公司

湖南海仑九鸿物流发展有限公司

岳阳弘昱物流产业发展有限公司（3A 升 4A）

珠海国际货柜码头（高栏）有限公司

广东鸿景物流集团有限公司

广东吉晟物流有限公司

地上铁租车（深圳）有限公司

深圳市飞力士全球物流有限公司

深圳京邦达供应链科技有限公司

深圳德坤物流有限公司

深圳市前海沃德太客供应链技术有限公司
东莞市飞力士物流有限公司
深圳市志诚达物流有限公司（3A 升 4A）
深圳市友利亨通物流有限公司（3A 升 4A）
深圳市帮全物流有限公司（3A 升 4A）
深圳德威国际货运代理有限公司（3A 升 4A）
深圳市盐港明珠货运实业有限公司（3A 升 4A）
深圳市南晨国际物流有限公司
深圳市港顺意达物流有限公司
深圳市联运通物流有限公司（3A 升 4A）
深圳天翼通国际货运代理有限公司（3A 升 4A）
深圳市一代国际货运代理有限公司（3A 升 4A）
深圳市大运国际货运有限公司（3A 升 4A）
深圳市有信达供应链服务有限公司（3A 升 4A）
快马控股有限公司
深圳市华夏龙供应链管理有限公司
深圳市鸿泰信国际货运代理有限公司
广州创智物流有限公司（3A 升 4A）
广东重运宝科技有限公司
广东冠森物流集团有限公司
中山顺丰速运有限公司
广西宁铁国际物流有限公司
广西志得实业有限公司（3A 升 4A）
广西闽鑫物流园开发有限公司
成都富晟新悦物流有限公司
达州达运公路物流港有限公司（3A 升 4A）
四川雅化实业集团运输有限公司（3A 升 4A）
四川联众供应链服务有限公司（3A 升 4A）
成都市汽车运输（集团）公司
贵州茅台酒厂（集团）物流有限责任公司
贵州顺丰速运有限公司
云南兄弟物流有限公司（3A 升 4A）
云南云聚物流有限公司
云南速邦物流有限公司
陕西秦龙物流有限公司
陕西易运国际物流有限公司
西安高科物流发展有限公司
陕西辉煌物流有限公司（3A 升 4A）
西安陆港大陆桥国际物流有限公司（3A 升 4A）
陕西投资集团国际贸易有限公司
陕西九州通医药有限公司
西安爱菊粮油工业集团有限公司
中铁物贸集团西安有限公司
西安自贸港建设运营有限公司
西安中港智慧物流有限公司（3A 升 4A）
兰州九州通医药有限公司
金川集团物流有限公司
嘉峪关市金翼城乡电商快递物流集散中心有限责任公司（2A 升 4A）
宁夏九鼎物流科技有限责任公司
宁夏天元物流集团有限公司
中卫市元泰物流有限公司（3A 升 4A）

3A 级物流企业（284 家）：

上海海泰储运有限公司
上海朝旭物流有限公司
重庆民生综合物流有限公司
中新南向通道（重庆）物流发展有限公司
重庆光环国际货运代理有限公司
河北天财通达物流有限公司
石家庄永远物流有限公司
石家庄红福顺达物流有限公司
河北辉煌物流有限公司

石家庄金鼎贵运输有限公司
石家庄畅快物流有限公司
石家庄天滋地润市场服务有限公司
河北龙脉物流有限公司
石家庄佳盛物流有限公司
石家庄中翰物流有限公司
鼎石物流股份有限公司
九号仓河北供应链管理有限公司
河北新展望信息技术有限公司
太原万鑫物流有限公司（2A升3A）
大连苏宁物流有限公司
阜新双汇物流有限公司
长春峰雨物流有限公司
抚松县成达仓储物流有限公司（2A升3A）
吉林市通益货物运输有限责任公司
黑龙江省乾程国际物流有限公司
江苏奕舜国际物流有限公司
南京联畅物流股份有限公司
南京捷顺达物流集团有限公司
江苏卡满行物联科技有限公司
好专线（江苏）供应链管理有限公司
昆山华裕供应链管理有限公司
昆山中外运物流有限公司
常熟市茂丰货运有限公司
常熟市宇阳货运有限公司
常熟市嘉骏国际货运代理有限公司
常熟市鸿开货运有限公司
江苏金赛德供应链管理有限公司
昆山迅发物流有限公司
江苏宣昆物流有限公司
昆山中鹏物流有限公司
昆山飞力集装箱运输有限公司
江苏飞力达现代物流有限公司
昆山力进物流有限公司
江苏智临物流有限公司
江苏同济达物流有限公司
江苏财通物流有限公司
海安铁联物流有限公司
南通韦杰经贸有限公司
仪征市大顺危险品货物运输有限公司
扬州市龙升物流有限公司
高邮市诚精物流有限公司
扬州市兴发运输有限公司
扬州畅达物流有限公司
扬州云海燃气有限公司
扬州市祥泰汽车运输有限公司
招商局物流集团（扬州）有限公司
连云港公路港有限公司
江苏龙城天地物流有限公司
扬州益友船务有限公司
江苏运兴集装箱物流有限公司
宿迁中博物流有限公司
宿迁传化公路港物流有限公司
三六零医药电子商务有限公司
宿迁罗智物流有限公司
宿迁市宝华物流有限公司（2A升3A）
宿迁乾丰物流有限公司
宿迁市陆港物流有限公司（2A升3A）
宿迁市恩明汽车运输有限公司
宿迁市鸿景物流有限公司（2A升3A）
泗洪鑫鼎物流有限公司
温岭市海通集装箱运输有限公司
杭州长强物流有限公司
衢州市双洲物流有限公司
丽水市顺丰速运有限公司（2A升3A）
顺丰集团衢州运输有限公司（2A升3A）
衢州市中瑞物流有限公司
杭州萧山国际机场航空物流有限公司
长兴宝钛物流有限公司
浙江金宇物流股份有限公司（2A升3A）

海宁市鼎祥运输有限公司
绍兴市同欣物流有限公司
绍兴市上虞盛鑫汽车运输有限公司（2A升3A）
嵊州市中联货物运输有限公司
浙江嵊州白中王现代物流产业园有限公司
绍兴市振云运输有限公司
绍兴中启国际货运代理有限公司
天台县台通快递有限公司
台州市永锦达包装有限公司
温岭市天航物流有限公司
台州市三翔汽车运输有限公司
浙江新意供应链管理有限公司
温州市跨越速运有限公司
浙江聚和物流有限责任公司
温州京港物流有限公司
兰溪市宾虹物流有限公司
兰溪市宏明运输有限公司
台州市黄岩鑫宇运输有限公司
慈溪市余慈物流中心（2A升3A）
宁波梅山保税港区中外运国际物流有限公司（2A升3A）
宁波富立物流有限公司
宁波浙粮仓储有限公司
宁波九泰物流有限公司
宁波速腾物流有限公司
宁波陆联运通国际物流有限公司
宁波龙恒国际货运代理有限公司
宁波昊鑫国际物流有限公司
五矿钢铁宁波工贸有限公司
安徽谷之润食品有限公司
芜湖吉运物流有限公司
芜湖苏宁物流有限公司
芜湖华洋船务有限责任公司
奇瑞汽车（芜湖）滚装码头有限公司
安徽堂豪物流有限责任公司
阜阳市安润冷链物流有限公司
安徽省润和物流有限责任公司
莆田市万达物流有限公司
泉州瑞海物流有限公司
石狮天和勇冷链物流有限公司
福建省凯晋物流有限公司
龙岩市马升龙物流有限公司
龙岩市红牛物流有限公司
武平县小有联合运输有限公司
漳平市顺利汽车运输有限公司
福建省腾顺物流有限公司
三明市联运物流有限公司
福建省建宁县孙龙物流有限公司
福建省建瓯市恒运物流有限公司（2A升3A）
建瓯市利人物流有限公司
福建省易恒物流有限公司
福建博康物流有限公司
福建顺天汽车运输有限公司
运发（厦门）物流有限公司
厦门万纬海投冷链物流有限公司（2A升3A）
弋阳县翔通物流有限责任公司
上饶市中合农产品市场有限公司
上饶市汇恒危货运输有限公司
九江凯瑞生态农业开发有限公司
九江宝顺物流有限公司
江西博莱农业高科技股份有限公司
萍乡市鑫联汽车运输有限公司
赣州市南康区红土地供应链管理有限公司
赣州远陆物流运输有限公司
赣州市虔顺物流有限公司
济南伟通物流有限公司
济南百川物流有限公司

济南舜赢物流有限公司
山东群邦物流有限公司
淄博华成物流有限公司
中威运输有限公司
淄博茂宏物流有限公司
东营人和物流有限公司
青岛力天国际物流有限公司
青岛融商华海国际物流有限公司
青岛昭阳国际货运代理有限公司
青岛中和全运供应链集团有限公司
青岛裕龙东雍国际物流有限公司
青岛明桥国际物流有限公司
烟台群利物流有限公司
烟台市至上物流有限公司
烟台瑞通家家供应链管理有限公司
河南现代正和物流有限公司
河南旗帜物流有限公司
河南巨通物流有限公司
华润南阳医药有限公司
鹤壁万隆电子商务有限公司（2A 升 3A）
华润濮阳医药有限公司
漯河大成物流有限公司
漯河市宜安货物运输有限公司
郑州敏捷物流有限公司
河南冠邦供应链管理有限公司
河南港达供应链管理有限公司
河南一刘运输有限公司
漯河双汇物流运输有限公司
河南双汇冷易通物流有限公司
武汉市群星明物流股份有限公司（2A 升 3A）
湖北衡诚物流有限公司
湖北中德盛物流有限公司
武汉市创辉平安汽车运输有限公司
武汉江盛汽车码头有限公司
湖北三志物流有限公司
湖北众合盛物流有限公司
湖北九鸿物流有限责任公司
武汉中天鑫源物流有限公司
湖北金叶储运有限公司（2A 升 3A）
湖北机场集团航空物流有限公司
襄阳市襄州安捷物流有限公司
湖北东吴物流有限公司（2A 升 3A）
鄂州聚兴物流有限公司
湖北鹏达联合运输有限公司
黄石市通达世纪供应链管理有限公司
宜昌市中园物流有限责任公司
宜昌市大顺物流有限公司
黄石宏坤物流有限公司
武汉佳恒华中快运有限公司
潜江市佳捷物流有限责任公司（2A 升 3A）
湖北金典金物流有限责任公司
武汉佑通物流有限公司
武汉荣达通物流有限公司
武汉运诚鑫物流有限公司
湘潭恒亚物流有限公司
湖南永璟物流有限公司
长沙市万邦新能运输有限公司
湖南北极冷链有限公司
永州顺意物流运输有限公
永州市禾一物流科技有限公司
永州钰丹仓储配送有限责任公司
湖南高科嘉赓智慧餐饮管理有限公司
郴州市金峰物流仓储有限公司
珠海国际货柜码头（洪湾）有限公司
珠海港高栏港务有限公司
珠海捷鸿达实业有限公司
深圳市信海物流有限公司
深圳市中永物流有限公司
深圳前海致远数智价值链有限公司

深圳市云速通物流有限公司
深圳市深国际康淮现代城市物流港有限公司
深圳市深国际现代城市物流港有限公司
深圳飞龙中港物流有限公司
深圳市路尊物流有限公司
深圳市达博六号供应链管理有限公司
深圳菲尼克斯货运代理有限公司
深圳市中快货运有限公司
深圳市巨邦国际货运代理有限公司
深圳市鸿泰信国际物流有限公司
深圳市友通达供应链管理有限公司
深圳市星友行物流有限公司
深圳市恒巽物流有限公司
深圳市鸿鑫汇国际物流有限公司
深圳市万达运通供应链管理服务有限公司
深圳市骄阳中港物流有限公司
深圳市泰嘉物流有限公司（1A 升 3A）
深圳市粤海致远物流有限公司
广西物产桂储物流有限公司
广西南宁华晨物流有限公司（2A 升 3A）
南宁桂运物流有限责任公司
广西大德物流有限公司
广西钦州保税港区恒湘资源有限公司
钦州市万通物流有限公司
广西金瀚国际物流有限公司
广西钦州市鑫盛物流有限公司
广西满帮物流有限公司
成都银犁冷藏物流股份有限公司
四川雄瑞物流有限公司
绵阳市正翰物流有限公司
四川双汇物流有限公司
达州市顺鑫汇通运输有限公司
四川省晨鸿物流有限公司
四川鑫然物流有限责任公司
四川凯迪物流有限公司
四川广运现代物流有限公司
四川阔展物流有限公司
成都佳凯物流有限公司
成都市运总集装箱运输有限公司
达州市彭氏物流有限公司
成都纵鑫物流有限公司（2A 升 3A）
云南金叶物流有限公司
云南鲜生活冷链物流有限公司
易门联合运通物流有限公司
陕西煤化物资储运有限公司
陕西四方物流服务有限责任公司
陕西远行供应链管理有限公司
西安传化丝路公路港物流有限公司
陕西省空港综合保税区投资有限公司
陕西天士力医药物流有限公司
达能（陕西）食品饮料有限公司
陕西东大现代物流有限公司
中诺物流有限公司
陕西城邦物流有限公司
西安唐久便利连锁有限公司
西安广源货运物流管理咨询服务有限公司
陕西远韬供应链管理有限公司
陕西屹科物流有限公司
陕西秦隆能源实业有限公司
西安社发运输服务有限公司
陕西华远医药物流配送中心
陕西一路进疆物流有限公司
陕西九州通康欣医药有限公司
西安国际陆港中纽冷链物流有限公司
陕西陕哈物流有限公司
西安安淮物流有限公司
西安盒马网络科技有限公司
西安陆地供应链管理有限公司
宁夏顺达源运输有限公司

中卫市明达物流有限公司

2A 级物流企业（70 家）：

重庆万和汽车运输有限公司
盛丰物流（辽宁）有限公司
营口汇海物流运输有限公司
营口辽海物流有限公司
营口翔顺物流有限公司
营口信义物流有限公司
营口锦胜实业有限公司
营口鑫汇海物流有限公司
大洼县兴运达运输有限公司
哈尔滨乾龙置业有限公司
南京天之峰物流有限公司
江苏鼎丰泰国际物流有限公司
衢州市远洋物流有限公司
衢州广通物流有限公司
浙江浩骏物流有限公司
嘉兴市申联货运有限公司
临海市天和运输有限公司
台州鑫浩国际货运代理有限公司
宁波畅达国际集装箱储运有限公司
宁海县恒风货物快运有限公司
宁波宏意物流有限公司
宁波运派供应链管理有限公司（1A 升 2A）
象山运派物流有限公司（1A 升 2A）
宁波浦港物流有限公司（1A 升 2A）
宁波远峰物流有限公司
象山世拓货运代理有限公司
安徽非金谷现代物流有限公司
福州畅翔运输有限公司
龙岩市龙福物流有限公司
龙岩市双龙物流有限公司
上杭紫金铁路专用线有限公司
三明市鑫宏捷物流有限公司
八方物流（邵武）有限公司
福建昂天与合物流有限公司
德兴市运达物流有限公司
上饶市辉盛实业有限公司
上饶市心诚运输有限公司
江西星火金笺实业有限公司
江西浩康物流有限公司
德安县同辉物流有限公司
彭泽县鼎旺物流有限公司
江西正天港务发展有限公司
修水县宝航物流有限公司
九江长途汽车运输集团货运物流有限公司
江西九润物流有限公司
九江弘茂航运有限责任公司
石城县盛隆达物流有限公司
青岛顺安鑫物流有限公司
青岛吉瑞泰物流有限公司
即墨市一汽四环运达物流有限公司
河南启恒供应链管理有限公司
河南晋鲁豫智能物流有限公司
河南豫鲜达冷链物流有限责任公司
宜昌泰邦物流有限公司
宜昌市康润物流有限公司
宜昌宏顺运输有限责任公司
广州市康远物联科技有限公司
茂名市晋和物流有限公司
深圳市六安物流有限公司
广州回头车信息科技有限公司
广州众悦物流有限公司
四川大唐宏运物流有限公司
自贡能达物流有限公司
四川中油九洲北斗科技能源有限公司
四川嘉福乐食品有限公司
宜宾市佳家送物流有限责任公司
凉山州川山运输有限公司

宜宾常达商贸有限公司
陕西世峰物流有限公司
合阳县平安物流有限公司

1A 级物流企业（6 家）：
江苏汇鸿冷链物流有限公司
象山申通快递有限公司
宁波锦球物流有限公司
宁波韵开贸易有限公司
宁波振腾物流有限公司
珠海大乘供应链物流服务有限公司

2020 年上半年通过复核的 A 级物流企业名单（共 642 家）

5A 级物流企业（47 家）：
中铁物资集团有限公司
中国物流股份有限公司
中铁特货物流股份有限公司
北京京铁经贸有限公司
上汽安吉物流股份有限公司
德邦物流股份有限公司
东方海外物流（中国）有限公司
上海天地汇供应链科技有限公司
圆通速递有限公司
中通快递股份有限公司
重庆港务物流集团有限公司
河北宝信物流有限公司
内蒙古安快物流发展有限责任公司
内蒙古久通物流有限公司
中央储备粮大连直属库有限公司
吉林石化物流有限责任公司
一汽物流有限公司
江苏顺丰速运有限公司
中国供销集团南通供销产业发展有限公司
徐州东方物流集团有限公司
华瑞物流股份有限公司
盛辉物流集团有限公司
中国厦门外轮代理有限公司
江西京九物流有限责任公司
济南铁路经营集团有限公司
正本物流集团有限公司
山东晟绮港储国际物流有限公司
临沂天源国际物流有限公司
聊城盖氏邦晔物流有限公司
青州市泓德物流有限公司
山东顺丰速运有限公司
济南零点物流港有限公司
济南维尔康实业集团有限公司
青岛铁路经营集团有限公司
中国外运华中有限公司
恒通物流股份有限公司
郑州交通运输集团有限责任公司
河南能源化工集团国龙物流有限公司
武汉钢铁集团物流有限公司
湖南湾田实业有限公司
珠海港控股集团有限公司
顺丰速运有限公司
准时达国际供应链管理有限公司
广东南方物流集团有限公司
风神物流有限公司
云南建投物流有限公司
陕西商储物流有限公司

4A 级物流企业（240 家）：
珠海市吉泰物流有限公司
北京科捷物流有限公司
捷达国际运输有限公司
万达杰诚国际物流（北京）有限公司
世盟供应链管理股份有限公司

北京九六零物流有限公司
上海北芳储运集团有限公司
上海畅联国际物流股份有限公司
上海金山石化物流股份有限公司
上海新金桥国际物流有限公司
上海海通国际汽车物流有限公司
上海安吉通汇汽车物流有限公司
上海宝钢物流有限公司
上海青旅国际货运有限公司
顺丰速运集团（上海）速运有限公司
上海贝业新兄弟供应链管理有限公司
上海顺意丰速运有限公司
辉源（上海）供应链管理有限公司
上海象屿速传供应链有限公司
上海苏宁物流有限公司
上海诺尔国际物流有限公司
上海纺织集团国际物流有限公司
上海钢联物流股份有限公司
上海亚申物流有限公司
上海新易泰物流有限公司
上海远征物流有限公司
宇培供应链管理集团有限公司
上海昕联路德物流有限公司
重庆中集物流有限公司
重庆重铁物流有限公司
中国外运重庆有限公司
沧州运输集团股份公司
唐山北方物流有限公司
河北快运集团有限公司
秦皇岛动力设备物流有限责任公司
河北新武安钢铁集团物流有限公司
沧州市佳兴仓储物流有限公司
河北润成仓储有限公司
石家庄洛杉奇食品有限公司
河北泰通物流有限公司
秦皇岛港通物流有限公司
晋城运盛物流有限公司
内蒙古九州通医药有限公司
大连集发环渤海集装箱运输有限公司
大连瑞桥金德物流集团有限公司
大连通达货运有限公司
辽宁路为物流有限公司
锦州盛通物流有限公司
浙江沪航物联股份有限公司
营口新兴达物流有限公司
吉林省福达国际物流有限公司
长春市华阳储运有限公司
长春市大众物流装配有限责任公司
哈尔滨动力设备物流有限责任公司
黑龙江省龙运（集团）股份有限公司
张家港保税区金港物流中心有限公司
亚欧大陆桥国际商运股份有限公司
张家港震宇物流仓储有限公司
江苏江阴港港口集团股份有限公司
江苏中博通信有限公司
镇江惠龙长江港务有限公司
吴江市邦达物流有限公司
苏州盛丰物流有限公司
南通吉华物流有限公司
江苏铭源物流有限公司
扬州三笑物流有限公司
诺得物流股份有限公司
南通顺丰速递有限公司
南通远航运输有限公司
江苏超达物流有限公司
淮安九州通医药有限公司
南通联通联运有限公司
南京福佑在线电子商务有限公司
中储南京智慧物流科技有限公司
江苏润华物流有限公司

常熟金狮物流有限公司
江苏达泰物流有限公司
扬州恒基达鑫国际化工仓储有限公司
江苏志宏物流有限公司
浙江巨化物流有限公司
临海市江南物流中心有限公司
长兴永畅物流建设开发有限公司
浙江任氏物流有限公司
浙江新颜物流有限公司
泰利物流集团有限公司
嘉兴顺丰运输有限公司
浙江运兴运输有限公司
义乌市华晔国际货运代理有限公司
浙江巴米智联科技股份有限公司
杭州大恩物联科技有限公司
杭州长安民生物流有限公司
浙江卓航物流发展股份有限公司
杭州佳成国际物流股份有限公司
浙江凯鸿物流股份有限公司
浙江方元物流有限公司
浙江腾洋国际货运代理有限公司
慈溪市交通物流发展有限公司
宁波外运国际集装箱货运有限公司
浙江简达物流股份有限公司
安徽省徽商金属物流有限公司
安徽朝阳物流有限公司
安徽江汽物流有限公司
马鞍山长运控股集团有限公司
合肥市康健物流有限公司
芜湖运泰物流有限责任公司
安徽顺安物流有限公司
合肥宝湾国际物流中心有限公司
芜湖市恒兴明瑞物流有限责任公司
芜湖顺驰物流有限公司
中世国际物流有限公司
马鞍山钢晨钢铁物流园有限公司
安徽鸿越物流有限公司
莆田港务集团有限公司
泉州市闽运兴物流有限责任公司
福建省嵘瀚物流股份有限公司
福建鑫展旺物流有限公司
厦门市嘉晟对外贸易有限公司
厦门市海骏达物流有限公司
集韵物流集团有限公司
厦门海投供应链运营有限公司
江西九州通药业有限公司
上饶市大顺实业有限公司
江西新华物流有限公司
江西省高安汽运集团高鹏汽运有限公司
江西省鸿吉实业有限公司
江西万佶物流有限公司
江西安泰物流有限公司
南城县麻姑汽车运输有限公司
江西瑞州汽运集团新荷物流有限公司
高安市隆景运输有限责任公司
江西瑞州汽运集团豪瑞汽运有限公司
江西瑞州汽运集团瑞通物流有限公司
江西瑞州汽运集团宏景汽运有限公司
江西瑞州汽运集团欣禧物流有限公司
江西祥和物流有限公司
峡江县鑫胜物流有限公司
江西五洲医药营销有限公司
赣州市南康区洪鑫物流有限公司
山东华派克物流有限公司
淄博内陆港集团有限公司
山东浩宇物流有限公司
青州中储物流有限公司
寿光市乘达运输股份有限公司
山东佳怡国际汽车物流有限公司
潍坊申易物流有限公司

交运集团有限公司
青岛物流分拨服务中心有限公司
青岛陆海国际物流有限公司
青岛仁义物流有限公司
龙口港集团有限公司
安吉汽车物流（山东）有限公司
山东朗越国际运输服务有限公司
龙口市恒泰运输有限公司
万里运业股份有限公司
郑州长通实业有限公司
河南腾达物流有限公司
河南省安阳安运交通运输有限公司
洛阳交通运输集团有限公司
漯河市泰威物流有限公司
郑州德邦物流有限公司
河南豫德隆物流有限公司
河南省达发物流有限公司
河南中锦供应链有限公司
武汉振宏集团控股有限公司
中国邮政速递物流股份有限公司湖北省分公司
湖北天元物流发展有限公司
湖北襄阳安达运输有限责任公司
宜昌物资集团有限公司
湖北银丰仓储物流有限责任公司
襄阳东盛宏宇实业发展有限公司
十堰市新合作超市有限公司
襄阳市大公物流有限公司
湖北顺丰运输有限公司
湖北联海食品集团有限公司
湖北大有投资有限公司
沙洋凯达实业股份有限公司
湖北合力通晟物流有限公司
荆门荆铁佳洲石油化工股份有限公司
湖北省十堰亨运集团物流有限公司
荆门市弘业物流有限公司
武汉中原发展汽车物流股份有限公司
湖北汽车运输有限公司
武汉世通物流股份有限公司
湖北东方物流服务有限公司
武汉和润物流有限公司
武汉航科物流有限公司
武汉联创方圆物流有限公司
圣泽捷通供应链有限公司
湖南电力物流服务有限责任公司
湖南省宏发物流有限公司
湖南江南棉花交易市场有限公司
湖南福泰物流有限公司
宁乡县阳光联运服务有限公司
郴州市宏顺物流有限公司
广东宏昌实业有限公司
华鹏飞股份有限公司
深圳市飞力士物流有限公司
深圳市宝恒通实业有限公司
深圳市飞力士现代物流有限公司
深圳市涵文国际货运代理有限公司
深圳市凯通物流有限公司
深圳市安迅运输实业有限公司
深圳市拓威百顺达国际货运代理有限公司
深圳市瑞源冷链服务有限公司
深圳市海天信诚货物运输有限公司
深圳市恒通程物流有限公司
深圳市快运通物流有限公司
深圳市汇通天下物流有限公司
广州城市之星运输有限公司
广州中博实业物流有限公司
广东怀远物流实业有限公司
广州顺丰速运有限公司
广东华正道集团有限公司
广东原尚物流股份有限公司

广州日昱物流有限公司
广州南华物流有限公司
中物国际供应链集团股份有限公司
广州佳仕达物流有限公司
广东省南方传媒发行物流有限公司
柳州桂中海迅物流股份有限公司
广西南天物流集团有限公司
广西北港西江港口有限公司
广西顺丰速运有限公司
四川东方物流集团有限公司
攀枝花钢城集团汉风物流有限公司
成都积微物联集团股份有限公司
四川省旺平物流有限公司
中外运物流西南有限公司
成都全程德邦物流有限公司
成都中锦供应链管理有限公司
成都道臣物流集团有限公司
南充传化公路港物流有限公司
盘江运通物流股份有限公司
云南浩宏物流有限公司
大理沧龙物流有限公司
云南大理中运汽车贸易有限公司
云南瑞和锦程实业股份有限公司
陕西通汇汽车物流有限公司
陕西华阳物流有限公司
中国物流宁夏有限公司

3A 级物流企业（299 家）：

夏晖物流（北京）有限公司
北京快行线冷链物流有限公司
北京澳德物流有限责任公司
传云（天津）物联网技术有限公司
上海金陵国际物流有限公司
上海弘和物流有限公司
上海安宜达物流有限公司
上海宝通运输实业有限公司
上海同程物流发展有限公司
上海金溪物流有限公司
重庆瑞驰物流有限公司
重庆市河牛滚装船运输有限公司
重庆世开物流股份有限公司
重庆宏声物流有限责任公司
重庆祥运物流有限公司
重庆祥茂物流有限公司
重庆铁风国际物流有限公司
重庆浩航船务有限公司
河北大华国际物流集团有限公司
沧州市诚信物流有限公司
河北省大河物流有限公司
石家庄广福物流有限公司
石家庄裕凯物流有限公司
河北千润农产品有限公司
河北瑞川物流有限公司
大连捷通物流有限公司
瓦房店轴承运输有限责任公司
大连交通运输集团有限公司
大连康宁物流有限公司
大连忠进国际货运有限公司
沈阳中深科技实业有限公司
锦州盈港物流有限公司
吉林省亿鑫物流有限公司
长春市勇合物流有限公司
长春市悦祥物流有限公司
齐齐哈尔光明运输代理服务有限公司
黑龙江嘉和融通物流股份有限公司
江苏宏泰物流有限公司
江苏海企化工仓储股份有限公司
泰州市过船港务有限公司
江苏瞿氏运输有限公司
无锡禾健物流发展有限公司

吴江顺驰物流有限公司
常州市双志石油化工储运有限公司
泰州联成仓储有限公司
淮安泽宇商贸有限公司
江苏安德福运输实业有限公司
南京浦兴船务有限公司
华诚沿江国际物流（苏州）有限公司
苏州鸿泽仓储服务有限公司
中化扬州石化码头仓储有限公司
沭阳田氏危险品运输有限公司
南京康恒航运有限公司
杭州华商物流股份有限公司
浙江浙金物流有限公司
温州浙闽物流中心开发有限公司
金华市中宇物流有限公司
温州市交通运输集团有限公司
浙江尖峰国际贸易有限公司
杭州永良物流有限公司
浙江航空开发有限责任公司
浙江老孙物流有限公司
杭州东驰物流有限公司
杭州口岸国际物流有限公司
平湖市安达汽车运输有限公司
浙江路航物流有限公司
浙江华佳业物流有限公司
顺丰速运（湖州）有限公司
嘉兴川山甲物资供应链有限公司
杭州和达物流有限公司
浙江浙农茂阳农产品配送有限公司
台州天达物流有限公司
浙江中道物流有限公司
杭州盛丰物流有限公司
台州市黄岩驰鹏危险品运输有限公司
嘉兴浩大物流有限公司
杭州英健物流有限公司
浙江中跃供应链管理有限公司
浙江嘉信元达物流有限公司
浙江世通物流有限公司
浙江黄岩洲锃实业有限公司
浙江海畅物流有限公司
义乌市商通物流有限公司
舟山陆港物流有限公司
金华市传云物联网技术有限公司
台州市黄岩卫东运输有限公司
浙江天天发物流有限公司
义乌市通邦国际货运代理有限公司
长兴鑫华物流有限公司
浙江美都物流股份有限公司
仙居永安物流有限公司
台州德信国际物流有限公司
浙江赛孚物流有限公司
台州市黄岩信诺物流有限公司
慈溪市杭州湾物流中心
宁波市环集国际物流有限公司
宁波璐璐国际物流有限公司
浙江恒顺物流有限公司
中创物流（宁波）有限公司
宁波国柜物流有限公司
宁波市万达金诚物流有限公司
宁波银星海运有限公司
宁波市天晴运输有限公司
宁波中基国际物流有限公司
宁波市江北宏发运输有限公司
宁波天易物流有限公司
宁波鸿英国际物流有限公司
宁波天翔货柜有限公司
宁波天时利国际货运代理有限公司
宁波鼎航国际物流有限公司
宁波联合埃希物流有限公司
宁波江北中通物流有限公司

安徽富源物流有限公司
马鞍山市江安航运有限责任公司
福建省四通物流集团
福州外代储运有限公司
泉州市英豪物流有限责任公司
福建信运冷藏物流有限公司
福建建宁铙山和兴物流有限公司
南平烟草物流有限公司
福州胜狮货柜有限公司
福建星泰安物流有限公司
福建盛昌物流有限公司
莆田市亚运交通有限公司
吉顺（福建）物流有限公司
石狮市宏伟物流有限责任公司
漳州烟草物流有限公司
晋江市万安运输服务有限公司
三明市雄辉物流发展有限公司
福建泰航国际物流有限公司
耀泰物流股份有限公司
宁德盛辉物流有限公司
石狮市鹏达汽车货物运输有限公司
福建至信物流有限公司
石狮市中联运输有限公司
晋江科达物流有限公司
石狮华运物流有限公司
福建省安捷汽车运输有限公司
福建金旅物流有限公司
福建省星城物流有限公司
邵武市龙祥汽车运输有限公司
三明市捷安达物流有限公司
福建大地通物流有限公司
泉州丰泽轮船有限公司
石狮市荣通物流有限责任公司
泉州市安居物流有限责任公司
福建金航物流有限公司
漳州哟客配送服务有限公司
漳州万信物流有限公司
龙岩中外运物流有限公司
连城县亨达物流有限公司
福建天清冷链物流有限公司
福建省三明市鑫铭汽车运输有限公司
兄弟物流股份有限公司
福建苏宁物流有限公司
全球物流（厦门）有限公司
厦门市中鹭达进出口有限公司
厦门汉航物流有限公司
厦门创誉物流有限公司
厦门珉挚集装箱服务有限公司
元翔空运货站（厦门）有限公司
厦门旺墩冷冻仓储有限公司
厦门市杏林永顺运输有限公司
厦门优创思特供应链管理有限公司
厦门苏宁物流有限公司
吉安县盛世汽车运输有限公司
抚州市东乡区佳兴物流有限公司
南城县吉尔物流有限公司
上犹县通力物流有限公司
南城长顺物流有限公司
江西勤强物流有限公司
江西众帮物流有限公司
江西永和诚信供应链管理有限公司
江西国光商业连锁股份有限公司
赣州灵通物流有限责任公司
全南县万通物流有限公司
赣州口岸集装箱运输有限公司
中国邮政集团有限公司赣州市分公司
赣州市南康区鑫顺达物流有限公司
赣州市众诚物流有限公司
赣州祥亮物流有限公司
赣州市森浩物流有限公司

赣州市百世物流有限公司
赣州骏达物流有限公司
滨州市富明凯物流有限公司
青岛和盛泰物流有限公司
青岛苏宁物流有限公司
开瑞国际物流（山东）股份有限公司
青岛中储物流有限公司
烟台洲达国际货运代理有限公司
莱阳市交通物流有限公司
烟台通昌物流有限公司
莱州祥和物流有限公司
烟台圣丰食品有限公司
烟台顺安物流有限公司
山东荣畅物流有限公司
河南省商业储运有限公司
中核（郑州）储运贸易有限公司
漯河宏运汽车运输集团有限公司
开封市第二运输总公司
洛阳石化通达运输工程有限责任公司
河南省正和物流有限公司
郑州飞鹰货运服务有限公司
郑州远东供应链管理有限公司
海程邦达国际物流有限公司郑州分公司
河南裕丰物流有限公司
河南全程物流有限公司
河南天河供应链物流有限公司
郑州亚欧物流有限公司
郑州韵必达速递有限公司
洛阳壹立达物流有限公司
河南巨象物流有限公司
河南大象物流有限公司
河南智通供应链管理有限公司
武汉市华春物流有限公司
宜昌金太阳运输有限公司
国家粮食和物资储备局湖北局七三六处
湖北金龙物流有限公司
武汉市捷锐物流有限公司
襄阳新生合物流有限公司
湖北广发物流发展有限公司
黄石一达物流发展有限公司
湖北港利来物流有限公司
宜都市顺捷物流有限公司
湖北万安达物流有限公司
人福医药十堰有限公司
人福医药襄阳有限公司
赤壁大润发仓储有限公司
国药控股恩施有限公司
湖北大随通物流园有限公司
宜都市红花鑫通物流有限公司
湖北鄂钢钢星汽车运输有限责任公司
湖北英迅通物流服务有限公司
人福医药黄石有限公司
湖北康华智慧物流园发展有限公司
湖北汇宁物流股份有限公司
驿动天下物流（湖北）有限公司
宜昌稻花香粮油购销有限公司
武汉市副食品商业储备有限公司
武汉益嘉物流有限公司
武汉建投铁路运输有限公司
武汉至和天下供应链管理股份有限公司
日通商事（武汉）仓储有限公司
湖南省湘南物流有限公司
湖南长盛科技开发有限公司
湖南新征程物流有限公司
广州市中恒运输有限公司
广州捷世通物流股份有限公司
深圳市乾泰恒物流有限公司
深圳市中海通海运有限公司
深圳市神舟环球物流有限公司
深圳市西部疆源货运有限公司

深圳市逸迅达国际货运代理有限公司
深圳市航威实业有限公司
广州大顺发国际物流有限公司
广州市黄埔致发运输工贸发展有限公司
广州传云物联网技术有限公司
广州市汇通运输有限公司
柳州市瑞中运钢材储运有限公司
广西海格国际物流有限公司
广西泛航国际物流有限公司
柳州华乐物流有限公司
广西中洲国际物流有限公司
钦州市龙腾物流有限公司
钦州市铭利物流有限公司
广西柳州德运物流有限责任公司
攀枝花恒力（集团）投资有限公司
绵阳安运物流有限公司
泸州市跃达物流有限公司
西南诚通物流有限公司
自贡三辰实业有限公司
泸州永昌港埠物流有限责任公司
合江县速腾物流运输有限公司
泸州市跨越物流有限公司
四川枫茂物流有限责任公司
四川省雅洲府物流有限公司
四川晶南物流有限责任公司
成都通祥福明物流有限公司
四川迈诺物流投资有限公司
成都雅士物流有限公司
贵州铭宇物流有限责任公司
贵州恒申物流有限公司
贵州四通晟达物流有限公司
贵州开磷物流管理有限责任公司
铜仁友邦石油运输贸易有限责任公司
贵州金穗宏达物流有限公司
云南电力物资有限责任公司
云南东方物流有限公司
中通服供应链管理有限公司云南分公司
云南新华书店图书有限公司
云南九九物流有限公司
云南盛达物流有限公司
大理金叶商务服务有限责任公司
西安市诚信三和快运有限公司
陕西康龙快运有限责任公司
甘肃天马物流股份有限公司
甘肃省万达物流有限责任公司
兰州全程德邦物流有限公司
宁夏中杰物流管理股份有限公司

2A 级物流企业（55 家）:

北京大荣物流有限公司
上海缔华物流有限公司
运城市金叶汽车服务有限公司
乌拉特中旗毅腾矿业有限责任公司
大连誉峰物流有限公司
营口铁源物流股份有限公司
泰兴市科达气体有限公司
嘉兴市港区通达运输有限公司
杭州长运三运运输有限公司
浙江华药物流有限公司
浙江天方物流有限公司
绍兴市王氏物流有限公司
台州元文物流有限公司
东阳市震宇物流有限公司
东阳市鸿运运输有限公司
东阳市路路通物流有限公司
衢州久联物流有限公司
衢州市中宁物流有限公司
衢州市邦泰物流有限公司
衢州市晶合物流有限公司
龙游永安物流有限公司

衢州市绿洲物流有限公司
杭州全角度物流有限公司
宁波佰盛物流有限公司
宁波兰羚钢铁实业有限公司
宁波中永物流有限公司
宁波华贝供应链管理有限公司
宁波梅山保税港区中通物流有限公司
福建吉源供应链管理有限公司
吉安市精越物流有限公司
九江联商物流有限公司
南昌华泓冷链物流有限公司
赣州春欣物流有限公司
赣州立禾汽车运输有限公司
青岛敬明承运物流有限公司
烟台宏宇物流有限公司
河南紫云云计算股份有限公司
长葛市远通物流有限公司
秭归县长江物流股份有限公司
宜昌三峡运输集团有限责任公司
湖北三峡鸿悟科技有限公司
通城玉达物流有限公司
湖北潜润物流有限公司
宝湾物流（武汉）有限公司
泸州利普物流有限公司
四川广安国家粮食储备库
泸州市成达物流有限公司
自贡顺晨物流有限公司
景东盛达物流有限公司
保山三祥货运有限公司
云南永越物流有限公司
云南华叶物流有限公司
瑞丽市畹町长合商贸有限公司
曲靖市开发区迅达租赁货运有限责任公司
酒泉市酒嘉国际物流有限公司

1A 级物流企业（1 家）：

宁波神化特种化学品集成有限公司

放弃复核的企业 126 家：

传化公路港物流有限公司浙江分公司、河北熙平物流股份有限公司、河北正时达运输有限公司、石家庄远成物流有限公司、山西三毛物流有限公司、赤峰中昊运输有限责任公司、乌海鑫诺物流有限公司、乌兰察布华通物流有限责任公司、大连集装箱码头物流有限公司、沈阳铁道吉林市铁淞集团有限公司、浙江川贵国际物流有限公司、中国邮政速递物流股份有限公司宁波市分公司、福建德志物流有限公司、宜春润佳物流运输服务有限公司、山东隆力源物流有限公司、青岛金世纪实业有限公司、青岛老船长航运有限公司、青岛华骏仓储有限公司、河南平安物流有限公司、武汉汇通公路港管理有限公司、武汉天地汇天诚供应链管理有限公司、湛江宁铁物流有限责任公司、深圳市宝鼎威物流有限公司、深圳市宏通供应链股份有限公司、深圳棋洋国际物流有限公司、广东好又快物流有限公司、四川金桥物流有限公司、北京京城工业物流有限公司、廊坊市东方华星仓储有限公司、河北世阳快运有限公司、沈阳百家乐物流有限公司、辽宁同益物流股份有限公司、沈阳辽金华西货物运输有限公司、辽宁宽道物流有限公司、长春锦程世航国际物流有限公司、吉林融宇医药物流有限公司、黑龙江金谷物流有限公司、张家港捷通中石化工物流有限公司、苏州中运杰物流有限公司、昆山一帆运输有限公司、昆山宏程运输有限公司、高邮市红太阳物流有限公司、高邮市诚信物流有限公司、嘉兴远方物流有限公司、浙江开亚国际供应链有限公司、浙江舟山中集国际集装箱货运有限公司、台州市新阳光货物运输有限公司、浙江华能物流有限公司、温州联洲物流有限公司、浙江莱晋得国际货运代理有限公司、杭州东风物流有限公司、松阳县安顺物流运输有限公司、宁波市正源医药药材有限公司、宁波高新区东欣物流有限公司、宁波南海宝通物流有限公司、宁波空港物流发展有限公司、石狮市贤达物流有限公司、龙岩市龙洲物流配送有限公司、福建闽元物流有限公司、景德镇市信联物流有限公司、南城县物资汽车运销有限责任公司、江西博龙物流有限公司、江西九州医药有限公司、德州锦华物流有限公司、山东辰烨投资有限公司、潍坊市储运有限公司、山东蚧口渔业集团有限公司、山东道恩物流有限公司、烟台瑞通物流有限公司、河南大禹物流有限公司、河南远航捷安物流有限公司、河南省全峰快递有限公司、襄阳国邦实业有限公司、襄阳三珍物流有限公司、湖南国储物流投资控股有限公司株洲分公司、珠海亿邦达运输有限公司、广东裕安物流有限公司、深圳市软通供应链股份有限公司、深圳市诚通物流有限公司、深圳市盛昌隆集装箱货物运输有限公司、深圳市鹏辰运输有限公司、深圳市南方车友物流有限公司、深圳市天之舟物流有限公司、深圳市昂威物流有限公司、广东联合亚太食品药品物流股份有限公司、四川农资集团蜀龙物流有限公司、泸州市东南德物流有限责任公司、南充市宏捷物流有限公司、四川广聚物流服务有限公司、成都市汇翔实业有限公司、云南成华运输吊装有限公司、陕西朝阳物流有限公司、陕西美达物流有限公司、甘肃省木材总公司（西北物资市场）、甘肃省供销合作储运总公司、兰州天奇物流集团有限公司、甘肃省物产集团兰州物流配送有限公司、青海省物产化工有限责任公司、獐子岛锦达（珠海）鲜活冷藏运输有限公司、昆山亚通物流有限公司、昆山市金达货运有限公司、昆山市建昌运输有限公司、昆山托宝箱运输有限公司、昆山宝泰万家货物运输有限公司、昆山明珠运输有限公司、昆山远征货运有限公司、昆山市合隆运输有限公司、杭州淳安千岛湖中集物流有限公司、海宁八方物流有限公司、浙江妙广物流有限公司、宁波市富裕物流有限公司、宁波大榭开发区港欣物流有限公司、兴国金莹物流有限公司、信丰聚翔汽车服务有限公司、新蔡县新通物流有限公司、襄樊百川通物流有限公司、德昌县鑫达货运有限责任公司、成都中亚国际物流有限公司、成都满贯物流有限公司、宁波航港物流有限公司、深圳市力安物流有限公司、深圳市安能启航物流有限公司、岳池宏宇汽车运业有限公司、岳池县安信物流商贸有限公司、汉中市秦通运输有限责任公司、甘肃省煤炭运输销售公司因物流业务调整、并购重组、经营模式改变、企业被注销等原因，不再保留 A 级企业资质。

（中国物流与采购联合会物流企业评估工作办公室）

物流企业信用评价 A 级信用企业第二十六批、第二十七批名单

第二十六批物流企业信评价 A 级信用企业名单（各项排名不分先后，共 37 家）

AAA 级信用企业（排名不分先后，25 家）

安徽中工物流有限公司

三羊马（重庆）物流股份有限公司

金川集团物流有限公司

河南省鸿泰物流有限公司

青岛日日顺供应链有限公司

中国邮政速递物流股份有限公司郑州市物流分公司

安徽朝阳物流有限公司

吉林石化物流有限责任公司

中原大易科技有限公司

河北快运集团有限公司

安徽徽运物流有限公司

国药控股河南股份有限公司

淄博万梦众创新能源科技有限公司

河北冀铁集团有限公司

宁波富邦物流股份有限公司

中铁特货汽车物流有限责任公司

临沂天源国际物流有限公司

江苏燕进联运有限公司

中铁物资集团有限公司

郑州市四季安物流有限公司

河南中原四季水产物流港股份有限公司

大冶有色物流有限公司

冀中能源国际物流集团有限公司

恩施自治州易事通汽车运输有限责任公司

湖北金四方物流有限公司

AA 级信用企业（排名不分先后，12 家）

云南云叶物流有限公司

济南舜赢物流有限公司

贵州四通晟达物流有限公司

济南伟通物流有限公司

河南次晨达物流有限公司

格尔木昆仑物流运业有限公司

广西钦州市祥龙物流有限公司

德阳飞龙运业有限公司

河北建投铁路有限公司

安徽润得物流有限公司

宁波恒胜物流有限公司

安徽省友谊物流有限公司

第二十七批物流企业信用评价 A 级信用企业名单（各项排名不分先后，共 46 家）

AAA 级信用企业（排名不分先后，29 家）

四川东方物流集团有限公司
华润河南医药有限公司
中创物流股份有限公司
济南星光大道物流有限公司
河南中原创新物流有限公司
河南巨洋方圆物流有限公司
福州港务集团有限公司
龙岩市交通运输有限公司
郑州豪翔运输有限公司
山东旭升达运输有限公司
山东载信物流有限公司
宇佳乡村通物流有限公司
山东飞跃达医药物流有限公司
济南中通仓储服务有限公司
瑞康医药（山东）有限公司
济南振宇物流有限公司
济南德邦物流有限公司
武汉天虎物流有限责任公司
湖北云飞梭供应链管理有限公司
武汉四方交通物流有限责任公司
莆田港务集团有限公司
建华物流有限公司
日日顺供应链科技股份有限公司
中设国际商务运输代理有限责任公司
宁波鹏信国际货运代理有限公司
四川长虹民生物流股份有限公司
山东同丰供应链管理有限公司
贰仟家物流有限公司
恩施鹏程物流有限公司

AA 级信用企业（排名不分先后，14 家）

牙克石市兴安运达物流有限公司
江苏莘纳吉物流科技有限公司
济南同科医药物流有限公司
山东万和通物流科技有限公司
山东新联大物流股份有限公司
山东佳怡国际汽车物流有限公司
山东迅吉安国际物流有限公司
山东三志物流有限公司
山东金岱物流有限公司
济南优快通物流有限公司
济南优选物流有限公司
山东新华顺运输有限责任公司
武汉中商超市连锁有限公司
武汉愚公货运有限公司

A 级信用企业（排名不分先后，3 家）

山东永昌供应链管理有限公司
济南周邦物流有限责任公司
济南中通吉物流有限公司

（中国物流与采购联合会行业事务部）

2020 年度第一批、第二批、第三批货代物流行业企业信用评价名单

2020 年度第一批货代物流行业企业信用评价名单（按申报时间顺序）

序号	企业名称	级别
1	天津国际物流中心	AAA
2	上海国际展览运输有限公司	AAA
3	中铁外服国际货运代理有限公司	AAA
4	天津海荣国际货运有限公司	AAA
5	北京中远海运物流有限公司	AAA
6	嘉里大通物流有限公司	AAA
7	上海宝霖国际危险品物流有限公司	AAA
8	中成国际运输有限公司	AAA
9	上海格林福德国际货物运输代理有限公司	AAA
10	山东新贸陆海国际货运代理有限公司	AAA
11	北京盛伦国际物流有限公司	AAA
12	华协国际珍品货运服务有限公司	AAA
13	万达杰诚国际物流（北京）有限公司	AAA
14	北京金驰国际货运代理有限公司	AAA
15	华扬国际物流（大连）有限公司	AAA
16	天津伟轮船务代理有限公司	AAA

续 表

序号	企业名称	级别
17	中工国际物流有限公司	AAA
18	中新国际运输服务有限公司	AAA
19	上海青旅国际货运有限公司	AAA
20	通用技术集团国际物流有限公司	AAA
21	振华物流集团有限公司	AAA
22	环发讯通（天津）国际货运代理有限公司	AAA
23	中远海运物流有限公司	AAA

2020年度第二批货代物流行业企业信用评价名单（排名不分先后）

序号	企业名称	级别
1	盛大德威国际货运代理（北京）有限公司	AAA
2	中设国际商务运输代理有限责任公司	AAA
3	江苏金贸世纪国际物流有限公司	AAA
4	中经得美国际快运代理有限公司	AAA
5	航天（北京）物流有限公司	AAA
6	北方万邦物流有限公司	AAA
7	深圳市柏威国际科技物流有限公司 （原：深圳市柏威国际货运代理有限公司）	AAA

2020年度第三批货代物流行业企业信用评价名单（排名不分先后）

序号	企业名称	级别
1	中仓国际物流有限公司	AAA
2	大连锦程国际物流有限公司	AAA
3	上海环世物流（集团）有限公司	AAA
4	中油（天津）物流有限公司	AAA
5	中艺储运江苏有限责任公司	AAA

续　表

序号	企业名称	级别
6	宜宾安仕吉国际物流有限公司	AAA
7	北京海翔国际运输代理有限公司	AAA
8	上海恒鑫航运有限公司	AAA
9	翘运国际货运有限公司	AAA
10	深圳市鹏城海物流有限公司	AAA
11	苏州工业园区报关有限公司	AAA
12	宁波经济技术开发区福洋货柜有限公司	AAA

（中国国际货运代理协会）

2020年"中国物流实验基地"名单

广西钦州市祥龙物流有限公司

牙克石市兴安运达物流有限公司

（中国物流与采购联合会行业事务部）

2020 年中国物流与采购联合会科学技术奖获奖项目主要完成单位及完成人名单

序号	奖种	奖项等级	证书编号	项目编码	项目中文名称	主要完成单位	主要完成人
1	科技发明奖	二等奖	CFLP -2020 -01 -02 -01	A0265	物流运输车辆防爆型免充气空心轮胎关键技术开发与应用	江苏江昕轮胎有限公司、西安交通大学、江苏联合职业技术学院	王明江、张威、段玉岗、温世鹏、王峰、卢猛、李红博、王长国、王奔
2	科技发明奖	二等奖	CFLP -2020 -01 -02 -02	A0204	40 英尺折叠集装箱	大连中集特种物流装备有限公司	王俊、李长英、于广辉、汪亮、高兴、孙明君、宁臻、衣运豪、李波
3	科技发明奖	三等奖	CFLP -2020 -01 -03 -01	A0081	纺织用品自动装卸的运输系统	淮阴工学院、江苏自然风纺织品有限公司、淮安市现代物流学会	梁坤、范钦满、李前兵、罗建锋、吴亚超、刘长平、王泽胜

续 表

序号	奖种	奖项等级	证书编号	项目编码	项目中文名称	主要完成单位	主要完成人
4	科技发明奖	三等奖	CFLP-2020-01-03-02	A0186	负压废料箱系列产品的研发及其在石油平台上的应用	大连中集特种物流装备有限公司、辽宁省交通运输事业发展中心	孙明君、汪亮、李长英、庞连军、丛秀凤、杜晓芳、梁锋
5	科技进步奖	一等奖	CFLP-2020-02-01-01	A0289	多式联运技术装备体系创新和工程应用	中国铁道科学研究院集团有限公司、中国国家铁路集团有限公司货运部、中铁集装箱运输有限责任公司、中国铁路上海局集团有限公司货运部、交通运输部水运科学研究院、南通中集特种运输设备制造有限公司	朱克非、董晖、韩伯领、马玉坤、丁文赢、陈良勇、赵皓、杨广全、邓延洁、潘贺、陆松
6	科技进步奖	一等奖	CFLP-2020-02-01-02	A0223	基于私有云和微服务技术的油气化工全产业链物流端到端协同应用系统	中国海洋石油集团有限公司、中海石油炼化有限责任公司、中海石油气电集团有限责任公司、上海博科资讯股份有限公司	王同良、竹蔚文、郭彤、刘朝晖、张能、夏晔、李黛芳、吴曲波、涂惠丽、张淇越、程敏勇
7	科技进步奖	一等奖	CFLP-2020-02-01-03	A0165	物流行业基于时空大数据的智慧末端系统及应用	浙江菜鸟供应链管理有限公司	吴黎霞、吴凡、石传基、涂灿、郑建滨、单尔刚、栗鹏、韩镕磬

续 表

序号	奖种	奖项等级	证书编号	项目编码	项目中文名称	主要完成单位	主要完成人
8	科技进步奖	一等奖	CFLP－2020－02－01－04	A0169	面向安全高效物流运输的营运车辆智能化监控关键技术及应用	东南大学、交通运输部公路科学研究所、杭州海康威视数字技术股份有限公司（海康威视）、北京汇通天下物联科技有限公司（北京G7）、杭州海康汽车技术有限公司（海康汽车）	李旭、周炜、徐启敏、董轩、任春晓、晋杰、宋翔、张为公、胡佳妮、郭阶添、邓星
9	科技进步奖	一等奖	CFLP－2020－02－01－05	A0114	京东物流5G智能园区AI视觉项目	北京京东振世信息技术有限公司、北京京邦达贸易有限公司、北京京东乾石科技有限公司	吴盛楠、者文明、武海龙、陈森彪、王煜、刘伟、刘洋、胡冰、郭明杰、康胜苏、赖飞
10	科技进步奖	一等奖	CFLP－2020－02－01－06	A0152	新一代大型机场行李处理系统关键技术及产业化应用	中国民用航空总局第二研究所、民航成都物流技术有限公司	杜明谦、毛刚、陈翼、杨秀清、宋洪庆、杨文武、喻忠全、吴仕杰、刘膑丹、李冰楠、曹津源
11	科技进步奖	一等奖	CFLP－2020－02－01－07	A0055	智慧供应链与智能制造融合的产业链协同体系研究与实践	长飞光纤光缆股份有限公司、中国移动通信集团江苏有限公司	唐权斌、戚兆军、陈锋、方娜、郑祝良、罗勇、刘博、阎浩、刘培、吉宜斌、邓小飞

续 表

序号	奖种	奖项等级	证书编号	项目编码	项目中文名称	主要完成单位	主要完成人
12	科技进步奖	一等奖	CFLP－2020－02－01－08	A0075	基于结构化信息的采购全流程智能工具开发与应用	中国移动通信集团陕西有限公司、中国移动通信集团采购共享中心、上海博科资讯股份有限公司	柴娅彤、申民、余力、程建宁、唐向军、牟永乐、胡永俊、薛烨、陆彬、郑格娟、蔡佳宇
13	科技进步奖	一等奖	CFLP－2020－02－01－09	A0172	北京空港型物流枢纽建设研究与实施	北京物资学院、北京空港经济开发有限公司	王成林、陆华、卞云鹏、王萌、王宏远、周姝姝、张经伟、王垚、景山
14	科技进步奖	一等奖	CFLP－2020－02－01－10	A0192	基于数据运营的智慧供应链物流平台	中国电信股份有限公司广东分公司、中捷通信有限公司	汤艾军、韩明、徐俊、苏肖飞、程慧坤、李多、潘清华、郭盛涛、周素华、陈少青、潘肖卿
15	科技进步奖	一等奖	CFLP－2020－02－01－11	A0129	基于库存管理优化的智慧化全物资管理体系的研究与实施	中国移动通信集团浙江有限公司、上海博科资讯股份有限公司	陈洪涛、祝瑾华、陈祖寿、孟瑜、王珊、林海、陈晓玲、李璇、章棋、刘阳奎

续 表

序号	奖种	奖项等级	证书编号	项目编码	项目中文名称	主要完成单位	主要完成人
16	科技进步奖	一等奖	CFLP -2020 -02 -01 -12	A0077	农业大数据环境下城乡物流网络系统技术开发及应用研究	宁波工程学院、浙江万里学院、哈尔滨工业大学、宁波天运国际物流有限公司、宁波华顺永瑞国际物流有限公司、宁波物流产学研技术创新战略联盟	朱耿、朱占峰、傅海威、朱一青、贾春梅、冯玉强、葛浩然、汪保、杨帆、章伟达、霍章勤
17	科技进步奖	一等奖	CFLP -2020 -02 -01 -13	A0212	基于数字化与智慧化的通信企业供应链质量管理体系建设	中国移动通信集团江苏有限公司、中通维易科技服务有限公司	沈建林、戚兆军、邹志强、方鹏、张步飞、赵如兵、亓清华、倪圣健、陈宁虎、朱静、彭文
18	科技进步奖	一等奖	CFLP -2020 -02 -01 -14	A0097	“云上营家”生态化供应链平台	云南建投物流有限公司	蒋兴祥、苏娟、李映光、张大林、徐鹏、赵军、施庆昌、廖丽仙、邬翠兰、吕姣、王韬
19	科技进步奖	一等奖	CFLP -2020 -02 -01 -15	A0148	供应链全面高质量运营体系研究与应用	中国移动通信集团安徽有限公司、中通维易科技服务有限公司	荣勇、张瑀、屈绍峰、马昌荣、王玉林、常文静、金小川、李理、王静、亓清华、郭景超

续　表

序号	奖种	奖项等级	证书编号	项目编码	项目中文名称	主要完成单位	主要完成人
20	科技进步奖	一等奖	CFLP－2020－02－01－16	A0095	集装箱港口多阶物流系统作业成本控制研究	上海海事大学、上海海勃物流软件有限公司	丁一、黄桁、胡志华、陈铠敏、王直欢、杨阳、何乐媚、王文秀、杨旭泽
21	科技进步奖	一等奖	CFLP－2020－02－01－17	A0119	通信行业采购物资典型品类的成本管控模型设计与应用	中国移动通信集团湖北有限公司、上海博科资讯股份有限公司、中国移动通信集团设计院有限公司	方树垠、何立刚、万斌峰、尹燕、曾芳、方莉、卢青青、曹月、殷学梅、杜丽洁、程辉
22	科技进步奖	一等奖	CFLP－2020－02－01－18	A0240	大型机械结构件智能化焊接制造生产物流系统研发与应用	广东工业大学、广州城建职业学院、长沙华恒机器人系统有限公司、黄埔海关技术中心、江西理工大学、广州中检科技有限公司、广东锻压机床厂有限公司	高向东、张艳喜、张南峰、颜小俊、游德勇、阮洁珊、潘春荣、孙友松、肖小亭、何堃、陈秋虹
23	科技进步奖	一等奖	CFLP－2020－02－01－19	A0175	基于物联网基础架构下的末端物资管理体系构建与应用	中国移动通信集团陕西有限公司、江苏中博通信有限公司	柴娅彤、申民、付宇辉、杨雄涛、范璐、严晓春、李梅、蒋震、王亮、刘文波、尹本京

续 表

序号	奖种	奖项等级	证书编号	项目编码	项目中文名称	主要完成单位	主要完成人
24	科技进步奖	一等奖	CFLP -2020 -02 -01 -20	A0051	通信行业物资的需、采、供、用的数字化赋能管理体系设计与应用	中国移动通信集团江苏有限公司、上海博科资讯股份有限公司	沈杰、沈建林、戚兆军、罗勇、葛昕、方堃、陆海丰、岳翰、周雪龙、赵如兵、庄操
25	科技进步奖	一等奖	CFLP -2020 -02 -01 -21	A0177	基于智能信息化的通信物资全生命周期供应链管理系统构建与应用	中国移动通信集团山东有限公司、江苏中博通信有限公司	刘松森、王文亮、韩佑臻、刘慈、李慧、蒋震、王亮、尹本京、江超、赵中腾
26	科技进步奖	一等奖	CFLP -2020 -02 -01 -22	A0229	智能仓储系统关键技术研究及应用	北京印刷学院、北京建筑大学、北人智能装备科技有限公司、北京中启智源数字信息技术有限责任公司	杜艳平、姚德臣、魏楚元、窦水海、张媛、李宏峰、杨玉青、高宝雷、王强、宋华明、张勇斌
27	科技进步奖	一等奖	CFLP -2020 -02 -01 -23	A0234	服务于 5G 与新基建的中国移动 AI 智慧仓配管理体系	中国移动通信集团云南有限公司、中国移动通信集团终端有限公司	曾传东、杜文劲、段勇、刘红雨、苏晓治、何君、李鹏飞、刘倚如、张杰、李海霞、黄婷婷

续　表

序号	奖种	奖项等级	证书编号	项目编码	项目中文名称	主要完成单位	主要完成人
28	科技进步奖	一等奖	CFLP－2020－02－01－24	A0107	面向需求的畅通供应链运营体系建设	中国移动通信集团重庆有限公司	薛君、肖建明、刘庆华、隋翼、郑祝良、付霖、刘秀章、李佳佳、武智、何易、温元媛
29	科技进步奖	一等奖	CFLP－2020－02－01－25	A0277	采筑智能招标机器人	珠海采筑电子商务有限公司	都军、王亚东、苏伯超
30	科技进步奖	一等奖	CFLP－2020－02－01－26	A0085	基于大数据技术下的柔性供应链研究与应用	中国移动通信集团四川有限公司、深圳市兆航物流有限公司	郑少波、曾键、谭平、肖建明、白庆、郑祝良、咸宏伟、李婷、田元元、王静、肖震
31	科技进步奖	一等奖	CFLP－2020－02－01－27	A0266	公铁联运系统关键技术研究及装备研制	北京建筑大学、北京印刷学院	杨建伟、焦朋朋、王金海、高振清、白永亮、朱磊、赵悦、孙煦、朱爱华、张骄、化凤芳
32	科技进步奖	一等奖	CFLP－2020－02－01－28	A0283	基于精益管理的动态库存长效机制	中国移动通信集团河北有限公司、深圳市兆航物流有限公司	赵亚然、蔡梅、程叶、张倩、赵亚雄、李金宝、李丽娟

续 表

序号	奖种	奖项等级	证书编号	项目编码	项目中文名称	主要完成单位	主要完成人
33	科技进步奖	一等奖	CFLP -2020 -02 -01 -29	B0021	多港口地区综合利益最大的港口投资与资源整合决策理论研究	宁波大学、大连海事大学	杨忠振、陈东旭、程健南、邬珊华、连峰、郭利泉
34	科技进步奖	一等奖	CFLP -2020 -02 -01 -30	A0190	基于“数智化”的通信物资全流程管理研究与应用	中国移动通信集团安徽有限公司、中国移动通信集团公司采购共享服务中心、中捷通信有限公司	荣勇、张瑀、屈绍峰、武林、吴其琴、王蔚冉、王静、刘秀章、赵辰、潘清华、郭盛涛
35	科技进步奖	一等奖	CFLP -2020 -02 -01 -31	B0046	基于移动网络应用技术的供应链协同构建与应用研究	浙江万里学院、宁波柯力传感科技股份有限公司	王艳玲、郑紫微、姚玉明、朱金仁、柴秋燕
36	科技进步奖	一等奖	CFLP -2020 -02 -01 -32	A0117	5G 网络模式下的智慧化仓储管理系统	中国移动通信集团甘肃有限公司、中国科学院近代物理研究所 CUDA 研究中心、甘肃爱彼利科技有限公司、深圳市兆航物流有限公司	赵建民、李悦、郭亮、肖建明、李伟、邴志桐、朵建峰、朱永超、张海军、宋钧、王明浩
37	科技进步奖	一等奖	CFLP -2020 -02 -01 -33	A0138	公共资源交易联盟云平台	北京筑龙信息技术有限责任公司、昆明市公共资源交易中心	吴剑明、孙建文、王颖松、王保、董晓兰、郑凯、侯晓旺、孙新、黄继

续 表

序号	奖种	奖项等级	证书编号	项目编码	项目中文名称	主要完成单位	主要完成人
38	科技进步奖	一等奖	CFLP -2020 -02 -01 -34	A0176	基于电商化服务思维的协同供应体系建设与研究	中国移动通信集团陕西有限公司、中国移动通信集团新疆有限公司、深圳市兆航物流有限公司	申民、付宇辉、杨雄涛、韩鹏、高利杰、王敬之、段出颖、刘燕、亢金前、鞠瑞
39	科技进步奖	一等奖	CFLP -2020 -02 -01 -35	A0056	基于“信息化高速公路”的高质量智慧供应链体系建设	中国移动通信集团安徽有限公司、浙江中通通信有限公司	荣勇、王蕾、张瑀、韦巍、金小川、常文静、蒲亚萍、王静、徐原、马昌荣、李翔
40	科技进步奖	一等奖	CFLP -2020 -02 -01 -36	A0264	面向酒类等快消品物流的绿色智能包装技术	深圳劲嘉新型智能包装有限公司、深圳技术大学创意设计学院、武汉理工大学艺术与设计学院、中国轻工业陶瓷研究所艺术中心	陈勇军、黄华、刘朝华、陈思、郑维康、孙哲、高沛翔、张璜、苏铨涛
41	科技进步奖	一等奖	CFLP -2020 -02 -01 -37	A0275	无线识别技术在仓储终端管理系统中的应用	中国移动通信集团吉林有限公司、深圳市兆航物流有限公司	曲锐锋、韦琦、罗琦、杨育柏、金英浩、牟余鑫

续 表

序号	奖种	奖项等级	证书编号	项目编码	项目中文名称	主要完成单位	主要完成人
42	科技进步奖	二等奖	CFLP -2020 -02 -02 -01	A0151	集装箱港口柔性靠泊智能运营系统关键技术与应用	大连理工大学、大连大学	鲁渤、张令荣、朱方伟、薄洪光、刘晓冰、唐国磊、薛方红、林波、白朝阳
43	科技进步奖	二等奖	CFLP -2020 -02 -02 -02	A0262	基于微服务架构的工业互联云平台	中国兵工物资集团有限公司、北方云景科技（北京）有限公司	白长治、王伟、刘雨辰、贺蕾、李兆靖、于然、曹磊、吴波、吴杰、薛军军
44	科技进步奖	二等奖	CFLP -2020 -02 -02 -03	A0163	空地协同物流网络智能调度系统	中南大学、北京航空航天大学、北京交通大学、泸州老窖集团有限责任公司、良品铺子股份有限公司	伍国华、郭炳晖、高海伟、孙跃、赵刚、姜鑫、刘冬薇、张润彤、朱晓敏
45	科技进步奖	二等奖	CFLP -2020 -02 -02 -04	A0043	中国自动化（吴忠）产业园一期工程智能物流系统	中国中元国际工程有限公司	师清木、卢风禄、张绍杰、辛锴、王先、李军、赵文杰、徐诚、张笑

续 表

序号	奖种	奖项等级	证书编号	项目编码	项目中文名称	主要完成单位	主要完成人
46	科技进步奖	二等奖	CFLP-2020-02-02-05	A0227	普罗格“智仓”智慧物流整体解决方案	湖北普罗劳格科技股份有限公司	周志刚、叶红梅、龙衍、邬瀚
47	科技进步奖	二等奖	CFLP-2020-02-02-06	B0031	长江航运服务业转型升级路径研究	武汉理工大学、华北科技学院	杨家其、赵光辉、涂敏、王海燕、戈效国、王其端、薛金林、陈玲玲、余昊
48	科技进步奖	二等奖	CFLP-2020-02-02-07	A0255	中国外运人工智能集装箱场站项目	中国外运华南有限公司、中国外运福建有限公司	陈启新、潘贤真、杨志斌、刘智力、蔡俩志、谢桂林、郑双智、陈丽萍、邢帮文
49	科技进步奖	二等奖	CFLP-2020-02-02-08	A0254	基于全流程智慧赋能的远程电子评标体系建设	中国移动通信集团广东有限公司	苏炜、伍娟、关智华、何思泓、吕舒然、廖克汶、罗必鹏
50	科技进步奖	二等奖	CFLP-2020-02-02-09	A0133	政府采购国际营商环境评价研究	中国标准化研究院	尹彦、张晓瑞、冯永琴、李文昭、刘乐、曾凌云、宋黎、张航

续 表

序号	奖种	奖项等级	证书编号	项目编码	项目中文名称	主要完成单位	主要完成人
51	科技进步奖	二等奖	CFLP－2020－02－02－10	B0052	基于核心要素管控的危险货物道路运输安全提升技术研究及应用	长安大学、交通运输部公路科学研究所、兰州交通大学、江苏交学网络技术有限公司	沈小燕、马昌喜、周炜、任春晓、张国胜、刘浩学、董相勇、王春辉、邓一凡
52	科技进步奖	二等奖	CFLP－2020－02－02－11	A0052	基于物联网的生鲜农产品冷链物流公共信息平台开发与产业化应用	山东理工大学、临沂大学、山东思远农业开发有限公司、临淄区农业安全事务服务中心、山东金兰现代物流发展有限公司	韩鑫、王娟、伊丽丽、姚晓杭、王玉春、王会征、白京波、于长军、高文文
53	科技进步奖	二等奖	CFLP－2020－02－02－12	A0145	智慧物流安全寻址技术及其应用	南京邮电大学	孙知信、骆冰清、汪胡青、宫婧、陈松乐、胡冰
54	科技进步奖	二等奖	CFLP－2020－02－02－13	A0101	基于 RFID 技术的物流运输车辆电子车牌应用与推广	广东农工商职业技术学院、黄埔海关技术中心、广州中检科技有限公司、广州中能新能源汽车有限公司、广州青鸟新能源科技有限公司	陈龙凤、李法春、黄军辉、张南峰、廖中文、陈述官、钱玉忠、杨旭志、黎永健
55	科技进步奖	二等奖	CFLP－2020－02－02－14	A0080	智能仓储平台	中外运跨境电商物流有限公司、中移物联网有限公司	肖成路、李秋玲、王政、张宏、尹芳颖、刘海、余荣光

续 表

序号	奖种	奖项等级	证书编号	项目编码	项目中文名称	主要完成单位	主要完成人
56	科技进步奖	二等奖	CFLP－2020－02－02－15	A0278	大宗商品智慧物流解决方案——智能磅室	卡车司机（北京）科技有限公司	王宇飞、朱建佳、徐乃煊
57	科技进步奖	二等奖	CFLP－2020－02－02－16	A0130	构建采购领域全方位风险防控闭环管理体系	中国移动通信集团湖北有限公司、中国移动通信集团设计院有限公司、上海博科资讯股份有限公司	何立刚、万斌峰、尹燕、曾芳、陈晓洁、方莉、刘丽丽、张扬眉、张璐
58	科技进步奖	二等奖	CFLP－2020－02－02－17	A0260	宝象智慧供应链云平台	云南宝象物流集团有限公司、云南昆钢电子信息科技有限公司	杨再锋、周洁、彭利昌、靳劲松、李杰、惠春梅、李仕茂、杨红、申剑雄
59	科技进步奖	二等奖	CFLP－2020－02－02－18	A0094	中国邮政速递物流无锡长三角邮件集散中心工程	邮政科学研究规划院	王磊、朱晓忠、孟硕、马雪鹏、王贯军、张展展、李强、王艺璇、李晶晶
60	科技进步奖	二等奖	CFLP－2020－02－02－19	A0135	基于微服务架构的卷烟工商配送效率提升应用研究	西南科技大学、四川省烟草公司成都市公司、广西中烟工业有限公司	宋红文、刘宁、陈紫薇、黄飞杰、钟良、王玺、肖彭莹、尹健康、韩叔君

续　表

序号	奖种	奖项等级	证书编号	项目编码	项目中文名称	主要完成单位	主要完成人
61	科技进步奖	二等奖	CFLP－2020－02－02－20	B0027	多式联运示范工程配套方案与政策研究	上海海事大学、上海交通大学	王学锋、胡昊、戈佳威、秦汾、金琳、晁艺荧、黄天荣、金建刚、谷央央
62	科技进步奖	二等奖	CFLP－2020－02－02－21	A0065	面向数据驱动的装备制造供应链质量管控关键技术研究及应用	重庆市质量和标准化研究院、中国标准化研究院、中国电子技术标准化研究院、重庆斯欧信息技术股份有限公司、重庆机电职业技术大学	黄东、陈震宇、杨涌、刘竟成、韦莎、龙华、章建方、杨铮、陈宏涛
63	科技进步奖	二等奖	CFLP－2020－02－02－22	A0288	应用大数据开展季节性动态库存定额调整优化	国网上海市电力公司物资公司	洪芳华、牛凯、施鸣达、徐丽、林燕云、孙明、陈效俊、孙海林、肖锋
64	科技进步奖	二等奖	CFLP－2020－02－02－23	A0030	电池 SOC 精确算法及低能耗控制策略的纯电动物流车研发与运用	安徽江淮汽车集团股份有限公司	李文杰、张宸维、朱勇长、杨书明、叶昌森、李坤鹏、张茂飞、赵威锋、胡群
65	科技进步奖	二等奖	CFLP－2020－02－02－24	A0185	智能物流实训系统研发及应用推广	宁夏职业技术学院、菏泽职业学院、重庆文理学院、重庆邮电大学、广州轻工职业技术学院	陈志新、董茂常、蹇洁、缪兴锋、米志强、孟军齐、楚晓娟、叶枫、李腾

续 表

序号	奖种	奖项等级	证书编号	项目编码	项目中文名称	主要完成单位	主要完成人
66	科技进步奖	二等奖	CFLP－2020－02－02－25	A0273	工业互联与区块链共创ICT产业合作新生态	中国移动通信集团河南有限公司、中国移动通信集团采购共享中心、深圳市兆航物流有限公司	曾磊、辛朝、刘志华、马少杰、杨建军、黄宇、贺延敏、月球、彭职权
67	科技进步奖	二等奖	CFLP－2020－02－02－26	B0070	交通物流发展对减贫的促进作用研究与实践	交通运输部公路科学研究所、河北省高速公路青银管理处、中铁二院工程集团有限责任公司、新疆生产建设兵团公路科学技术研究所、河北省交通规划设计院	焦雯雯、高燕、周天星、屈磊、张秋红、孔庆峰、丁大川、姜川川、杨雳鹏
68	科技进步奖	二等奖	CFLP－2020－02－02－27	A0257	基于物联网技术和柔性化生产的汽车零部件物流库房智能化改造项目	一汽物流有限公司	李智昊、祁国华、祁英、高跃峰、王欢、王婉聪、马茵、徐昊、扈立奇
69	科技进步奖	二等奖	CFLP－2020－02－02－28	A0061	大宗商品数字化仓库关键技术与应用	中信梧桐港供应链管理有限公司	苏磊、李海月、梁辉、胡淑莉、郑炜、王奇、李硕、童望凉、张芬
70	科技进步奖	二等奖	CFLP－2020－02－02－29	A0147	基于核心企业的供应链金融研究与实践	中国移动通信集团安徽有限公司、中企云链（北京）金融信息服务有限公司	常文静、荣勇、王蕾、张瑀、月球、王静、马昌荣、韦巍、王娟

续 表

序号	奖种	奖项等级	证书编号	项目编码	项目中文名称	主要完成单位	主要完成人
71	科技进步奖	二等奖	CFLP -2020 -02 -02 -30	B0007	“四流合一”煤电智慧供应链实践探索—华电集团十三五物流发展规划	徐州工程学院、华电集团北京燃料物流有限公司	卢松泉、王新华、管春峰、卢宣成、吴建军、何佳俊、贾瓦德
72	科技进步奖	二等奖	CFLP -2020 -02 -02 -31	A0268	基于5G技术下的数智共仓共配可视化平台研发与应用项目	广州华新商贸有限公司	莫俊刚、蔡军、周劲杰、简毅峰、莫韵颜、李康华、黄燕鸿、陈穗苹、范志伟
73	科技进步奖	二等奖	CFLP -2020 -02 -02 -32	B0026	物流园区规划及运营关键国家标准研制	上海市质量和标准化研究院、上海商业发展研究院	晏绍庆、马娜、路欢欢、康俊生、李红梅、姜超峰、张晓东、黄萍、王晓燕
74	科技进步奖	二等奖	CFLP -2020 -02 -02 -33	A0003	AGV国产化与智能化的研究与应用	龙岩烟草工业有限责任公司、深圳市今天国际智能机器人有限公司	卢达辉、林郁、李文灿、曹琦、黄许立、吴少军、高寿泉、马庆文、郭天文
75	科技进步奖	二等奖	CFLP -2020 -02 -02 -34	A0143	面向供应链管理信息化的业务流程再造	中国移动通信集团江西有限公司、深圳市兆航物流有限公司	邓庆林、程碧伟、王勇刚、刘博、赵辰、胡昶、林佩珩、万圭、王旭

续 表

序号	奖种	奖项等级	证书编号	项目编码	项目中文名称	主要完成单位	主要完成人
76	科技进步奖	二等奖	CFLP－2020－02－02－35	B0034	北京市网购食品安全及监管研究	北京工商大学	杨浩雄、康智勇、崔丽、孙红霞、崔正、赵川、周永圣、吕俊杰、杜新建
77	科技进步奖	二等奖	CFLP－2020－02－02－36	A0012	轻量化与转向系统优化的清洁能源重载荷物流运输车	湖北汽车工业学院、东风华神汽车有限公司、张家港富瑞特种装备股份有限公司	陈诚、周晋雯、张胜兰、赵浩南、薛政、葛军、康元春、刘卫、李晓峰
78	科技进步奖	二等奖	CFLP－2020－02－02－37	A0269	德邻陆港工业互联网综合服务平台	德邻陆港（鞍山）有限责任公司、辽宁省交通运输事业发展中心	郭克、朱元明、邹尚旭、张伟、于德水、李晓峰、杨雪峰、张蔚芳、贾佃精
79	科技进步奖	二等奖	CFLP－2020－02－02－38	A0211	低碳型远洋冷链物流系统设施与设备协同支持系统	大连海洋大学、大连理工大学	任莉、彭云、姜影、赵兰英、刁有明
80	科技进步奖	二等奖	CFLP－2020－02－02－39	A0058	基于态势感知的工业手机移动设备管理平台	圆通速递有限公司、北京指掌易科技有限公司	谭书华、易芬、胥春石、王小虎
81	科技进步奖	二等奖	CFLP－2020－02－02－40	A0286	车用起重尾板产品与应用标准化技术	交通运输部公路科学研究所、深圳市凯卓立液压设备股份有限公司、汉阳专用汽车研究所	宗成强、张红卫、张浩、王泽黎、高国有、区传金、梁上愚、董金松、张学礼

续 表

序号	奖种	奖项等级	证书编号	项目编码	项目中文名称	主要完成单位	主要完成人
82	科技进步奖	二等奖	CFLP－2020－02－02－41	A0140	基于Ecode的工业互联网标识解析系统建设及精准追溯应用	中国物品编码中心、内蒙古蒙牛乳业（集团）股份有限公司	张成海、罗秋科、李素彩、李健华、黄艳、房艳、韩广才、杜景荣、孙小云
83	科技进步奖	二等奖	CFLP－2020－02－02－42	A0112	一种大件自动化仓库解决方案	北京京东振世信息技术有限公司、北京京邦达贸易有限公司、北京京东乾石科技有限公司	白鑫、颜铁豪、韩双、杨浩光、周围、普辉、刘振基、段东栋、王亚军
84	科技进步奖	二等奖	CFLP－2020－02－02－43	A0041	单元物料“异标合一”自动化分拣线	云南财经大学、昆明腾威机电有限公司	冉文学、宋志兰、徐帮辉、刘森、王家鹏、银伟丽、黄益、谢艮花、文评
85	科技进步奖	二等奖	CFLP－2020－02－02－44	A0020	大型罐式飞机加油车	上海承飞航空特种设备有限公司	王雷、薛小波、管大胜、张序洋
86	科技进步奖	二等奖	CFLP－2020－02－02－45	A0069	基于大数据供应商画像的采购策略优化系统	中国移动通信集团重庆有限公司、立信（重庆）数据科技股份有限公司	薛君、刘庆华、赵亮、唐丽、冯乐、张仲芳、夏涛、周钦、徐振枢
87	科技进步奖	二等奖	CFLP－2020－02－02－46	A0202	汽车零部件智能立体仓储控制系统	重庆长安民生物流股份有限公司	廖家华、黄斌、李想、朱勇、熊茂、王振国、曲江磊、冯盛、王宇翔

续 表

序号	奖种	奖项等级	证书编号	项目编码	项目中文名称	主要完成单位	主要完成人
88	科技进步奖	二等奖	CFLP－2020－02－02－47	A0042	跨境电商物流全链路典型设施装备技术与物流服务提升研究及应用	广东交通职业技术学院、中国民航大学经济管理学院	李旭东、李强
89	科技进步奖	二等奖	CFLP－2020－02－02－48	A0054	防爆领域数字化车间及智能物流系统	沈阳新松机器人自动化股份有限公司	曲道奎、王家宝、王军、刘桂娟、李清、张磊、菅庆峰、王博、杨博、车元朋、徐元军
90	科技进步奖	二等奖	CFLP－2020－02－02－49	A0281	5G 无线产品供应链模型化管理实践	中国移动通信集团河北有限公司、深圳市兆航物流有限公司	刘明、郝景毅、孙湘君、蔡梅
91	科技进步奖	二等奖	CFLP－2020－02－02－50	A0203	“一带一路”航空复合材料轻量重载化防冻开顶集装箱研发	大连中集特种物流装备有限公司、大连市标准化研究院有限公司、东北林业大学、辽宁省交通运输事业发展中心	李长英、于广辉、徐磊、胡宝雨、孙明君、王俊、汪亮、高兴、殷巧琳
92	科技进步奖	二等奖	CFLP－2020－02－02－51	B0069	《联运通用平托盘》系列国家标准	北京科技大学、交通运输部科学研究院、中国物流与采购联合会托盘专业委员会、中国包装联合会	唐英、熊才启、吴清一、王利、孙熙军

续 表

序号	奖种	奖项等级	证书编号	项目编码	项目中文名称	主要完成单位	主要完成人
93	科技进步奖	二等奖	CFLP -2020 -02 -02 -52	A0126	液体危险货物罐式运输安全保障关键技术研究及应用	交通运输部公路科学研究所、深圳市昊岳科技有限公司、天津所托瑞安汽车科技有限公司	杜林森、任春晓、梁建忠、刘宗刚、姜慧夫、周炜、刘宏利、董轩、陈野
94	科技进步奖	二等奖	CFLP -2020 -02 -02 -53	B0017	O2O 模式下网购供应链的系统演化规律及其关键要素识别研究	南京工程学院	吴义生、卢荣花、王荣、徐凤、徐浩、解涛、姚立、李育阳、蒋诚智
95	科技进步奖	二等奖	CFLP -2020 -02 -02 -54	B0004	地市供电企业废旧物资精益化管理创新与实践	国网江苏省电力有限公司盐城供电分公司	袁航、胡举纲、仇爱军、吴怡、翟文跃、王顺吉、陶萍、卞振华、王雁冰
96	科技进步奖	二等奖	CFLP -2020 -02 -02 -55	A0195	北京新机场货运区工程	中国中元国际工程有限公司	赵习习、李志辉、卢风禄、施春燕、刘莉萍、徐莹、王民、迟越、樊红征
97	科技进步奖	二等奖	CFLP -2020 -02 -02 -56	B0019	服务区域物流产业的“四阶段递进、全过程融合”物流工程专业硕士培养模式	浙江万里学院	王琦峰、钟晓军、楼百均、季书会、李秋正、李肖钢、王丽娜、陈彩祥
98	科技进步奖	二等奖	CFLP -2020 -02 -02 -57	A0134	福建省电力物资仓储网络体系优化关键技术研究	上海交通大学、厦门大招科技有限公司、厦门亿力吉奥信息科技有限公司	戴磊、姚帅寓、胡昊、金建钢、李孝锋、洪荣集、章义贤、黄超、陈升

续 表

序号	奖种	奖项等级	证书编号	项目编码	项目中文名称	主要完成单位	主要完成人
99	科技进步奖	二等奖	CFLP-2020-02-02-58	B0006	地市供电企业物资综合运营监控预警管理创新与应用研究	国网江苏省电力有限公司徐州供电分公司	董旭、狄夫岱、宁博、许航、赵庆凯、彭霞、赵军
100	科技进步奖	二等奖	CFLP-2020-02-02-59	A0092	生命周期供应链库存管理	中国移动通信集团山东有限公司、深圳市兆航物流有限公司	刘松森、王文亮、韩佑臻、刘慈、李慧
101	科技进步奖	二等奖	CFLP-2020-02-02-60	A0106	基于人工智能的评标辅助系统	中国移动通信集团重庆有限公司	薛君、刘庆华、赵亮、高道君、王毅、张琳悦、宋渝、何月鑫、江永挺
102	科技进步奖	二等奖	CFLP-2020-02-02-61	B0049	徐州打造国家铁路物流中心专题研究	江苏纬信工程咨询有限公司、河海大学	胡斌、王伟、陈忠兵、夏斯明、黄莉、陈飞、丁振强、金春良、王科伟
103	科技进步奖	二等奖	CFLP-2020-02-02-62	B0072	营运货车安全技术条件 第2部分：牵引车辆与挂车	交通运输部公路科学研究院、中公高远（北京）汽车检车技术有限公司、中国汽车工程研究院股份有限公司、国家汽车质量监督检验中心（襄阳）	张浩、宗成强、张红卫、董金松、区传金、张学礼、晋杰、李强、屈怀琨
104	科技进步奖	二等奖	CFLP-2020-02-02-63	A0024	汽车零部件物流运包一体化研究	上海能运物流有限公司	吕书翰、陈佳伟、杨瑛、戴书珍、孟祥宇、徐忠云

续 表

序号	奖种	奖项等级	证书编号	项目编码	项目中文名称	主要完成单位	主要完成人
105	科技进步奖	二等奖	CFLP－2020－02－02－64	B0005	地市供电企业基于现代信息技术的储检配协同管理模式创新与实践	国网江苏省电力有限公司泰州供电分公司	胡亚山、张志宏、常宏、张维、张明生、姚骥、朱艳梅、徐小成、鲍宸民
106	科技进步奖	二等奖	CFLP－2020－02－02－65	A0179	物料标准化识别技术创新	北京筑龙信息技术有限责任公司、招商局集团招投标中心	何玉龙、杨寅超、胡婧玥、樊少勇、钟苏梅、蔺绍洋、马海江、王晓军、陈宇轩
107	科技进步奖	二等奖	CFLP－2020－02－02－66	A0060	智能自动分拣系统在现代电商快递行业中的示范应用研发与推广	广东信源物流设备有限公司、北京京邦达贸易有限公司	刘玉绒、刘今禹、张广会、陈剑锋、范冬义、郭晓辉、吴冰萍、贾照丽
108	科技进步奖	二等奖	CFLP－2020－02－02－67	A0040	科捷金库供应链大数据应用平台	北京科捷智云技术服务有限公司、北京科捷物流有限公司、神州数码控股有限公司	杨文霞、闫丰、张剑锋、马君、贾宏生、赵岩硕、乔丽、洪志刚、朱翔
109	科技进步奖	二等奖	CFLP－2020－02－02－68	A0166	面向供应商物资协同与服务体系的研究与应用	中国移动通信集团新疆有限公司、江苏中博通信有限公司	依斯拉依·司马义、曹峰、韩鹏、帖俊、白嵘、翟俊、罗光辉、郭作鹏、王亮

续 表

序号	奖种	奖项等级	证书编号	项目编码	项目中文名称	主要完成单位	主要完成人
110	科技进步奖	二等奖	CFLP -2020 -02 -02 -69	B0074	物产物流钢铁仓储智能化管理策略研究与实践	浙江物产物流投资有限公司、浙江大学数学科学学院	唐雄伟、焦利剑、张朋、王武军、叶乐、陈琦、俞子昆、邓丹莹、孙爽
111	科技进步奖	二等奖	CFLP -2020 -02 -02 -70	A0191	山东移动"智汇云仓"智慧供应链解决方案	中国移动通信集团山东有限公司、中捷通信有限公司	刘松森、王文亮、韩佑臻、李慧、刘慈、潘清华、郭盛涛、林云智、罗集峰
112	科技进步奖	二等奖	CFLP -2020 -02 -02 -71	A0059	基于 ECRS 的采购流程优化、聚力5G需求管理和建设研究	中国移动通信集团重庆有限公司	薛君、刘庆华、赵亮、阳光、江南
113	科技进步奖	二等奖	CFLP -2020 -02 -02 -72	A0016	基于温差发电 LNG 发动机热管理技术研究	河南工程学院	马宗正、徐平、马涛、王新莉、杨安杰
114	科技进步奖	二等奖	CFLP -2020 -02 -02 -73	A0088	基于柔性管理理念、不断提高市场类采购支撑敏捷性	中国移动通信集团陕西有限公司	王建伟、李丽洁、田琛、童芳芳、霍庆霄、李佳、陈兵、李莉萍、李春侠

续 表

序号	奖种	奖项等级	证书编号	项目编码	项目中文名称	主要完成单位	主要完成人
115	科技进步奖	二等奖	CFLP－2020－02－02－74	A0189	重型电力物资智慧仓配技术研究及应用	广东电网物资有限公司、中捷通信有限公司	赵恒、钟炯聪、张柏雄、郭伟祥、邱圣、张金金、李峥成、何劲韬、潘清华
116	科技进步奖	二等奖	CFLP－2020－02－02－75	B0018	江苏省省级防汛物资储备管理规范化研究	江苏省水利防汛物资储备中心、河海大学、中国科学技术大学	韦建斌、华庆莉、王伟、黄莉、陈国星、骆勇、王熹徽、樊峻江、郭尉
117	科技进步奖	二等奖	CFLP－2020－02－02－76	B0015	河南省公路货运枢纽（物流园区）建设指南研究	华北水利水电大学、河南省交通运输厅综合规划处、河南省交通规划设计研究院股份有限公司	郭福利、李赛赛
118	科技进步奖	二等奖	CFLP－2020－02－02－77	A0064	基于大数据驱动的采购方案自动迭代和优化研究	中国移动通信集团重庆有限公司	薛君、刘庆华、余力、赵亮、旦佳、李雪
119	科技进步奖	二等奖	CFLP－2020－02－02－78	B0078	物资仓库调度系统创新与应用研究	江苏智库智能科技有限公司	蔡传玉、杨光、张赢、陈阳
120	科技进步奖	二等奖	CFLP－2020－02－02－79	A0221	智能归口管理、企业降本增效的深入研究与应用	中国移动通信集团山东有限公司、公诚管理咨询有限公司	刘松森、王文亮、李爱敏、安振宇、王晔、吴庆海、陈彬

续 表

序号	奖种	奖项等级	证书编号	项目编码	项目中文名称	主要完成单位	主要完成人
121	科技进步奖	二等奖	CFLP-2020-02-02-80	A0171	基于全冷链温控关键系统的构建	徐州工程学院、江苏省精创电气股份有限公司	张兵、李超飞、程瑜、徐欣、吴云、张至鑫、石永红、杜明坤、刘毅
122	科技进步奖	二等奖	CFLP-2020-02-02-81	A0285	通信企业供应链协同	中国移动通信集团湖南有限公司、深圳市兆航物流有限公司	张坤、张辉、夏李灿、吴芳、纪德桂、尹剑锋、彭爱华、胡剑炜
123	科技进步奖	二等奖	CFLP-2020-02-02-82	A0045	轮胎行业数字化车间物料自动转运机器人系统	机科发展科技股份有限公司	张胜、刘洋、公建宁、王丹伟、孔祥震、向光义、李昌臣、那业丹、焦健
124	科技进步奖	二等奖	CFLP-2020-02-02-83	A0089	基于虚拟现实的物流监控系统在医药行业的应用	上海酷想智能科技有限公司、浙江新摩智能科技有限公司、云南财经大学	金桂根、穆建军、乔英、高彦国、黎建强、叶玮、纪艳飞、赵丽宝、汤文雄
125	科技进步奖	二等奖	CFLP-2020-02-02-84	A0259	构建一体化协同供应管理体系	中国移动通信集团宁夏有限公司、深圳市兆航物流有限公司、华为技术有限公司	王琦、邢国妍、董蕊、杨扬、商彬、杜婷婷、付颖、师伟、刘娟

续 表

序号	奖种	奖项等级	证书编号	项目编码	项目中文名称	主要完成单位	主要完成人
126	科技进步奖	二等奖	CFLP -2020 -02 -02 -85	A0079	水产品储运关键技术的研究及应用	淮阴工学院、合肥万康渔业科技有限公司、江苏新天地食品股份有限公司	聂小宝、李松林、程丽林、叶晓明、滕年龙、陈晓明、聂凌鸿
127	科技进步奖	二等奖	CFLP -2020 -02 -02 -86	A0290	基于信息化的通信物资精益物流管理探索与实践	中国移动通信集团青海有限公司、深圳市兆航物流有限公司	张保洲、杜全寿、杨玉清、祁树香
128	科技进步奖	二等奖	CFLP -2020 -02 -02 -87	B0063	基于协同思想的电子商务运营管理实务立体化教材	宁波工程学院、浙大宁波理工学院	唐连生、刘铁莉、许燕、董新平、何雷
129	科技进步奖	二等奖	CFLP -2020 -02 -02 -88	B0025	“非危液态化工产品物流突发事件处理（GB/T 34403—2017）”国家标准研制	上海第二工业大学、上海市质协用户评价中心	郝皓、林慧丹、高峰、陶世鹏、梅雪芸、程艳瑾、庄雪松
130	科技进步奖	二等奖	CFLP -2020 -02 -02 -89	A0231	流程融通、数据融智、采购领域合法合规管理研究与实践	中国移动通信集团有限公司采购共享服务中心	王昕、金伟、李炯、沈忱、刘溪、马俊、王实权

续　表

序号	奖种	奖项等级	证书编号	项目编码	项目中文名称	主要完成单位	主要完成人
131	科技进步奖	二等奖	CFLP－2020－02－02－90	B0081	电子商务环境下城市配送关键技术研究及示范应用	交通运输部规划研究院	魏永存、李弢、甘家华、刘勇凤、史言、李云汉、杨丁丁、陈波莅、刘佳昆
132	科技进步奖	二等奖	CFLP－2020－02－02－91	A0078	飞流仓库智能指挥系统	广东锐捷时尚物流有限公司、广东飞流智能科技有限公司	冯玉年、周薛东、林嘉颖、周莹莹、谭炜柱、朱李平
133	科技进步奖	二等奖	CFLP－2020－02－02－92	A0276	智慧物流领域产教融合现代学徒制人才培养模式的构建与应用	北京国商物流有限公司、北京智人天下科技有限公司、天津滨海职业学院	翟玲、刘雁红、王琳、胡誉丹、汪旭、孙存生、周剑锋、邓海洋、张辉
134	科技进步奖	二等奖	CFLP－2020－02－02－93	A0284	通信运营商企业物流管理优化策略	中国移动通信集团福建有限公司、深圳市兆航物流有限公司	欧松、陈钧、陈玫、郭建聪、李大杰、吴磊
135	科技进步奖	二等奖	CFLP－2020－02－02－94	A0154	江苏百盛润家商贸有限公司流通领域快消品现代供应链体系建设项目	徐州工程学院、江苏百盛润家商贸有限公司	王世泉、魏贤梅、刘凯、陈杨、李大江、程瑜
136	科技进步奖	三等奖	CFLP－2020－02－03－01	A0005	面向物联网的物流车辆先进适用技术的应用研究	徐州工程学院、江苏宗申车业有限公司	乔淑云、马慧敏、蒋秀莲、贾雨、王立文、黄为勇、席建中

续 表

序号	奖种	奖项等级	证书编号	项目编码	项目中文名称	主要完成单位	主要完成人
137	科技进步奖	三等奖	CFLP -2020 -02 -03 -02	B0077	“丝绸之路经济带”兰州段快捷货物运输体系构建及发展研究	兰州交通大学	张玉召、张文婷、李海军、王建强、孟学雷、杨菊花、李世威
138	科技进步奖	三等奖	CFLP -2020 -02 -03 -03	B0061	服务区域特色产业、打造“四位一体”冷链物流实训基地的研究与实践	广西职业技术学院、广西物流与采购联合会	吴立鸿、杨清、周会国、王东、李飞诚、余丽燕、盛舒蕾
139	科技进步奖	三等奖	CFLP -2020 -02 -03 -04	A0132	徐州绿色智能环卫运输监控平台系统开发与应用	徐州工程学院、徐州天大信息科技发展有限公司	陈丰照、马慧敏、马忠民、陈扬、范东强、陈文文、王远利
140	科技进步奖	三等奖	CFLP -2020 -02 -03 -05	B0024	营运车辆自动紧急制动系统性能要求和测试规程	交通运输部公路科学研究院、河南护航实业股份有限公司、重庆车辆检测研究院有限公司	周炜、李文亮、曹琛、董轩、李臣、张长宇、王戬
141	科技进步奖	三等奖	CFLP -2020 -02 -03 -06	A0237	筑龙标事通	深圳筑龙信息技术有限责任公司	谭迅飞、兰孟飞、林之棋、杨龙生
142	科技进步奖	三等奖	CFLP -2020 -02 -03 -07	A0249	无人驾驶与大台车技术在汽车生产物流室外场景的联合应用	风神物流有限公司	罗春龙、彭圆圆、张明月、张艳

续 表

序号	奖种	奖项等级	证书编号	项目编码	项目中文名称	主要完成单位	主要完成人
143	科技进步奖	三等奖	CFLP -2020 -02 -03 -08	A0245	制丝机器高精度启停方案的研究与应用	中国烟草总公司职工进修学院、河南中烟工业有限责任公司、河南国之云电子科技有限公司	李小福、王德吉、汪翠兰
144	科技进步奖	三等奖	CFLP -2020 -02 -03 -09	A0261	柔性室内物流解决方案	隆博机器人（深圳）有限公司	佘元博、符国和、梁煜明、廖世超
145	科技进步奖	三等奖	CFLP -2020 -02 -03 -10	A0188	冷库推拉门项目	北京亚冷国际供应链管理有限公司	刘曦泽
146	科技进步奖	三等奖	CFLP -2020 -02 -03 -11	A0038	6 ×4 重型牵引车系列产品开发及技术应用	安徽江淮汽车集团股份有限公司	王富波、张永生、刘强、范思红、赖前中、高美芹、孟祥楠
147	科技进步奖	三等奖	CFLP -2020 -02 -03 -12	B0011	新时期战备物资储备研究	陆军勤务学院军事物流系、中国人民解放军 32230 部队	王丰、林勇、熊振伟、王金梅、陈俐颖、杨振西、伍岳
148	科技进步奖	三等奖	CFLP -2020 -02 -03 -13	A0099	中国邮政大型骨干节点邮件处理中心建设模板——哈尔滨邮件处理中心工艺设备配备工程	邮政科学研究规划院	李璐、贺睿琦、魏俊荣、钟谆谆、辛海林、徐道程、李华

续 表

序号	奖种	奖项等级	证书编号	项目编码	项目中文名称	主要完成单位	主要完成人
149	科技进步奖	三等奖	CFLP -2020 -02 -03 -14	B0056	基于 MOODLE 系统构建《药品仓储管理实务》网络教学平台及应用实践	盐城工业职业技术学院	施建华、葛霞、韦亚洲、邓先宝、周伟、周荣虎、孙开杰
150	科技进步奖	三等奖	CFLP -2020 -02 -03 -15	A0247	基于智能语音识别的汽车售后零部件拣选集成系统的物流作业实践	风神物流有限公司	罗春龙、王建新、盖雪莹、黄奥博、刘波、孙振威、刘颖
151	科技进步奖	三等奖	CFLP -2020 -02 -03 -16	A0108	中通快递疫情防控平台	上海中通吉网络技术有限公司	衡成飞、李广
152	科技进步奖	三等奖	CFLP -2020 -02 -03 -17	A0213	电商 WMS 系统整体解决方案	上海无忧供应链管理有限公司、上海爱尼微尔科技有限公司	张若龙、刘嘉亮
153	科技进步奖	三等奖	CFLP -2020 -02 -03 -18	B0059	智慧物流	中国科技大学国际金融研究院(管理学院)、安徽公共资源交易集团	韩东亚、余玉刚
154	科技进步奖	三等奖	CFLP -2020 -02 -03 -19	A0022	智慧冷链物流全程可视化监控与优化调度关键技术研发及示范应用	希杰荣庆物流供应链有限公司	郑全军、赵林度、郑露露、李树民、李文娇、袁西雅、刘永生

续 表

序号	奖种	奖项等级	证书编号	项目编码	项目中文名称	主要完成单位	主要完成人
155	科技进步奖	三等奖	CFLP-2020-02-03-20	A0066	基于地下物流仓储抗浮的抗拔桩设计关键技术研究	温州大学、临沂大学	李校兵、郑国栋、丁光亚、谢子令、杨昭宇、胡健丽、徐京
156	科技进步奖	三等奖	CFLP-2020-02-03-21	A0072	数字化企业供应链管理系统	普德施（北京）科技有限公司	于思明、谈世强、卢凤奇、王文、张利、周熙、吴运峰
157	科技进步奖	三等奖	CFLP-2020-02-03-22	A0032	新一代高端轻卡产品开发及链传动关键技术应用	安徽江淮汽车集团股份有限公司	杨宗宝、马亮、宋心雷、李鑫、韩光杰、熊献锋、张愉
158	科技进步奖	三等奖	CFLP-2020-02-03-23	A0141	生鲜农产品冷链物流配送系统的建模、优化与控制研究	安徽理工大学、山东理工大学、临沂大学	许家昌、张明、韩鑫、孔凡霞、姚晓杭、王伯龙、白京波
159	科技进步奖	三等奖	CFLP-2020-02-03-24	A0008	支撑多式联运的智能物流一体化服务平台研发	宝供物流企业集团有限公司、广东一站网络科技有限公司	彭鑫、顾小昱、方建元、赵耀华、李盈、卢景星、胡建军
160	科技进步奖	三等奖	CFLP-2020-02-03-25	B0039	“一带一路”沿线国家快递发展指数研究及国别策略分析	邮政科学研究规划院	董晓珺、杜艳、韦春丽、孙倩、李文琪、刘阳春、张思琪

续 表

序号	奖种	奖项等级	证书编号	项目编码	项目中文名称	主要完成单位	主要完成人
161	科技进步奖	三等奖	CFLP -2020 -02 -03 -26	B0068	基于联动机制的高速公路突发事件应急管理流程评价及设计	华北科技学院、燕京理工学院	陈玲玲、张琪、陈东健、李玮、刘宏伟、孟祥生
162	科技进步奖	三等奖	CFLP -2020 -02 -03 -27	B0033	基于大数据的智慧物流综合决策关键技术及应用研究	交通运输部科学研究院	杨天军、杨光、王肖文、安然、陈波莅、李汉卿、田春青
163	科技进步奖	三等奖	CFLP -2020 -02 -03 -28	A0142	新点“易采虹”区块链平台	国泰新点软件股份有限公司	陈洲、陆建、沈云、蔡翔、朱文兵
164	科技进步奖	三等奖	CFLP -2020 -02 -03 -29	A0226	高校快递收寄一体化智能解决方案	中科富创（北京）科技有限公司、贵州近邻宝科技有限公司	宋召卫、邓庆元、刘磊、张琦、王强、王东锋、武金彪
165	科技进步奖	三等奖	CFLP -2020 -02 -03 -30	A0200	国内石油平台储运罐箱	大连中集特种物流装备有限公司、大连市标准化研究院有限公司	回凤娜、王忠连、李永哲、邓庆利、姜英禄、董江秋、李志刚
166	科技进步奖	三等奖	CFLP -2020 -02 -03 -31	A0116	京东物流智擎调度平台	北京京东振世信息技术有限公司、北京京邦达贸易有限公司、北京京东乾石科技有限公司	张洪、吴昱、刘海鸣、何双、武海龙、宋晓昕、胡浩
167	科技进步奖	三等奖	CFLP -2020 -02 -03 -32	A0067	中国人寿智采商城	中国人寿保险股份有限公司	刘芳

续 表

序号	奖种	奖项等级	证书编号	项目编码	项目中文名称	主要完成单位	主要完成人
168	科技进步奖	三等奖	CFLP－2020－02－03－33	A0210	物流托盘循环共用系统智能仿真优化与调度关键技术问题研究	中南林业科技大学	庞燕、王忠伟、魏占国
169	科技进步奖	三等奖	CFLP－2020－02－03－34	A0244	新型多用途钢制液体托盘箱	大连中集特种物流装备有限公司	苏继军、倪建生、鲁亮、孙士国、王文博、李波、李志刚
170	科技进步奖	三等奖	CFLP－2020－02－03－35	A0206	分布式移动冷站	中外运冷链物流有限公司	顾冬远
171	科技进步奖	三等奖	CFLP－2020－02－03－36	B0051	基于集成场理论的制造业与物流业联动发展模式研究	长安大学	董千里、江志娟、杨磊、董展、李云华、李毅斌、张林
172	科技进步奖	三等奖	CFLP－2020－02－03－37	B0044	推进我国区域交通物流一体化建设的思路研究	交通运输部科学研究院	王娟、杨勇、张改平、赵辉、王肖文、白炜、田春青
173	科技进步奖	三等奖	CFLP－2020－02－03－38	A0194	北京新机场南航基地货运设施项目	中国中元国际工程有限公司	赵习习、卢风禄、施春燕、赵莹莹、刘莉萍、袁波、郝猷猷
174	科技进步奖	三等奖	CFLP－2020－02－03－39	B0057	包裹里的中国经济研究：高质量发展的视角	南京邮电大学	曾铖、孙知信、曹亚东、赵学健、陈松乐、开燕华

续 表

序号	奖种	奖项等级	证书编号	项目编码	项目中文名称	主要完成单位	主要完成人
175	科技进步奖	三等奖	CFLP -2020 -02 -03 -40	A0063	钢渣在港口陆域软土地基处理工程中的应用研究	沧州黄骅港钢铁物流有限公司、河钢集团国际物流有限公司	杨春华、邸战震、裴风玉、孙重安、王晓波、王志成、孙继红
176	科技进步奖	三等奖	CFLP -2020 -02 -03 -41	B0064	港口供应链与物流管理理论	大连理工大学、上海海事大学	王文渊、郭子坚、宋向群、彭云、周勇
177	科技进步奖	三等奖	CFLP -2020 -02 -03 -42	A0019	基于大数据技术的曹妃甸港智能网络货运服务平台	曹妃甸港物联科技有限公司	李进禄、张博、苑国栋、张颖、孙世斌、吕运龙、姚立彬
178	科技进步奖	三等奖	CFLP -2020 -02 -03 -43	A0104	多功能智能分拣柜系统	上海中通吉网络技术有限公司	宋亮亮、周保江、何铭、黄小龙
179	科技进步奖	三等奖	CFLP -2020 -02 -03 -44	B0001	基于供应链管理的甘肃农产品物流体系优化路径与模式选择研究	兰州石化职业技术学院、兰州资源环境职业技术学院、甘肃农业大学	马丽荣、张建国、贺亚春、赵倩、祁建民、张智瀚、贾童
180	科技进步奖	三等奖	CFLP -2020 -02 -03 -45	A0217	危险化学品物流安全风险分析与管控技术研究	江苏警官学院	卜全民、徐月红、马加民、谢海军、黄超、卢义桦、龚鹏飞
181	科技进步奖	三等奖	CFLP -2020 -02 -03 -46	A0174	基于人工智能和大数据的仓储智慧安防系统	中国移动通信集团山东有限公司、华信咨询设计研究院有限公司	刘松森、解国骏、王文亮、徐笑尘、李玉振、安振宇

续 表

序号	奖种	奖项等级	证书编号	项目编码	项目中文名称	主要完成单位	主要完成人
182	科技进步奖	三等奖	CFLP-2020-02-03-47	A0214	基于物联网技术的商用车生态圈服务开发	陕西天行健车联网信息技术有限公司	王学军、冶少刚、王小林、王晓琦、徐国强、邱梅芳、曹爵
183	科技进步奖	三等奖	CFLP-2020-02-03-48	B0065	IPv6 技术在邮政业的应用研究	圆通速递有限公司	相峰、孙建英
184	科技进步奖	三等奖	CFLP-2020-02-03-49	B0023	电子商务安全技术实用教程	浙江万里学院、人民邮电出版社	侯安才、栗楠、张强华
185	科技进步奖	三等奖	CFLP-2020-02-03-50	A0098	软件成本评估模型在中国邮政信息化投资决策中的研究与实践	邮政科学研究规划院	李玮、马雪鹏、张展展、王家飞、邵铭、王婧雯
186	科技进步奖	三等奖	CFLP-2020-02-03-51	B0013	集装箱多式联运（第3版）	大连海事大学	孙家庆、张赫、孙倩雯
187	科技进步奖	三等奖	CFLP-2020-02-03-52	B0075	基于人工智能技术的垃圾物流系统规划方法研究	上海电机学院、上海理工大学	马慧民、符俊波、张爽、李可、张多雨、胡娅莎
188	科技进步奖	三等奖	CFLP-2020-02-03-53	A0074	基于机器视觉的汽车零部件自动分拣系统设计	长春一汽国际物流有限公司	贾科、李帅、张聪颖、王海晶、李薇、刘佳
189	科技进步奖	三等奖	CFLP-2020-02-03-54	A0006	商贸物流单车优化配载可视化管理系统研发	临沂市义兰物流信息科技有限公司、临沂大学	王永兰、郑露露、隋京宴、郑全军、刘彩霞、李道胜、郭壮先

续 表

序号	奖种	奖项等级	证书编号	项目编码	项目中文名称	主要完成单位	主要完成人
190	科技进步奖	三等奖	CFLP－2020－02－03－55	A0258	单证自动化填报项目——阿西莫夫计划	中远海运物流有限公司	张燕松、刘强、李鼎一、严超峰、王娜、齐祺、李晨晨
191	科技进步奖	三等奖	CFLP－2020－02－03－56	A0267	整车承运系统优化项目	德邦物流股份有限公司	李现军、邹振良、赵楠、庄雪芬、文琴琴、刘攀松、潘学俊
192	科技进步奖	三等奖	CFLP－2020－02－03－57	A0205	顺和物联智慧物流云平台	山东顺和国际物流有限公司、临沂方圆供应链管理有限公司、临沂大学物流学院	赵玉玺、曹松荣、曹欣欣、李晓东、赵一卿、杨文、梁博
193	科技进步奖	三等奖	CFLP－2020－02－03－58	B0053	港口物流领域关键技术动态跟踪与情报研究	上海海事大学	张善杰、陆亦恺、李军华、陈伟炯、燕翔、刘晓琴、石亮
194	科技进步奖	三等奖	CFLP－2020－02－03－59	A0124	基于系统动力学的烟草商业企业物流成本优化	中国烟草总公司河南省公司、中国烟草总公司职工进修学院、河南省863软件孵化器有限公司	李琦、胡红春、何雷、张彤、司军鹏、李珏
195	科技进步奖	三等奖	CFLP－2020－02－03－60	A0004	卷烟工业企业智能物流系统的研究与应用	龙岩烟草工业有限责任公司	林郁、郭天文、吴少军、李文灿、黄许立、曹琦、马庆文

续 表

序号	奖种	奖项等级	证书编号	项目编码	项目中文名称	主要完成单位	主要完成人
196	科技进步奖	三等奖	CFLP -2020 -02 -03 -61	A0137	面向消费者个性化需求柔性分拣模式研究	西南科技大学、四川省烟草公司成都市公司、广西中烟工业有限公司	张卫东、朱晓舟、王吉斌、涂心宇、曾立胜、李浩东、袁国旺
197	科技进步奖	三等奖	CFLP -2020 -02 -03 -62	A0110	智能 AGV 与辅助拣选分拨墙集成技术在汽车零部件物流行业的应用	一汽物流（成都）有限公司	向先文、梁士飞、姜立恒、刘庆、刘文强、隋艳辉、张金叶
198	科技进步奖	三等奖	CFLP -2020 -02 -03 -63	B0037	农产品电子商务与网购食品质量安全管理研究	北京物资学院	王可山、张丽彤、魏国辰、刘嘉萱、王梓琪
199	科技进步奖	三等奖	CFLP -2020 -02 -03 -64	A0156	基于物联网技术的一体化仓配协同系统	苏州工业园区报关有限公司	石磊、张勇、王春晖
200	科技进步奖	三等奖	CFLP -2020 -02 -03 -65	B0054	河南推进生产性服务业提速发展的思路与对策研究	郑州轻工业大学、河南师范大学新联学院	仝新顺、范建民、王炯、梁炳磊、王娟、仝子萱、徐雅洁
201	科技进步奖	三等奖	CFLP -2020 -02 -03 -66	A0196	通天晓软件为沃施园艺智慧物流重塑制造业竞争新格局	上海通天晓信息技术有限公司、上海沃施园艺股份有限公司	吴煜、赵蒙黎、曹向超、张庆辉

续　表

序号	奖种	奖项等级	证书编号	项目编码	项目中文名称	主要完成单位	主要完成人
202	科技进步奖	三等奖	CFLP -2020 -02 -03 -67	A0198	以智能化为核心的整车仓储技术革新	重庆长安民生物流股份有限公司	王纪、黄永明、韩西安、陈永超、吴昊、彭良浩、金克全
203	科技进步奖	三等奖	CFLP -2020 -02 -03 -68	A0162	智慧停车自动导引车（AGV）系统	云南昆船智能装备有限公司	苏运春、董海英、韩德昱、时吕、杨保龙、田华亭、张献军
204	科技进步奖	三等奖	CFLP -2020 -02 -03 -69	A0149	公采 E 云智慧采购管理平台	北京阳光公采科技有限公司	高文峰、邱华松、杨峰、王赛
205	科技进步奖	三等奖	CFLP -2020 -02 -03 -70	B0030	二手商用车鉴定评估理论与实务	中国汽车流通协会商用车专业委员会	钟渭平、王东兵、赵旭日
206	科技进步奖	三等奖	CFLP -2020 -02 -03 -71	A0250	基于产线拉动的生产物流智能化供给模式研究	风神物流有限公司	张明月、刘颖、游周易、彭圆圆、毛艳伟、彭航航
207	科技进步奖	三等奖	CFLP -2020 -02 -03 -72	B0058	Flexsim 物流系统建模与仿真案例实训	北京物资学院物流学院	马向国
208	科技进步奖	三等奖	CFLP -2020 -02 -03 -73	A0263	面向卡车后市场增值服务的车轮滚滚平台建设	上海远行供应链管理（集团）有限公司	潘海斌、陈诚、赵圣娟、陈炎峰、孙世辉、申莎莎、沈健

续 表

序号	奖种	奖项等级	证书编号	项目编码	项目中文名称	主要完成单位	主要完成人
209	科技进步奖	三等奖	CFLP -2020 -02 -03 -74	A0102	长安 EA 系列发动机混流装配线输送与检测技术开发与应用	湖北汽车工业学院、东风专用设备科技有限公司、重庆长安汽车股份有限公司	袁海兵、成继平、李然、胡涛、吴遵平、魏彪、唐杰
210	科技进步奖	三等奖	CFLP -2020 -02 -03 -75	A0111	物流软件 SaaS 产品项目	北京京东振世信息技术有限公司、北京京邦达贸易有限公司、北京京东乾石科技有限公司	王晓光、陈全峰、李志朋、张豪堃、宫丙来、周剑桥、高耀飞
211	科技进步奖	三等奖	CFLP -2020 -02 -03 -76	A0002	安全环保的石化库进出货系统	江苏丽天石化码头有限公司	张明、蔡月、沈晶、黄德华、殷平华、钟江锋、颜建加
212	科技进步奖	三等奖	CFLP -2020 -02 -03 -77	A0207	基于订单生产的汽车物流仓配模式技术创新	重庆长安民生物流股份有限公司	陈程、胡珺、曾永恒、高翔、吴锡、许光强、黄珍进
213	科技进步奖	三等奖	CFLP -2020 -02 -03 -78	A0219	流通领域冷链物流质量监控平台	上海海鼎信息工程股份有限公司	吴昭松、陈庆洪、田歆、蒋作梁、王新、彭肖溶、田剑
214	科技进步奖	三等奖	CFLP -2020 -02 -03 -79	A0029	HFC5211A5 中置轴轿运车开发及技术应用	安徽江淮汽车集团股份有限公司	王守胜、李焕、王永红、崔益珣、张振、杨澎、汤天棋
215	科技进步奖	三等奖	CFLP -2020 -02 -03 -80	B0029	构建协调高效的物流业标准体系研究	圆通速递有限公司、上海市质量和标准化研究院	相峰、路欢欢、孙建英、周杨、宋敏、于洋、李天民

续 表

序号	奖种	奖项等级	证书编号	项目编码	项目中文名称	主要完成单位	主要完成人
216	科技进步奖	三等奖	CFLP -2020 -02 -03 -81	A0001	基于物联网和云数据的中包精力资产追踪管理系统	中包精力供应链管理江阴有限公司	何正惠、何芳荣、夏晓峰、吴恒栋
217	科技进步奖	三等奖	CFLP -2020 -02 -03 -82	A0048	烟草工业物流故障管理信息系统的研究与应用	河南中烟工业有限责任公司	兑幸福、闫俊清、张明琰、周政伟、李鑫群、刘季、李明
218	科技进步奖	三等奖	CFLP -2020 -02 -03 -83	A0197	5G + AR 智慧物流数字孪生项目	联通（上海）产业互联网有限公司、中国联合网络通信有限公司上海市分公司、中国联合网络通信有限公司 5G 创新中心	姚健、胡宇、堵炜炜、金碧琼、郑磊、刘佳旺、张涛
219	科技进步奖	三等奖	CFLP -2020 -02 -03 -84	A0109	基于物联网和人工智能技术的汽车物流过程可视化平台建设	一汽物流（成都）有限公司	向先文、隋艳辉、龙增、钱强
220	科技进步奖	三等奖	CFLP -2020 -02 -03 -85	A0158	三维多车型货物智能配载系统	苏州工业园区报关有限公司	龚锦辉、王乾、张小龙
221	科技进步奖	三等奖	CFLP -2020 -02 -03 -86	A0228	UPCloud Solution 供应链一体化解决方案	湖北普罗劳格科技股份有限公司	周志刚、蔡波、蒋文磊、李俊伟、陈勇超

续 表

序号	奖种	奖项等级	证书编号	项目编码	项目中文名称	主要完成单位	主要完成人
222	科技进步奖	三等奖	CFLP－2020－02－03－87	B0009	安徽省电子商务共同配送体系的构建策略研究	安庆师范大学	徐俊杰、李亦亮、姜凌、何常青
223	科技进步奖	三等奖	CFLP－2020－02－03－88	A0280	蜂羽发货与客户管理系统	江苏普飞科特信息科技有限公司	唐红敏、杜崇利、董志伟、费世波、刘爽、马东东、徐浩
224	科技进步奖	三等奖	CFLP－2020－02－03－89	A0253	汽车零部件出口包装成本核算模型	风神物流有限公司	刘展策、孔杨、黎平、曹现康、严俊杰、代丹
225	科技进步奖	三等奖	CFLP－2020－02－03－90	B0032	中国新能源物流车发展报告（2019版）	圆通速递有限公司、物流信息互通共享技术及应用国家工程实验室	相峰、耿威
226	科技进步奖	三等奖	CFLP－2020－02－03－91	B0008	长三角区域一体化下宁波现代物流发展策略研究	浙江万里学院、梅山保税港区管委会	赵娜、王琦峰、李肖钢、吴桥、钟晓军、潘栋辉、陈利科
227	科技进步奖	三等奖	CFLP－2020－02－03－92	A0251	信息化项目技术研发平台的研究与应用	风神物流有限公司	柴华峰、卢俊哲、吴创伟、冯建钊、林锦洪、龙媛、黄伟波
228	科技进步奖	三等奖	CFLP－2020－02－03－93	A0014	智能轨道车系统研发及应用	昆明船舶设备集团有限公司、昆船智能技术股份有限公司	张家毅、许华、闵定勇、陈丽彬、刘强、邹海林、张睿

续 表

序号	奖种	奖项等级	证书编号	项目编码	项目中文名称	主要完成单位	主要完成人
229	科技进步奖	三等奖	CFLP－2020－02－03－94	A0239	物流园区模块化信息平台	湖北物资流通技术研究所	王晓东、张泽建、杨亚能、张斐、薛明、晏芳、杨柳
230	科技进步奖	三等奖	CFLP－2020－02－03－95	A0070	苏宁物流区块链商品溯源系统	苏宁物流集团、苏宁科技集团	凌云飞、杨雷、闫瑞明、邵君宝、李星辰
231	科技进步奖	三等奖	CFLP－2020－02－03－96	A0076	出口物流中心的全程智能化管理	广东锐捷物流有限公司	冯玉年、林嘉颖、谭炜柱、曾富
232	科技进步奖	三等奖	CFLP－2020－02－03－97	B0003	徐州市农产品冷链物流管理体系构建及其实现路径研究	徐州工程学院	何旭东、张媛媛、赵然、宋效红、孙宇博
233	科技进步奖	三等奖	CFLP－2020－02－03－98	A0033	轻卡轻量化产品开发及物联网关键技术应用	安徽江淮汽车集团股份有限公司	张中刚、刘诚、唐赓、胡景春、朱路生、姚小宝、岳小兵
234	科技进步奖	三等奖	CFLP－2020－02－03－99	A0155	一种用于汽车生产线边标准件集配货架	郑州风神物流有限公司	王庆超、丁少杰、张双双
235	科技进步奖	三等奖	CFLP－2020－02－03－100	A0271	基于物联网技术的港口智能机械管控系统	龙口港集团有限公司	李建军、丁乐朋、遇江、曲鹏、张守星

续 表

序号	奖种	奖项等级	证书编号	项目编码	项目中文名称	主要完成单位	主要完成人
236	科技进步奖	三等奖	CFLP-2020-02-03-101	B0016	物流管理专业应用型人才培养模式研究	长春工业大学人文信息学院	宋殿辉、高月娜、孙广、蔡珊珊、鞠志红、袁帅、闫铁柱
237	科技进步奖	三等奖	CFLP-2020-02-03-102	A0173	山东自贸通外贸供应链综合服务平台	青岛自贸供应链管理有限公司	王柯、祁玉楠、韩栋、朱芳琳、王晓婧、唐新敬、石宇宙
238	科技进步奖	三等奖	CFLP-2020-02-03-103	A0246	基于多频次纳入的生产物流精准化供给模式研究	风神物流有限公司	毛艳伟、张明月、罗春龙、林明进
239	科技进步奖	三等奖	CFLP-2020-02-03-104	A0159	云关务 CMS 系统	苏州工业园区报关有限公司	金东、龚锦辉、吴祥
240	科技进步奖	三等奖	CFLP-2020-02-03-105	B0002	甘肃特色农产品绿色物流体系构建与实现路径研究	兰州石化职业技术学院、兰州资源环境职业技术学院	马丽荣、贺亚春、张武、王德方、杨晨、康开洁、张岩成
241	科技进步奖	三等奖	CFLP-2020-02-03-106	A0046	卷烟物流智能调度实时配送系统	中国烟草总公司河南省公司、河南省烟草公司驻马店市公司、西安琥珀软件有限责任公司	张国华、高保昌、盘建军、高小雅、王琳、曹泽、吴昊

续 表

序号	奖种	奖项等级	证书编号	项目编码	项目中文名称	主要完成单位	主要完成人
242	科技进步奖	三等奖	CFLP－2020－02－03－107	B0067	冷链快递服务	中国标准化研究院	靳宗振、曹俐莉、曾毅、侯非、程永红、杨朔、刘琪
243	科技进步奖	三等奖	CFLP－2020－02－03－108	B0028	现代港航物流信息服务体系研究	浙江万里学院	王绍卜
244	科技进步奖	三等奖	CFLP－2020－02－03－109	A0087	国采政府采购电子化交易系统建设项目	国采（湖北）技术有限公司	徐先国、白利乾
245	科技进步奖	三等奖	CFLP－2020－02－03－110	A0021	新机全寿命航材物流保障性规划评估与技术应用研究	空军勤务学院航材四站系	张英锋、徐常凯、杜加刚、谢福哲、乔丽、郭军、刘信斌
246	科技进步奖	三等奖	CFLP－2020－02－03－111	A0153	汽车物流排序中心超大件物资自动化密集仓储系统项目	普天物流技术有限公司	陈琳、刘斌、杨亚娟、张正明、陈金青、李子毅、王浩
247	科技进步奖	三等奖	CFLP－2020－02－03－112	B0062	城市随机交通网络可靠性分析与拓展	上海电机学院、上海理工大学、上海惇信教育科技有限公司	马洪伟、周溪召、富立友、吴斌

续 表

序号	奖种	奖项等级	证书编号	项目编码	项目中文名称	主要完成单位	主要完成人
248	科技进步奖	三等奖	CFLP-2020-02-03-113	A0164	多通道料箱分合流系统及控制算法	昆船智能技术股份有限公司	闵定勇、甘仲平、张志英、邹朝普、张剑、连小嫚、尚高海
249	科技进步奖	三等奖	CFLP-2020-02-03-114	B0060	竹溪县综合交通运输通道建设项目可行性研究	湖北汽车工业学院、十堰市路纬交通勘察设计有限公司	何波、贾静、王欢、邓晓君、殷旅江、杨立君、龚万明
250	科技进步奖	三等奖	CFLP-2020-02-03-115	A0161	打造基于工业互联网的智慧物流园区	武汉东本储运有限公司、华中科技大学	蒋晖、王琳、徐贤浩、陈彬、刘玲、石璐璐、肖文
251	科技进步奖	三等奖	CFLP-2020-02-03-116	A0270	山西万昌商贸有限公司现代仓储物流园区项目	山西万昌商贸有限公司、大同市第五建筑工程有限责任公司、大同盾石混凝土有限公司	齐俊斌、吴月英、魏有志、石建军、齐红、马勇、穆欣
252	科技进步奖	三等奖	CFLP-2020-02-03-117	A0167	异型烟分拣系统的研发与应用	中国烟草总公司河北省公司、河北省烟草公司石家庄市公司、河南国之云电子科技有限公司	陈向辉、张楠、段琦、王贺飞、李小刚、李鲁平、张齐尧
253	科技进步奖	三等奖	CFLP-2020-02-03-118	A0220	基于大数据迭代的物流供应链管理一体化和自动化研究	中国移动通信集团重庆有限公司	薛君、刘庆华、赵亮、陈鹏远、旦佳

续 表

序号	奖种	奖项等级	证书编号	项目编码	项目中文名称	主要完成单位	主要完成人
254	科技进步奖	三等奖	CFLP－2020－02－03－119	A0199	20 尺公铁联运 PVC 散料自卸集装箱	大连中集特种物流装备有限公司、辽宁省交通运输事业发展中心、辽沈工业集团有限公司	李维佳、倪建生、王忠连、李永哲、李波、丛秀凤、李泰华
255	科技进步奖	三等奖	CFLP－2020－02－03－120	A0073	物流消毒机器人	北京参生科技发展有限公司	黄惠良、张明志、黄睿
256	科技进步奖	三等奖	CFLP－2020－02－03－121	B0083	全国重点港口集疏运铁路发展规划研究	交通运输部规划研究院	耿彦斌、孙鹏、王晨、刘影、崔愿、姜长杰、史言
257	科技进步奖	三等奖	CFLP－2020－02－03－122	A0252	基于汽车物流企业的物联网资产管理系统（AMS）应用研究	风神物流有限公司	柴华峰、冯建钊、李勇兴、卢俊哲、刘健文、刘芳、萧国辉
258	科技进步奖	三等奖	CFLP－2020－02－03－123	A0125	烟草农机多功能作业平台研究与应用	中国烟草总公司河南省公司、中国烟草总公司职工进修学院、河南省烟草公司许昌市公司	范艺宽、李琦、王德吉、何雷、范沿沿、李许涛、李珏
259	科技进步奖	三等奖	CFLP－2020－02－03－124	A0287	基于大数据的协议库存履约监控技术及产能匹配协调模型研究	国网上海市电力公司物资公司	牛凯、朱利军、洪芳华、徐弘道、林燕云、孙明、刘真君

续 表

序号	奖种	奖项等级	证书编号	项目编码	项目中文名称	主要完成单位	主要完成人
260	科技进步奖	三等奖	CFLP－2020－02－03－125	A0160	汽车工厂智能设计产业化应用研究	临沂大学、武汉理工大学、武汉城市职业学院	张成雷、卢其兵、袁博、岳翠翠、庄申乐、明平象、李荣兰
261	科技进步奖	三等奖	CFLP－2020－02－03－126	A0120	基于仓储精细化管控实现品类物资降库增效	中国移动通信集团湖北有限公司、中国移动通信集团设计院有限公司、上海博科资讯股份有限公司	韩军、万俊涛、曾芳、白光辉、彭申夏、张淼、张璐
262	科技进步奖	三等奖	CFLP－2020－02－03－127	A0279	普飞科特蜂羽司机货源查找与接单运输系统	江苏普飞科特信息科技有限公司	唐红敏、杜崇利、董志伟、费世波、刘爽、马东东、徐浩
263	科技进步奖	三等奖	CFLP－2020－02－03－128	B0020	构建“365＋C”卷烟物流设备管理工作考核评价体系	中国烟草总公司河南省公司、河南省烟草公司三门峡市公司、河南中烟工业有限责任公司洛阳卷烟厂	张国华、吴昊、李晓东、张智峰、刘亦坚、张天奇、王志远
264	科技进步奖	三等奖	CFLP－2020－02－03－129	A0053	多维智能感知冷链跟踪关键技术及应用	徐州工程学院	姜代红、黄为勇、孙天凯、戴磊、黄忠东、彭赞乐、周宏生
265	科技进步奖	三等奖	CFLP－2020－02－03－130	A0035	物流移动办公平台	广州广日物流有限公司	张凌、成铨

2020 年度中国物流与采购联合会科学技术奖科技创新人物获奖名单

序号	姓名	性别	工作单位
1	者文明	男	北京京东振世信息技术有限公司
2	丁宏伟	男	菜鸟网络科技有限公司
3	徐　强	男	满帮集团
4	相　峰	男	圆通速递有限公司
5	李　弢	男	交通运输部规划研究院
6	张丽莉	女	德邻陆港（鞍山）有限责任公司
7	张晓东	男	北京交通大学
8	杨家其	男	武汉理工大学
9	姚小龙	男	顺丰速运集团
10	恽　绵	男	天津德利得供应链管理股份有限公司

2020 年中国物流行业十件大事

1.《中共中央关于制定国民经济和社会发展第十四个五年规划和二〇三五年远景目标的建议》中明确要求构建现代物流体系。

2. 中央财经委员会第八次会议强调，统筹推进现代流通体系建设，培育壮大具有国际竞争力的现代物流企业。

3. 新冠肺炎疫情全球大流行，全国物流行业成为抗疫保供、复工复产的“先行官”，230 家企业荣获“全国物流行业抗疫先进企业”称号。

4. 中欧班列全年开行数量突破一万列，国际航空货运和航运板块逆市上扬，物流业为保持国际供应链稳定作出重大贡献。

5. 高速公路省界收费站全部取消，货车通行费计费方式由计重收费改为按车（轴）型收费，疫情防控期间实施收费公路免收车辆通行费政策。

6. 国家物流枢纽联盟组建并正式运行，由中国物流与采购联合会牵头，45 家枢纽运营主体单位加入，发布《国家物流枢纽联盟青岛宣言》。

7. 首批 17 个国家骨干冷链物流基地获批，首个冷链物流强制性国家标准《食品安全国家标准—食品冷链物流卫生规范》（GB 31605—2020）面世。

8. 加快推广网络货运、多式联运、无接触配送、数字化仓库、自动驾驶、高铁货运、大型无人机载货、智能快递柜和无人配送车等新业态、新模式、新技术，物流企业数字化转型、智能化改造提速。

9. 首批 A 级供应链服务企业名单发布，《供应链管理》和《物流研究》杂志创刊。

10. 第四次全国物流行业劳模表彰大会在北京举行，49 个先进集体、187 名劳动模范和 28 名先进工作者受到表彰。

（中国物流与采购联合会）

"2020 中国物流十大年度人物"名单

（按姓氏笔画排序）

序号	姓名	职务
1	王正刚	日日顺供应链科技股份有限公司执行董事、CEO
2	王振辉	JDL 京东物流 CEO
3	巨宝庆	兰州新区商贸物流投资集团有限公司董事长
4	李世础	中国外运股份有限公司董事会秘书
5	何一博	上海天地汇供应链科技有限公司总裁
6	张玉庆	希杰荣庆物流供应链有限公司董事长
7	张青松	九州通医药集团物流有限公司总经理
8	单丹丹	福佑卡车创始人兼 CEO
9	姚　凯	苏宁物流集团执行总裁
10	葛言华	中创物流股份有限公司总经理

（《中国物流与采购》杂志社）

2020 年度“宝供物流奖”获奖名单

经中国物流发展专项基金宝供物流奖评审委员会评审，评审出宝供物流奖获奖项目及宝供物流奖学金名单。现将 2020 年度宝供物流奖学金及“宝供物流奖”获奖名单公示。

一、获“宝供物流奖”名单

获奖等级	获奖项目	获奖者	工作单位
一等奖	《突发公共卫生事件下的物流与供应链管理》	何明珂、赵琨	北京物资学院
	《汽车物流排序中心超大件物资自动化密集仓储系统》	马秋莉等	普天物流技术有限公司
	《“货兑宝”平台区块链电子仓单解决方案》	—	中储京科供应链管理有限公司
二等奖	《德邻陆港智慧园区平台项目（简称：德邻智园）》	张丽莉	德邻陆港（鞍山）有限责任公司
	《汽车零部件智慧仓配一体化研究》	许光强、王高峰	重庆长安民生物流股份有限公司
	《生鲜农产品供应链中冷链物流保鲜激励理论与方法》	熊峰	中南财经政法大学
	《基于机器视觉的汽车零部件自动分拣技术在汽车物流领域应用研究项目》	贾科	一汽物流有限公司

续 表

获奖等级	获奖项目	获奖者	工作单位
三等奖	《考虑企业平台化运营的供应链减排决策优化及应用研究》	徐小平	安徽大学
	《构建大国重器的供应链体系 实现价值创造新优势》	侯海云	鞍山钢铁集团有限公司
	《变革中的物流平台：资源整合与互动机制》	甘卫华、曾益等	华东交通大学
	《中小企业能力对供应链融资绩效的影响：基于信息的视角》	卢强	北京工商大学
	《智慧物流一站式服务与管控平台研究与示范》	—	云南能投物流有限公司
	《融数字经济，筑智慧采购——中国移动四川公司采购全流程结构化创新实践》	刘平、刁溯等	中国移动通信集团四川有限公司
	《长久网络货运平台》	史蒙威	北京长久物流股份有限公司
	《大宗商品流通全链条、新生态综合服务平台》	王向前	山西快成物流科技有限公司
	《德邦快递末端无人化运营》	刘昌怡	上海燕汐软件信息科技有限公司
	《供给侧结构性改革下物流成本降低的路径》	龚雪	西华大学

二、获宝供物流奖学金名单

序号	学校名称	申请人
1	北京交通大学	刘一昂、宋少华
2	上海对外经贸大学	戴萌、郭鹏洁
3	浙江工商大学	何怡平、詹栩璐

续 表

序号	学校名称	申请人
4	华中科技大学	高昕迪、覃雪莲
5	南京财经大学	沈妍、张磊
6	东南大学	翟优子、俞俊英
7	北京邮电大学	袁艺娜、王艺华
8	国防大学联合勤务学院	吴量、肖文鹤
9	华东交通大学	刘玉洁、李大媛
10	武汉理工大学	金泽益、杨梦兰
11	北京物资学院	师宁、郭乃菡、胡雪芹
12	西南财经大学	林彩凤、赵娅帆
13	大连海事大学	薛含钰、鞠惠竹
14	天津大学	刘昕韵、张嘉慧
15	浙江大学	程明春、李颈宏
16	山东交通学院	田思源、刘东辉
17	北京工商大学	李佳丽、张梦玲
18	上海海事大学	高银萍
19	中南财经政法大学	李雯雯、吴思庆
20	广东财经大学	彭文燕、郑丹迪
21	山东大学	刘紫薇、岳慧欣
22	华南理工大学	李浩瀚、陈萌
23	中南林业科技大学	陈真玲、易娟
24	江西财经大学	王修远、朱宣怡
25	同济大学	娄淑祺、谈话
26	湖南工商大学	董衡林、刘慧芳
27	武汉大学	王琛、韩金蓉
28	东北财经大学	姜倩、李懿峰
29	安徽大学	詹建军、杨荣璐
30	南开大学	杜经国、吕学海

（中国物流发展专项基金“宝供物流奖”办公室）

2020 年美国物流业[①]

2020 年，美国受新冠肺炎疫情和极端天气事件影响经济下降 3.5%，美国商业物流成本完成 1.56 万亿美元，比上年下降了 4.0%，占 2020 年美国名义 GDP 总额 20.94 万亿美元的 7.45%，下降趋势基本与美国总体经济形势同步。2011—2020 年美国商业物流成本占名义 GDP 的比例如图 1 所示。

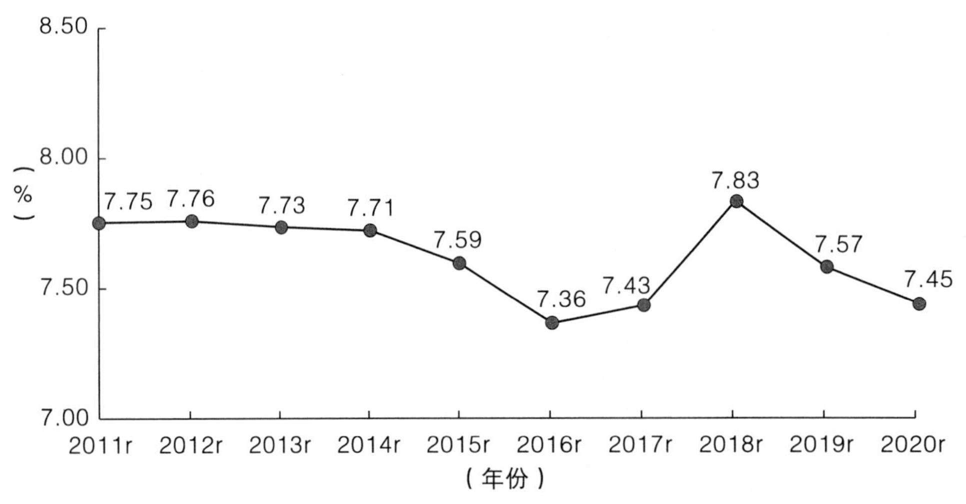

图 1 2011—2020 年美国商业物流成本占名义 GDP 的比例

注：r 代表修正后。

资料来源：科尔尼分析。

① 本文选自《第 32 次美国物流年报》，该报告由美国供应链管理专业协会（CSCMP）发布，由 A. T. 科尔尼公司及专业团队专家、众多业内专家参与编写。该报告的中文版由美中供应链管理（北京）有限公司组织翻译，本书有删节。版权归 CSCMP 及相关著作人所有，如引用请注明出处。

2020年美国物流业发展环境复杂，新冠肺炎疫情促使电子商务快速发展，导致劳动力不足、运力短缺、运输成本增高等问题，极端天气频发，导致供应链中断和巨大的经济损失。在此情况下，美国政府和各行业积极应对，尤其是物流业立即调整战略，应用新技术，快速适应2020年的发展环境，提升物流服务质量和水平，探寻并推动了行业绿色可持续发展。

一、卡车运输

2020年，新冠肺炎疫情暴发初期，卡车运输的运输量和运费双跌。随着新冠肺炎疫情逐步得到控制，库存补充和供应链重启推动了2020年下半年的增长。经济持续复苏、库存补充和电子商务的增长，带来了对整车运输、零担运输和多式联运的需求。

2019—2020年年初，由于承运人的财力不佳，减少了对新设备的投资。同时受疫情影响，卡车制造企业停产，以致新卡车的供应能力不足，不仅国内卡车制造受阻，来自其他国家的售后配件也很难买到，拉长了现有车辆的维修时间，降低了可用运力。因此，2020年下半年承运人没有足够的运力来满足不断上涨的需求。

需求与供应能力产生矛盾，导致2020年的运费起伏动荡程度超过以往。长期运输合同签署率创历史新低，并且将更多运输合同推向了现货市场。2020年4月，由于许多经济领域趋于停滞，干式货车每单位即期运费低于合同运费0.35美元。到了夏季后半段，由于供应商全力补货，即期运费超过合同运费。

（一）劳动力紧缺

2020年美国失业率波动剧烈，多年来运输领域的劳动力市场一直紧张，受新冠肺炎疫情的影响，运输领域依然裁掉约74000名员工。主要原因是一方面，因新冠肺炎疫情其他领域工作受到影响，因此造成了劳动力剩余；另一方面，近几年物流公司通过提高自动化和技术水平，降低了人工成本，不再需要那么多员工了。

但长期来看，物流业薪金相对较低，难以与其他条件更好的行业竞争，物流业的劳动力市场将继续面临紧缺。

（二）数字化应用提升运输效率

新冠肺炎疫情加速了数学化进程，托运人和承运人积极采用数字化沟通方式，电子提货单、电子交货证明等配以照片的形式，消除了长期以来部分人对数字化的抵触。

数字化应用将大大提高零担运输的效率。市场持续转向在线经纪人和在线货运预订，托运人和承运人在同一在线平台中执行交易。新的数字撮合功能实现了承运人线上进行报盘，提高其灵活性。新的平台应用促使运输环节中各软件（TMS、WMS、ERP）的集成和无缝对接，使托运人与其承运人的服务网络更加直接、透明，提高服务效率和质量。平台还将改善物流运营中产生的空驶、未利用资产的问题，可以有效地监测运输途中的驾驶行为。

（三）通过技术改进服务质量和效率

大数据已经改变了许多行业。而电子登录设备提供了有关卡车去向和等候时间的大量数据，承运人可以使用这些数据实现行程规划和排程的标准化。大数据既可以帮助承运人管理司机，避免人为浪费时间等问题，还能帮助承运人制定准时交付和交付窗口的基线，而托运人也可以通过登录设备清楚地了解货物运输情况。

线上卡车经纪公司使用ELD（电子打卡系统）提供的数据进行预测性分析，来确定最安全的承运人或最佳和最差托运人。安全水平高的承运人，由于索赔和路上事故少，可以提高准时交付率并减少成本，以此吸引托运人。也就是说，基于技术的改进是推动物流服务买家成为最佳托运人的因素。

ELD 的应用可以更好地满足年轻司机的工作和生活平衡需求。鉴于美国长期的司机短缺，这将成为吸引和留住司机的一个有价值的工具，因为 ELD 数据提供了事实依据，迫使托运人改进服务。

全球定位系统和行车记录仪提供商 Azuga，推出了一款名为 SafetyIQ 的软件。此软件使用人工智能和机器学习来分析商用车性能和驾驶行为，以及传统的急刹车和超速事件。其作为一种监督服务系统能帮助车队降低风险，证明远程信息处理有助于该行业的进步，并帮助司机提高安全水平，总体上减少交通事故的发生。

这些安全工具和软件是实现自主卡车运输的重要基础，它们简化了公路导航。然而，长途公路货运已经被铁路运输和多式联运分走了大部分市场；自主卡车运输的真正优势在于能够在更复杂的形势中管理风险。通过新技术和安全软件的使用可以改进道路运输行业规范，强化卡车运输安全规范，提高车队效率，增加对托运人的吸引力，促进 ELD 合规。

二、包裹和“最后一英里”配送

在抗击新冠肺炎疫情期间，全球几十亿人保持社交距离、居家办公，电子商务和“最后一英里”配送成了确保货物安全至关重要的生命线。

2020 年，美国电子商务市场扩展了 33%，达到 7920 亿美元，占美国零售总额的 14.0%。2011—2020 年美国电子商务销售额及占零售总额的比例如图 2 所示。

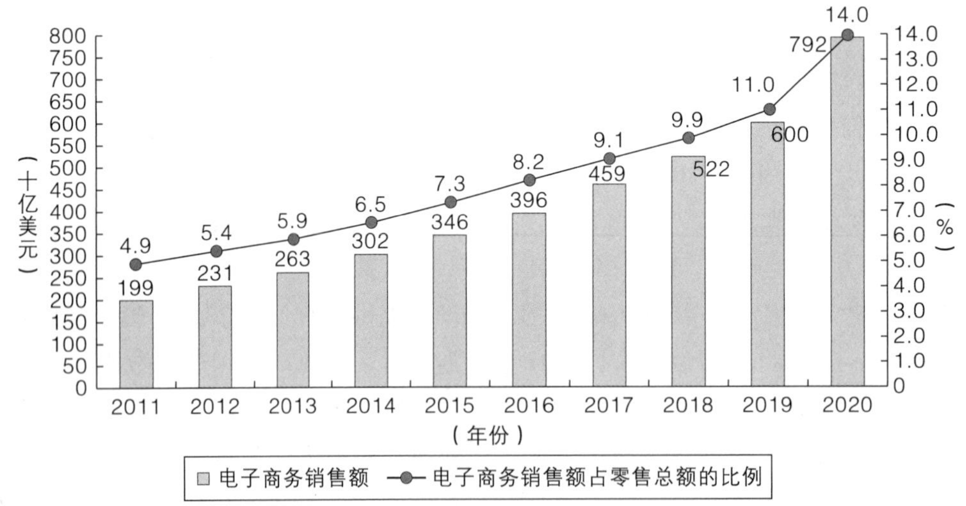

图 2 2011—2020 年美国电子商务销售额及占零售总额的比例

资料来源：美国商务部；科尔尼分析。

(一) 包裹

USBLC（美国商业物流成本）的包裹配送领域在 2020 年增长了 24%，达到了 1186 亿美元，五年复合年均增长率则达到 8.4%。

电子商务和“最后一英里”的配送需求快速增长，美国的快递网络满负荷运行。2020 年承运人为缓解运力不足采取了多种策略，如旺季期间限制不太受欢迎的货物运输量，或增加旺季附加费。而托运人出于承运人管理和需求管理的长远考虑承担了附加费用。例如，为了管理电子商务订单、补贴“最后一英里”配送成本，亚马逊许多购物选项都推出了购物满 35 美元免运费的优惠。塔吉特和沃尔玛也采取了类似策略。同时，托运人为了更好地服务关键市场和地区，增加了其区域性快递公司和包裹快递商的合作（如 LaserShip 和 OnTrac）。

（二）“最后一英里”配送

消费者日益变化的消费需要和不断增长的消费需求，对产品的无限提供、配送速度、便利服务（如家庭安装、附加服务）、碳排放和无损退货等方面提出了更高的要求。

为应对消费者的需求，“最后一英里”配送模式发生快速演变，DTC（对消费者直接发货）模式成为必然。“最后一英里”配送模式的七个关键要素如下。

（1）细分客户和产品。按需要进行细分，并不是对所有客户都提供同样的服务及产品，需要了解自己的客户和产品的每个细分领域的预期成本和服务水平。

（2）地域覆盖范围。了解自己目前的地域覆盖范围并确定要赢得的关键市场。

（3）提供的服务。按照细分领域确定所提供的服务。例如，自己产品和客户组合的不同细分领域会有不同的配送需求，如城区杂货配送为 1～2 小时，而服装则同日送达，农村地区家具配送则为 5 天。另外，哪个细分领域愿意支付哪方面的配送费用，哪个成本回收模式（如订购、最低订单额、急送费）更受欢迎，这些问题都要纳入考虑，需要评估盈利状况和客户需要有关的所有方面，进而制定出最佳的配送服务方案。

（4）需求。了解自己整个客户和产品组合中的需求形态，合理安排需求服务，在完成客户要求的同时尽量降低成本并提高自身盈利能力。

（5）网络和配送战略。该战略需要满足自己及客户的需要，解决方案需要评估网络设计（如超市配套的库房、微型配送中心）、配送渠道（DTC、线上购买、店内提货）、分布式订单管理和配送技术应用（仓储管理系统、机器人/自动化）。

（6）配送战略和执行。确定所需要的配送运力水平（自有车队、第三方物流运营、众包），选择合适的供应合作伙伴以及运输线路和配送方式。

（7）利润和服务信息。利用智慧化的信息资源，长期跟踪和监测利润与服务绩效，并且进行相应调整。

三、铁路运输

2020 年，美国铁路运输量下降，营业收入和利润双减，铁路行业收入与 2019 年相比大幅下降。例如，伯灵顿北方圣太菲铁路运输公司的营业收入减少了 11%，而联合太平洋公司营业收入减少 10%。新冠肺炎疫情削减了货物运输量。

其中，汽车、石油、化学品和煤炭的整车载货运输量普遍下降，由于运输这些产品带来的运费收入高，一直以来都是盈利能力的主要驱动因素。核心整车运输业务在整个新冠肺炎疫情期间遭受重创，而多式联运在 2020 年则保持相对稳定的运输量。但是，为了与卡车运输竞争而增加的额外工作（如增加升降梯、重建列车）和激烈的价格战，多式联运比整车运输业务的利润率低。多式联运对于铁路运输的增长具有重要战略意义，但目前无法像整车载货业务那样具有驱动盈利能力。

2020 年，由于西海岸各港口的拥挤和运输网络不平衡，铁路运输艰难地努力满足多式联运需求。为减缓运输量，一些铁路在 2020 年下半年开始收取高达 5000 美元的附加费。

2020 年承运人的收入运营比（运营支出与收入之比）与 2019 年相比有所改善。在实施“精确计划的铁路运行”若干年后，大多数物流公司的收入运营比集中在 60% 左右。网络速度的提高和停留时间的减少提高了运营率。例如，联合太平洋公司将列车速度提高了 3%，停留时间减少了 8%，列车长度增加 14%。受新冠肺炎疫情影响，运输量虽然降低了，但同时铁路运输的改革加快了、运营率提高了。2018—2020 年美国铁路运输的运营指标如图 3 所示。

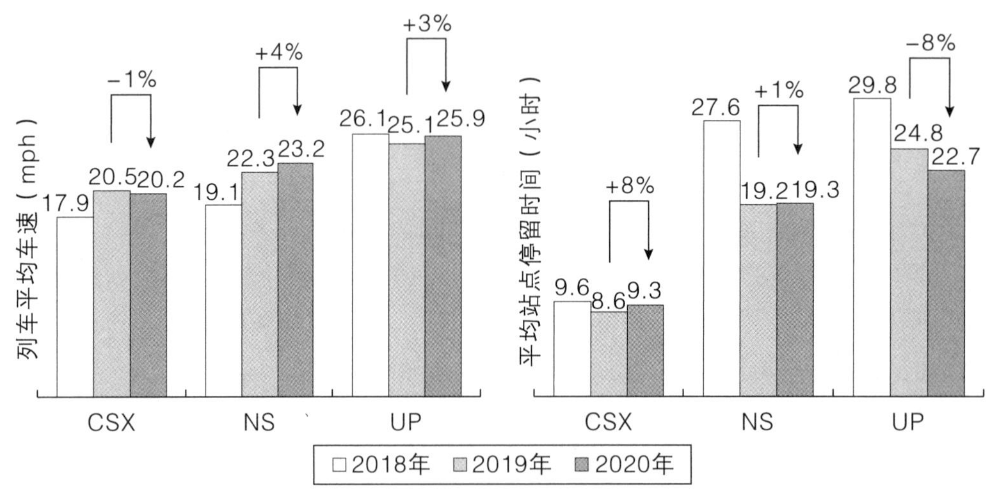

图 3 2018—2020 年美国铁路运输的运营指标

资料来源：《铁路 10K 报告》，投资者关系网站；科尔尼分析。

注：CSX——成立于 1986 年 7 月 1 日，由 Seaboard System 铁路公司和 Chessie System 有限公司合并而成。

NS——诺福克南方铁路，英文名 Norfolk Southern Railway。

UP——联合太平洋公司。

2020 年，北美第一类铁路煤炭收入下跌超过 25%，运输量减少近 24%，而整车运输和多式联运总运输量仅下降 6.7%。随着接下来部分燃煤电厂的计划关闭，煤炭运量将继续下降。

但是，从长远来看，多式联运比卡车运输消耗的化石燃料少很多，特别是铁路运输在拓展冷链物流方面处于有利地位，多式联运服务公司规划增加其冷链运输车队，采用温度跟踪和 GPS 技术来解决铁路运输损耗和位置跟踪问题。在此情况下，铁路运输比卡车运输的竞争力更强，铁路的多式联运业务拥有内在成本和可持续性优势。

四、港口水运

2020 年上半年国际海运量价齐跌，港口水运物流成本下降了 29%。2020 年全年美国远洋运费一直呈上升趋势。由于统计方法的重新分类，2020 年美国远洋运费情况并没有在本年度美国物流成本中体现。

2020 年年初，远洋运费基本稳定，在夏季缓慢上升，到了秋季则陡升，之后就一直保持在创纪录的历史高位。

2020 年年初，新冠肺炎疫情首先冲击了中国的制造业，承运人在运输量较低的情况下取消了航线，保持了运价稳定。但随着全球新冠肺炎疫情的蔓延，使世界范围内水路、公路运输受阻，各种消费需求下降，供给和需求出现波动。

新冠肺炎疫情得到控制后，消费者的消费习惯已经转向了商品消费需求（即从办公室、健身房、餐馆、音乐会转向居家消费），零售商根据需求的改变而开始补货，但零售商和海运业都未能提供及时的商品和服务。

购买需求的爆炸性释放、商家集中性备货，造成了进口货物量飙升，以至洛杉矶、长滩和奥克兰港港口拥堵。与此同时，受新冠肺炎疫情影响，轮船无法准时在港口靠岸，承运人尝试将班轮分流到其他港口，如西雅图和塔科马，但整个航运网络已经不堪重负，导致远洋运费高涨。

受新冠肺炎疫情影响，承运人取消航次，不仅造成收入损失，还无法将空箱送回中国，进而造成集装箱短缺。2020 年下半年，随着亚洲出口量增大，集装箱需求增加，以致一些新集装箱的价格几乎翻倍。尽管如此，燃油价格始终保持低位。2020 年，马士基、达菲和赫伯罗等承运人在燃油价格低位的帮助下获得盈利，其税息折旧摊销前利润与上年相比上涨了 30% ~60%。

除新冠肺炎疫情对海运的影响外，2020 年的恶劣天气也造成了 3000 多个集装箱在海上丢失，创七年来新高，对托运人和海运企业造成了巨大损失。

五、航空货运

2020 年航空运力受限，需求增长放缓，与 2019 年相比，2020 年航空货运量下跌。根据波音公司提供的数据，航空货运量下跌 10.6%，超过了全球总体商品交易下跌 6% 的速度，但航空运价却居高不下。

（一）运力下降

受新冠肺炎疫情影响，客机航班大量取消，而客机腹舱承担了航空货运近一半的货运量，因此航空货运运力大幅下降。根据波音公司提供的数据，2020 年与 2019 年相比，宽体客机腹舱载货的可用运力下降了 60%，全货机的可用运力增加了 13%，但航空货运总体运力仍净减少 23%。

（二）运费高涨

2020 年 4—5 月，德鲁里（Drewry）东西岸平均航空货运运费飙升至过去几年平均水平的两倍以上。2020 年 5 月，从上海到北美的平均即期运费高达 12.78 美元/公斤。

在运力下降、运费高涨的情况下，托运人采取积极措施应对。苹果公司 2020 年包租了 200 多架私人飞机来运送设备，创下单年记录，还首次选择海运方式运输了一批 AirPods 无线耳机，并大大增加了其老款 iPhone 手机的海运货运量。

2020 年 9 月，为应对航空运力下降但需求不断增长的局面，全球近 200 家航空公司将 2500 架客运飞机（约为全球客机总量的 10%）改为货机运营。但飞机客改货要面临很多问题，如设备的改造、航线、班次、机场运营等，特别是特种货物运输还有特殊要求。而客改货后，还要重新定义商业模式，是继续以客运为主、控制货运批发渠道，还是与货运代理企业竞争直接客户，这些问题值得深思。

六、仓储

2020 年，尽管仓储业受新冠肺炎疫情影响严重，但仍然保持了强劲增长。2020 年第四季度仓库出租量比 2019 年同期高 26.9%。

相对于 2019 年创纪录的基本面，很多行业基础指标都出现了更高增长，净吸纳量增长了 11%，达到 2.68 亿平方英尺[①]；开价租金增长速度超过前一年，达到 6.76 美元/平方英尺；空置率比前一年略有提高，但仍处于历史低位。

电子商务的快速发展刺激了对仓储空间的持续高需求。提供商，特别是城市“最后一英里”配送设施的提供商，要紧抓需求提供服务。

随着电子商务切入传统零售业，用于“最后一英里”快速配送的城市订单履约中心尤为重要。电商履约中心属于仓库的特殊类别，理想的条件是仓库净空高、有多层货架、面积较大、地理位置较好。在过去五年中，美国开发一个单层仓库的平均地价已经翻倍，达到每平方英尺 30 美元。因此，在人口密度大、电子商务应用广泛、条件紧张的地区开发多层仓库是一种新的趋势，缺点是多层仓库不能有效地容纳美国物流业常用的 53 英尺卡车。尽管如此，在纽约、西雅图和旧金山至少有 5 个多层仓库正在建设或筹建中。

2020 年，仓储建设开发商在新冠肺炎疫情的影响下仍交付了 3.529 亿平方英尺的仓库空间，比 2019 年增加了 5.7%。

2020 年第四季度，只有 57.3% 的在建仓储空间为市场投机性的（相对于按要求定制）。但对投机性仓储空间的市场预租率却非常强劲，保持在 42% 以上。

（一）库存控制

随着电子商务崛起和对供应中断危险的新认识，企业会大幅增加安全库存，这不仅需要更大的仓库面积，还需要更多的管理监督。越来越多的微型订单履约中心（Micro Fulfillment Centers）进入应用，库存产品的流动和补货变得更加复杂，劳动更加密集。

根据联合市场调研（Allied Market Research）的逆向物流市场报告，电子商务消费退货所产生的逆向物流的供应链价值到 2025 年将达到 6040 亿美元，2018—2025 年的年均复合增长率（CAGR）为 4.6%。因为电子商务产品的退货率高达 30%，良好的逆向物流管理对库存控制、空间管理和运营效率至关重要。

（二）劳动力紧缺

仓储劳动力紧缺，仓储企业除了可以提供具有竞争力的薪酬，还可以通过强调工作的安全性和灵活性来吸引工人。

仓库在供应个人防护用品材料、执行强化的保护措施和提供灵活的工作时间方面各不相同。强化培训项目和标准的留人战略（跟踪留人的关键绩效指标、开展稳健的退出调查等）也有助于改进工人的工作条件。

（三）自动化发展

仓储业一直是劳动密集型产业，新冠肺炎疫情暴发后促进了仓储自动化的发展。仓储自

---

① 1 英尺 =0.3048 米。

动化设备和系统的采用，一方面减少了人员之间的接触，利于防疫；另一方面自动引导车辆和自主移动机器人、穿梭系统、拣选系统、物联网、无线射频识别等技术与设备的应用提高了生产率，仓储企业可以灵活安排劳动力。

在众多系统中，机器人拣货系统是目前市场前景最好的，其不仅有助于仓储企业将资本支出转变为运营成本，还可随季节性趋势或难以预测的长期需要进行调节。作为仓库运营的解决方案，机器人拣货系统在仓储企业采用它时遇到的技术障碍较少，与传统的机器人解决方案相比，其几乎不需要基础设施。例如，InVia Robotics 公司的自动拣选系统包括 2 英尺高、2 英尺宽的机器人，能最高达到 8 英尺，并且可以携带重量高达 40 磅的标准手提袋。

七、货运代理

2020 年，货运代理总业务量减少 9%，上半年下跌，在年底时出现强势反弹。例如，德迅公司的营业收入在 2020 年 1—9 月下跌 6%，净利润相应下跌，但第四季度增长强劲，全年总收入仅下降 3.4%、净利润仅下降 1.4%。

2020 年，货运代理业的另一个趋势是综合业务公司发展得更好。例如，规模不大的 Covenant 物流集团的收入仅减少了 5%。与此相反，成功的综合业务公司，如 DHL，尽管业务量下跌 14%，但整个集团收入同比增长 5%，DSV 泛亚班拿的收入增长 23%，达菲收入上涨 3.9%。

2020 年，货运代理企业通过适度的合并和收购活动实现了增长和多元化发展。DSV 与泛亚班拿的并购宣布于 2019 年，完成于 2020 年，该并购使 DSV 泛亚班拿成为全球第四大货运代理企业。但在达菲与基华物流的并购中，则是海运承运人通过并购货运代理企业扩展了客户关系，保证了自己货船的运输量，这样的并购活动将对货运代理企业的发展造成威胁。

对于传统货代企业的发展来讲，最大的挑战来自精通数字技术的现代化公司，如 Flexport 和 Freightos。为此，大部分货代企业开始加速数字化升级，同时，新冠肺炎疫情也加速了货代企业从纸质化到数字化处理流程的转变。技术的发展，如人工智能技术，为更高效、更便利的运营提供了清晰的发展路径。

数字化在提高效率的同时也产生了风险，即网络安全的威胁。过去三年中，业内规模较大的四家海运集装箱公司系统都被攻击过。达菲的系统在 2020 年 9 月被攻击后花了近 6 天的时间才勉强恢复订舱系统。随着货代企业更多地应用新技术提高韧性，技术自身即会成为被攻击的对象。

此外，线上零售巨头（如亚马逊和阿里巴巴）正在扩展通关业务；阿里巴巴的物流公司菜鸟正在推出空运和海运集装箱订舱服务，全球货代企业的竞争越来越激烈。

八、第三方物流

2020 年，新冠肺炎疫情暴发，打破了第三方物流原本的高效网络，增加了成本。直到第四季度，第三方物流实现了业绩反弹。行业领先的第三方物流企业实现了收入增长。与往年相比，J. B. Hunt 综合运力解决方案的收入增加了 23%，Expeditors 增加了 23.7%，UPS 供应链解决方案增加了 13.5%。尽管部分企业收入增长，但实现盈利十分艰难。例如，XPO 物流的营业利润下降了 41.9%，Hub Group 的营业利润下降了 31.3%。

（一）电子商务发展带来的机遇

电子商务的崛起让供应链下游规划变得复杂，并在第三方物流企业收入中占有越来越大的比例。2017—2020 年美国电子商务在第三方物流企业收入中的占比如图 4 所示。

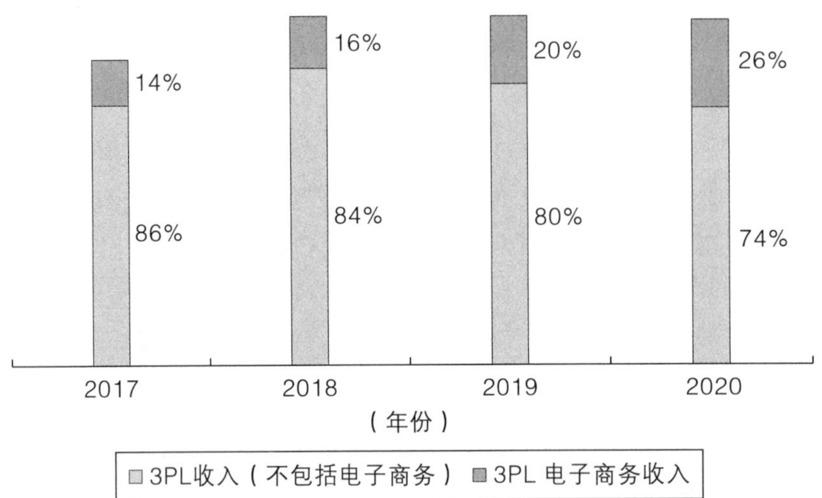

图 4 2017—2020 年美国电子商务在第三方物流企业收入中的占比

资料来源：Armstrong & Associates；科尔尼分析。

电子商务的利润率低，期待值却较高，提高服务水准、降低运营成本需要托运人和第三方物流企业之间更多的配合。第三方物流企业具有规模服务能力、数据洞察力和优化能力，以及广泛的客户基础，可以为货主提供一整套网络再造能力，并且能提供综合解决方案，建立高效的电商配送模式。

第三方物流企业需要与托运人、其他承运人、承包商达成协作的配送模式，在内部进行创新或在技术、机器人、配送中心、“最后一英里”和退货管理等方面创建合作网络，才能更好地解决托运人遇到的关于货物基础设施、加快交货时间、提供加急配送等问题，提高托运人的市场地位。

（二）先进的数据平台

第三方物流企业为了确保车队规模和效率能满足托运方不断增长的需求，需要参与并使用货运平台，一方面可以寻找、竞价、洽商订单，另一方面平台还可以为司机定位回程路线，提高运输效率。

例如，XPO 物流最近推出了 XPO Connect 来提高其承运人合作伙伴的可视性和易用性。同样的，J. B. Hunt 利用自主研发的平台来寻找运力改进服务。CH Robinson 的物联网新方案利用了英特尔的传感器和微软 Azure 软件来提高托运人的货物跟踪能力，除了可以提供产品即时定位，托运人能够实时查询温度、光线、湿度和冲击等要素指标，这些指标对高价值、易腐或危险产品来说非常重要。

（三）自动化仓储需求增加

电子商务的发展加大了对第三方物流企业的仓储需求，而仓储自动化更有助于提高整个供应链的可视性，还可以进行库存控制和库存速率分析。

例如，NFI Industries，一家设在新泽西州的第三方物流企业，使用自主移动机器人在 38 万平方英尺的电子商务配送中心工作，将拣选数量从每小时 35 件增加到 80 件以上。此外，在仓库投资方面，XPO 物流于 2020 年宣布计划将其仓库内机器人总量翻一倍。

九、管道运输

随着绿色能源运动发展势头强劲，管道运输业市场遭遇骤降。管道运输石油的利润要大于天然气，但新冠肺炎疫情导致石油产量下降、需求降低。管道运输基础设施继续老化，资本来源有限，石油使用减少，产业投资商和运营商需要评估成本和确定运营效率。随着现有资产越来越陈旧，检修成本增加，最近几年，管道运输业市场发展情况已经从扩展转向维持。

（一）石油产量下降，运输需求降低

2020 年之前，美国的石油消耗大约为 2000 万桶当量/天（mmboe/d）。2020 年 4 月降至 1400 万桶当量/天，在 5—6 月继续下跌了 200 万桶当量/天。石油的管道运输需求大幅下跌。

（二）天然气运输需求和运费稳定

尽管天然气长期价格下跌，但许多地区使用天然气为家庭供暖和为电厂提供燃料，天然气管道运输需求稳定。2020 年天然气的消费量和价格曲线基本上没有受到新冠肺炎疫情的影响，与 2019 年相似。

近几年，美国政府加强对甲烷排放的监管，对甲烷的监管直接影响天然气燃烧量。特别是在二叠纪盆地，天然气的产量已经超过管道运输的运输量，天然气生产商将多余的天然气燃烧掉。今后，二叠纪盆地的天然气产量可能会随着石油产量的下降而上升。由于管道运输中天然气运输取代石油运输，天然气管道运费将会保持稳定。

十、可视性和自动化

新冠肺炎疫情除加速了电子商务发展的同时，也加速了物流技术的发展。

想要真正实现自动化，一方面，需要建立功能强大、数据完善的信息控制塔；另一方面，在具备相应的自动化设备外，还需要技术系统实现高效的连接管理。例如，Fetch Robotics 提供的 Pallet Transport1500 自主移动机器人就完全集成了霍尼韦尔仓库执行系统。自动化设备与系统不再孤立地存在，而是在控制塔数据的安排下完全自主、智能地协调工作。

控制塔是基于云的技术解决方案，解决了各种平台间数据相互连接的问题。基于云的解决方案使用带有轻量级协议的微服务架构，使集成各种数据变得更容易。控制塔将企业资源规划系统、订单管理系统、运输管理系统、仓库管理系统以及货物审计和支付系统连接在一起。

2020 年新冠肺炎疫情暴发、自然灾害频发，对全球供应链的稳定提出了巨大的考验，控制塔将所有的数据信息、技术系统进行连接，增加了供应链的透明度和灵活性。第三方物流企业充分利用控制塔在托运人客户和承运人群中创造协同效应，降低成本，增强其核心价值。

因为控制塔连接了许多数据源，为人工智能和机器学习提供了一个完美的平台。人工智能和机器学习将把控制塔提升到一个全新的效率水平，并降低供应链中的人工成本。与此同时，由于很多企业重视连接供应链端到端的内部控制塔，在组织内部和多个合作伙伴间建立起端到端互联的供应链。

十一、右岸外包

受国际政治的影响，近些年美国的制造业经营活动部分由原来的中国转向了墨西哥等成本更低、距离更近的国家，还有一部分企业为了寻求更短的交货时间、更便利的沟通、更低的关税等，将其制造业经营活动转回国内。

2020 年，受新冠肺炎疫情和极端天气事件影响，为避免过度依赖某个特定的供应商或地理区域，制造业回流和近岸外包这两种经营活动模式整合，变成了更加复杂的决策路径，被称为“右岸外包”。

大部分美国企业将物流网络重新定位到北美，但右岸外包意味着物流将变得更加复杂。一些企业的确想要提高北美地区物流业务量，而另一些企业则是需要越南或印度始发的航线，无形中保留了中国业务。因此物流供应商必须以客户为中心，提出跨模式和跨节点的替代解决方案。

十二、绿色可持续发展

全球气候危机在许多基础经济后果中日益明显。飓风、山火、夏季高温会对人类造成伤害。极端天气事件会造成物流延误和工厂关闭，影响物流和运输。

2019 年美国运输领域的温室气体排放量占总量的 29%。因此，即使是在货物和人员运输方面进行渐进式效率改进也可能会造成巨大的碳影响。面对此种情况，绿色可持续性发展需要可持续经营、可持续服务、可持续提供三大支柱的支撑。

托运人、承运人、投资人和客户的行事方式都表明了其对绿色可持续发展的重视。

UPS 在今后三年，将部署 6000 辆天然气动力卡车，目标是到 2025 年减少 12% 的温室气体排放量；联邦快递将 20 亿美元投资车辆电气化、可持续能源和碳封存；DHL 投入 82 亿美元研究可持续航油、电动汽车（到 2030 年达到 8 万辆，占其车队总量 60%），以及建设碳中和大楼；亚马逊订购了 10 万辆电动配送车辆，称到 2025 年将使用 100% 可再生能源为经营活动供电；到 2030 年，摩根大通（JP Morgan Chase）将融资 2.5 万亿美元用于构建可持续解决方案，其中花旗银行 1 万亿美元，摩根士丹利 2500 亿美元，高盛已经投资 930 美元；继 Larry Fink 在给股东的信中做出承诺后，黑石已经将可持续发展作为其投资标准，即除非已经将可持续发展列入议事日程，否则不会提供资金。

（一）物流业可持续性发展的含义

物流业可持续性发展是物流成本节约举措，也是气候节约举措。缩短运输路线会减少燃料消耗，并因此减少碳影响；优化仓库或卡车空间会减少供暖或空调需求，并可能减少所需的出行次数；减少过时存货、精简包装或回收托盘具有减少碳足迹的可持续性作用。即使是循序渐进，也有助于企业提高其可持续性发展能力。

物流从业人员对过去的效率举措一直不满意，部分原因是没有衡量的标准。科尔尼分析构建了一个可持续性计算器来量化过去和现在的成果，并显示未来项目的价值。例如，该计算器能显示缩短运输路线和减少发运里程对碳排放的影响。

美国环保署 SmartWay 项目，是一个受到运输业协会、环境保护组织、国家和地方政府、国际机构和大企业支持的合作志愿计划。

其针对整个供应链燃料使用和排放的跟踪、记录和信息共享系统，有助于企业确定和选择更高效的货物承运人、运输模式、设备和经营战略。因减少碳足迹300多万吨，Werner在2019年获得SmartWay杰出奖。

（二）分行业可持续性发展的措施

可持续性发展就像营利能力，不同的策略在不同的环境中发挥作用。

（1）航空货运业。航空货运业的碳足迹水平很高，但全电动或氢动力宽体飞机还有很长的路要走。在此期间，航空燃料可选用合成煤油。虽价格昂贵，但一些承运人愿意支付该费用。2020年11月，德国汉莎货运和DB Schenker在第一次碳中和货运航班中使用了绿色航空燃料。

目前已有电液转换技术，航空货运企业可以将可再生电力转换为合成煤油使用。

（2）铁路运输业。铁路运输货物比卡车效率更高。美国铁路协会的报告指出，如果有10%的大宗货物由卡车运送改为铁路运输，温室气体排放每年会减少1700万吨。

（3）卡车运输业。电动汽车改变了卡车运输业，具有巨大的潜在碳效益。潘世奇（Penske）已经在加利福尼亚州市场部署了30辆电动卡车。卡车运输的可持续创新还包括应用碳排放更低的绿色燃料、绿色模式和新款拖车头。

（4）仓库。仓库持有者将利用更多的可再生能源，通过可持续功能来提供节水、回收再利用、电动卡车充电。通过使用LED照明、改进隔温隔热效果、改善冷热风循环以及实施能源管理系统，更好地利用能源。

在靠近港口或客户所在地建设新仓库，可以节省能源和减少碳排放。在设计阶段，正确决定该地方仓库的规模，用计算机建模来模拟人员和物料的流动，可以确保效率，实现可持续性发展。

纵观可持续性发展的三大支柱，第三方物流具有特殊的杠杆作用。其将供应商、托运人、承运人和终端客户连接在一起，各合作方均可获得整个供应链的可持续性数据。随着各方数据的有效连接，就可以构建起具有可持续性目标的企业网络。第三方物流在提供规模服务时，其效率的提高会惠及广泛的客户群，给每一方带来的收益都远超各方单独实现的。

新冠肺炎疫情期间，传统的经营方式面临着托运人和承运人的资产利用率降低、风险增大、供应链断链重塑等一系列问题，物流公司有能力迅速应变并调整方向应对各种危机，针对预料之外的各种困难，制定了相应的具有创造性的解决方案，为2020年美国物流业发展、经济发展作出贡献。

新时代下，绿色可持续性发展不仅仅是物流业，而是全球各行各业所必须共同面临并解决的问题。

（李建华、高珉译，王国文校）

日本绿色物流发展

日本在19世纪50年代工业经济飞速发展阶段，由于缺少相应的环境保护政策措施，生态环境被破坏，致使各地发生了多起危害健康的事件。日本政府和企业为此付出了极其昂贵的治理、治疗费用和惨痛的代价。随着经济增长及产业结构的变化，市场对日本高附加值产品的需求不断扩大。这使得产品从原材料采购、生产、销售到回收的全生命周期中，资源消耗量及环境污染都在不断加大。在这一产业结构变化的背景下，产品采购模式、生产模式、物流模式等发生了巨大变化。特别是大量的运输需求由铁路运输转向了公路运输，日本卡车运输的服务范围逐步扩大，服务内容也日趋多样化，对于卡车运输及敏捷配送的要求也就越来越高。日本卡车运输比率的增加，尤其是大都市圈的汽车交通量迅速上升，导致了诸多的城市问题。其中，包括城市交通负担日益加重、城市生态环境不断恶化、公路拥堵、出行困难、能源消耗增加等问题。特别是由于公路货物运输量的增加，卡车所排放出的二氧化碳（CO_2）、氮氧化物（NO_X）、颗粒物质（PM）等有害物质造成大气污染，公路沿线的噪声污染，加重了日本社会的环境问题。

日本自1956年从美国全面引进现代物流管理理念后，大力进行物流现代化建设，将物流运输业改革作为国民经济中最为重要的核心课题予以研究和发展。除了在预防交通事故、抑制公路沿线的噪声污染等问题方面加大政府部门的监管和控制作用外，还特别规定了一些绿色物流的具体目标，包括控制货物的托盘使用率、货物在停留场所的滞留时间等。此外，随着日本现代物流技术的发展，冷冻车、冷藏车及冷冻集装箱技术的普及，大量使用后报废的冷却装置分解，又导致冷却介质释放到空气中，进一步造成了对环境的破坏。总之，随着卡车运输比率的增加，从卡车排出的废气对日本环境所产生的负面影响不断升级。目前，日本物流产业，特别是货物运输业，主要问题就是如何控制伴随物流活动所产生的CO_2、NO_X、PM排放量。

另外，日本于2016年11月8日签订了《巴黎协定》，这使其向联合国提出的温室气体减排目标“到2030年比2013年减排26%”有了法律意义。日本政府有了为达成减排目标而在国内采取措施的义务。为了实现这一目标，日本供应链需要最大限度应用创新减排技术，在各个环节最大限度减少资源消耗及污染物排放，进而实现2050年之前减少80%的温室气体排放的长期战略目标，为全世界的减排作贡献。

日本绿色物流管理是在整个物流活动中，综合考虑环境影响和资源效率的现代管理模式。日本传统物流的目标是在满足消费者需求的同时，扩大市场占有率并最终实现某一核心企业的经济利益。而日本绿色物流管理的目标则是在物流整体资源效率最大化的同时，使物流整体对环境的影响最小。按照此最终目标，企业需从促进经济可持续发展这个基本原则出发，在创造商品的空间和时间价值以满足消费者需求的同时，关注环境保护，保障生态平衡并充分利用自然资源，为人类未来发展预留空间。

根据日本可持续发展的环境战略要求，从原材料采购到产品生产、包装、运输、仓储、分销、使用的整个阶段，要对自然环境的污染物排放量最少，对城市交通环境的影响最小，实现产品的获取和使用过程的环境友好，做到整个物流系统绿色化。

一、日本绿色物流范围及行为主体

首先，日本进行原材料创新，努力开发并运用天然材料，或是对传统材料进行生态化改造，从产品生命周期的源头开始进行控制；原材料创新后，处理环节和制造环节也相应发生某些变化，原有的加工工艺往往也需要改进。因此，需要进行处理与制造技术的创新，开发以零排放为目标的污染预防技术，或开发以减少污染物排放为目的的末端治理技术。

其次，日本积极推进绿色产品的发展，绿色消费也正成为一种趋势。绿色产品是在其生命周期全过程中符合特定的环境保护要求，对生态环境无害或危害性极小、资源利用率高、能源消耗率低的产品，具有三个重要特征。一是环保性，在产品生产到使用乃至废弃及回收处理的各个环节均对生态环境无害或危害性极小。二是节能性，绿色产品在其生命周期全过程能有效地利用能源。三是有效利用资源，绿色产品开发注重尽量减少材料使用的种类与数量，特别是稀有贵重材料以及有毒有害材料。

最后，日本减少产品从原材料采购、生产、设计、销售到回收再制造等整个生命周期的每个阶段对环境的影响。日本绿色物流具体策略包括：对供应商的环境绩效评估及管理、引入环境方面的财务审核、利用第三方物流实施包装与运输的绿色化管理、面向环境的企业物流再设计。

因此，日本绿色物流的行为主体包括消费者、企业、政府及行业协会。其中，生产企业需要与其他企业协同，以节约资源和保护环境为目标，制订绿色物流管理的战略规划，使企业和供应链获得可持续的竞争优势。

日本政府管理部门激励和促进企业推行绿色物流管理。绿色物流通常跨区域、跨行业，因此需要政府制定相关法律法规进行约束，同时给予相关的政策支持与鼓励。

日本的行业协会对于推动行业发展、促进政府与企业沟通、推动生产资料流通领域的改革与发展具有积极的作用。此外，行业协会还会完成政府委托交办事项，主要包括政府委派的行业统计和标准制修订等工作。

消费者成为被环境污染侵害的最终方，消费者的环保意识在一定程度上能够监督和促进企业实施绿色物流管理。

二、日本绿色物流的四方联动体系

（一）政府层面

1. 积极发挥政府的主导作用

日本在绿色物流的发展过程中，政府部门始终起着引导、协调的作用。为了发展物流产业，通过不断制定相关的法律，形成了多层面的物流立法模式，加大了政府部门的监管和控制作用。日本绿色物流相关政策法规及规划颁布情况如下表所示。

日本绿色物流相关政策法规及规划颁布情况

法律类型	时间	法律法规等文件	基本内容
基础法律	1993 年	《环境基础法》	以地球环境保全为基本理念，将全球气候变暖对策纳入环境法体系。但仅停留于依托有关部门的原有政策的层面
	1994 年	《环境基本计划》	与《环境基础法》共同构成循环型物流体系的基础
	1997 年	《京都议定书》	为抑制 CO_2 等气体引发的温室效应做出相关规定
	1998 年	《全球气候变暖对策推进法》	全球首部应对气候变化的法律，后被纳入《环境基础法》中
	2010 年	《全球气候变暖对策基本法》	对所有化石燃料（如煤炭、汽油、柴油、航空燃料、天然气等）征税。实现 CO_2 减排及降低能源消耗量
废弃物处理相关法律	2000 年	《废物管理和公共清洁法》	涉及废弃物处理、设施设置限制，以及企业的规章等相关内容
		《容器和包装再循环法》	制定容器包装的制造、收集以及再利用等规则
		《家电再循环法》	零售商对收购的废旧家电进行再商品化
		《建筑工程材料再资源化法》	对建筑物进行分类解体、再资源化处理
		《食品再生利用循环法》	食品生产、加工以及销售企业对餐厨垃圾的再资源化

续 表

法律类型	时间	法律法规等文件	基本内容
促进资源有效利用法律	1974 年	《有关合理使用能源的法律》（即《节能法》）	强制要求汽车制造企业达到政府规定的燃料效率指标
	1992 年	《汽车 CO_2 限制法》	规定五种企业可用的货车车型，同时在大城市特定区域内设立更为严格的标准，并强制推行只允许排放量低于标准的货车驶入的规制
		《能源保护和促进回收法》	解决绿色包装的问题
	2000 年	《促进资源有效利用法》	在减少副产品的产生、增强再生资源的利用、促进分类回收再资源化等方面作出相关规定
物流专项法律	2001 年	《汽车 NO_X·PM 法》	将交通堵塞和环境恶化严重的城市列入特定地区，为其设定更为严格的 NO_X、PM 规定值
	2005 年	《物流综合效率法》	提高企业综合物流效率，从而降低物流成本和减轻环境负担
物流规划及政策	2016 年	《2016 年度物流相关预算概算要求》	针对物流的“高效化和低碳化”倾注了较大财力，在申请政府预算中属于这一类的共有四大项 12 小项，预算总金额达到了 214.52 亿日元，约合人民币 14 亿元。四大项分别为：最大限度发挥当前运输系统的潜力；通过开展新的合作按部就班，提升物流效率；国际物流的无缝化对接；应对物流领域共同面对的重大课题。除“高效化与低碳化”以外，还有两大部分是“物流设施绿色化”与“构建防灾能力强的物流体系”
		《巴黎协定》	明确了 2030 年比 2013 年温室气体减排 26%的目标

续 表

法律类型	时间	法律法规等文件	基本内容
物流规划及政策	1997 年	《综合物流施策大纲（1997—2001 年）》	每四年发布一次，目前已发布六次，是指导物流高效、绿色发展的文件
	2001 年	《综合物流施策大纲（2001—2005 年）》	
	2005 年	《综合物流施策大纲（2005—2009 年）》	
	2009 年	《综合物流施策大纲（2009—2013 年）》	
	2013 年	《综合物流施策大纲（2013—2017 年）》	
	2017 年	《综合物流施策大纲（2017—2020 年）》	

日本地方政府也注重与中央政府的协同发展，在国家法律法规及政策的引领下，因地制宜地提出符合当地发展的建议，并注重地区之间的联系与合作。日本各地方政府在互相联络的体制下，结合地区自身特色实施政策，形成了有效的中央政府和地方政府协同合作的发展局面。

2. 税收机制

日本在促进绿色物流发展政策中，财税政策是主要的手段之一。根据政策所要达到效果的不同，绿色物流财税政策可分为两大类。一是促进绿色物流发展的财税政策，旨在鼓励市场主体进行能效投资、节能技术研发、新能源投资的财政补贴，包括预算拨款、税收减免以及贷款贴息等。二是抑制高碳排放、消费行为的财税政策，旨在提高能源使用成本，鼓励节能降耗，控制温室气体排放的能源税、碳税、环境税等。

1990 年，日本相继开征了碳税、气候变化税、生态税、环境税或能源税等。征收碳税的目的是借助日本政府解决环境领域的问题，提高能效，降低能耗，并非为了扩大税源，增加财政收入。因此，在使用上，相应的碳税收入一般都具有定向性或专款专用的性质。为了鼓励市场主体节能减排、促进低碳经济的发展，日本政府增加了相应的财政支出，而这些支出往往都来自碳税收入。日本在征收碳税时，按照税收中性原则，即在开征碳税的同时，相应地减少了其他税收收入，从而保证在总体上不增加市场主体的税收负担。

在促进经济低碳化的过程中，既需要对传统产业进行低碳化改造，又需要对新能源进行开发投资，而政府的财力是有限的。所以，要注重低碳财税政策的引导作用与杠杆作用，日本政府除了对节能减排项目进行直接的财政补贴外，还常利用担保基金、循环基金以及风险基金等作为杠杆工具，引导社会资本参与各种能效项目、新能源项目的开发。

为了促进经济的低碳化，从20世纪90年代开始，日本实施了税制的绿色化改革，目的是使税制从整体上不仅有利于经济的发展，也有利于资源、环境的保护。在措施上，一是征收有利于控制气候暖化、保护环境的新税种，如碳税、气候变化税以及生态税等；二是调整原有的税制中不利于环境保护的相关规定。在理念上，从“谁污染、谁付费”转向“谁环保、谁受益”，征收环境税的出发点已不再局限于筹集环境治理资金，而是逐步扩大到促进生产方式、生活方式向低碳化转变。

另外，对于包装方面存在的问题，日本加征材料税、包装税和塑料税等。对于交通运输问题参照燃油税来加征碳税。加征材料税的主要目的是减少自然资源的使用，鼓励再生材料的使用。对塑料袋征收塑料税，从而提高塑料袋的价格，减少塑料袋的使用。

3. 绿色物流与城市布局相互融合

首先，在城市周边建立大型集配中心。这对增加城市宜居程度，减轻城市环境负担而言尤为重要。城市交通的实用性是城市建设的重要主题，实现共同运输是提高城市交通合理性必不可少的手段。日本不少城市为了缓解居民的生活压力，在城市周边常设有大型的集散中心，从而最大限度地提高运输里程利用率，降低车辆空驶率。以东京和平岛卡车货物集散中心为例，其作用包括：将东京都内运往其他地区的货物集零为整，根据方向和地区运到各客户手中；将城市运输、集散、中转、储存、配送等功能结合起来，实现了物流的集约化发展；为到达、过境的货运车辆提供维修加油等服务。货物集散中心的建设也符合“限制大型卡车进入市区”相关要求，缓解了交通压力，改善了城市的功能。

其次，建立固定回收点。日本在城市中以区为单位，建立回收点以保证废弃物回收渠道的通畅。随着日本循环利用相关法律的出台，逆向物流日益引起消费者的重视。日本国民的环保和节约意识较强，通常采用定点回收或直接运送至集中点的方式来回收废弃物，在各个城市广泛设置回收站，将废弃物运送到大型专业化的回收中心进行处理。此外，在日本不同城市、同一座城市的不同地区都会采取不同的模式进行废物回收利用。日本在港口设施建设时，通常考虑与区域资源再生利用设施相配套，设置海上废弃物处理设施，同时推进港口的逆向物流实施。

4. 积极推行物流标准化

为了全面实现物流系统标准化，日本在第一版《综合物流施策大纲》中提出并重新制定了托盘、集装箱等标准化设备的工业标准，以实现与国际标准接轨。1998年以后，日本将堆垛机等物流设备列入政府采购物资，并积极推广多式联运用的标准尺寸托盘（T11型，即1100mm×1100mm）。除此之外，日本还推进该托盘的国际标准化，力求在亚洲范围内普及应用。

日本托盘的循环共用也已实施了多年，标准托盘通过循环共用系统实现循环使用，托盘总量可以减少30%以上。建立标准托盘共用系统，有效地实现节能减排，创造了巨大的绿色社会效益。日本国土交通省和东京海洋大学黑川研究室调查显示，循环共用的托盘按照1500片来计算，每年能减少11万吨二氧化碳的排放量。

为了有效利用运输，实现装卸搬运分离，

日本通过发展甩挂运输，有效利用甩挂车和滚装船，制定了集装箱底盘车整备相关规定。为了更好地推进标准化设备利用，日本于2020年建成了一个物流开放平台，为人们提供基于日本NACCS（自动化货物和港口综合系统）的信息新型服务，循环使用集装箱。这将使海上集装箱运输的效率提高，进而缓解港湾地区的交通拥堵，减轻环境负荷。以蔬菜水果为例，从田间采摘到对其进行分拣和规范包装，一直以物流周转箱为单元被送至超市货架，蔬菜水果不必再倒箱，大大降低物流损耗，损耗率从原来的30%降低到3%。

5. 构建逆向物流体系

逆向物流在日本也被称为“静脉物流”。日本作为资源匮乏的国家，视废弃物为放错地方的资源，极其重视逆向物流管理。日本有着非常严格的垃圾分类和回收制度，消费者需严格按照分类标准进行垃圾分类，并定时交付专门的回收单位，如有违背，将面临不同程度的罚款。这些废弃物经过专门处理中心回收处理后再循环利用。

（1）废旧家电逆向物流。

2000年，日本推出《家电再循环法》，要求日本家电制造商承担对废旧家电的回收利用处理，进行再生商品化，并且明确要求电视机回收率在55%以上，洗衣机和电冰箱必须在50%以上，空调要超过60%。经销商需对废旧家电进行收集并运送至回收处理中心。消费者在处理废旧家电时，要支付一定的费用，用于这些物品的运送及处理。如果消费者没有交纳回收利用费而随意丢弃废旧家电，属于违法行为。日本废旧家电逆向物流网络体系如下图所示。

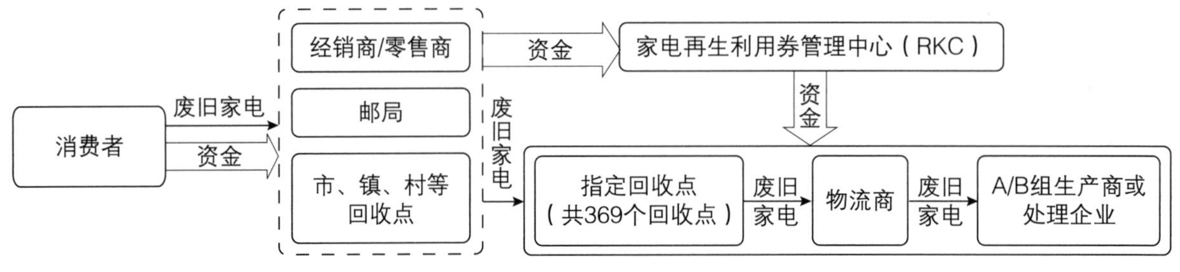

日本废旧家电逆向物流网络体系

（2）废旧汽车的逆向物流。

日本于20世纪70年代开始建立循环型经济系统，日本对汽车的回收再利用思想贯穿于设计、制造和生产的整个流程，具体体现在以下三个环节。第一个环节是研发和生产阶段的回收再利用。第二个环节是报废汽车的回收再利用。目前，日本每年有500万辆的报废汽车。日本汽车相关行业根据“回收再利用倡议”这一自主行动计划，分别制定了2002—2015年的分阶段回收再利用率目标，并按照目标认真开展工作，努力减少最终填埋量。第三个环节是生产工厂的回收再利用。生产工厂对各道工序产生的边角料、废旧原材料和包装材料等废弃物均进行回收再利用。同时，为促进废弃物的回收再利用，严格管理环境负荷物质，各工厂都开展环境管理体系ISO 14001的认证工作。

日本对报废汽车回收再利用的管理分别通

过政府和民间机构两个途径进行。日本中央政府指导和管理报废汽车回收的机构主要是经济产业省、环境省和国土交通省。经济产业省、环境省负责研究、制定、指导报废汽车回收处理的政策法规和该行业（主要是拆解及粉碎企业）的准入要求，国土交通省及其下属各地方陆运支局实施对车辆和道路交通管理。另外，由各地方政府负责报废汽车回收处理行业的登记和准入审批。汽车回收再利用促进中心和汽车再资源化协力机构管理资金、信息，并协助处理氟利昂和安全气囊等。汽车回收再利用促进中心的主要工作内容是促进汽车回收再利用以及资源处理的调查和研究、普及和推广、信息提供、系统运行和管理、交流合作，以及基于《汽车回收利用法》开展资金、信息等管理工作。该中心的赞助者为日本汽车工业协会、日本汽车零部件工业协会等 9 家会员单位。汽车再资源化协力机构由 12 家日本汽车生产商以及日本汽车进口协会组成。该机构的主要职责有三个方面。一是为实现氟利昂、安全气囊的回收和再资源化（分解），建立物流和回收再利用（分解）体制。二是向氟利昂回收单位和汽车拆解厂支付回收费。三是向氟利昂分解工厂、安全气囊再资源化工厂支付处理费，并进行业务监督和审计。

汽车回收再利用促进中心受国家委托征收回收再利用，并对其进行严格的管理和运用。消费者须缴纳回收再利用费，具体包括汽车粉碎残渣（ASR）、安全气囊、氟利昂的回收处理费、资金管理费和信息管理费。新车车主在购买汽车时也要缴纳以上费用，在用车车主可通过邮局、银行、便利店等代理机构每年缴纳这些费用。缴费后车主会获得盖章证明，作为车辆年检的依据之一。在汽车进入解体回收程序后，汽车生产商或进口商向汽车回收再利用促进中心提出申请，提取车主预付的回收再利用费。氟利昂回收、汽车解体、ASR 处理等完成后，向汽车回收再利用促进中心报告相关情况，凭该中心的已处理证明，从汽车生产商或进口商处索取处理费用。通过统一管理的方式，使处理费用能及时到位，同时也使汽车处理各行业成本分担更透明、合理，有利于行业的规范化。

《汽车回收利用法》对 ASR、氟利昂和安全气囊等规定了不同的回收要求，并启用了“报废汽车管理单”制度来加大信息管理力度。首先，在汽车户籍管理上，采取了全国联网方式。通过信息网络设施，从遍布日本各地的陆运支局，将有关汽车登记的所有信息，统一汇总到国土交通省汽车交通局技术安全部管理课备案。这样可以实时监控日本汽车的流通，掌握每台车的登记及处理情况。其次，通过汽车回收再利用促进中心统一管理汽车报废回收的有关信息。从接收报废汽车到最终完成再利用处理，每个环节的从业企业，在接收报废汽车或其零部件和完成再利用处理时都要向该中心报告，使其能实时掌握每辆报废汽车的回收处理进程，做到有案可查。目前，日本共设立了 25 家指定的接收站、5 家再资源化处理工厂，还有 24000 家回收网点与 9 家氟利昂分解工厂。

（3）塑料等高损耗资源的再利用。

通过提倡共同回收、共同处理，同时增强 3R 的处理范围，减少废物数量（Reduce）、废物再利用（Reuse）、废物循环（Recycle），建立资源高效利用和循环使用的体系。日本玻璃瓶回收率超过 90%、塑料回收率超过 80%、废纸回收率超过 80%，居世界领先地位。

1950 年以后，全球生产的塑料类产品超过 83 亿吨。其中，63 亿吨作为垃圾被废弃，每年有 800 万吨塑料垃圾流入海洋。2050 年，海洋中塑料垃圾的重量将超过鱼的重量。为了构筑塑料资源循环体制，进一步推进塑料 3R 不可或缺。2019 年 6 月 20 日，日本政府制定了塑料资源循环战略。关于减少废物数量，到 2030 年，一周的塑料累计丢弃量不超过现阶段水平的 25%。关于废弃物再利用，到 2025 年，塑料的设计要可再利用；到 2030 年，40% 的塑料容器包装实现回收再利用；到 2035 年，通过 100% 回收，有效利用已使用的塑料。关于废物循环，到 2030 年，塑料再生利用率倍增，并且使用 200 万吨可降解塑料。①

（二）协会层面

1. 成立绿色物流伙伴关系协会

2005 年 4 月，日本成立了绿色物流伙伴关系协会，旨在通过引进相关设备，进行调查和研究，制定方针，力图采用转换运输形式等各种提高运输效率的方法，支持货主和物流企业间开展各项合作，并为协会成员提供优惠政策。其中，协会向国土交通省申请相关项目，得到批准后，成员将获得 30% 的补助，也需承担相应的社会责任。

2. 发挥其他协会的重要作用

其他的协会在绿色物流的发展中也发挥了极其重要的作用。日本全国农业协会（以下简称“日本农协”）负责日本农产品的销售和供应。全国各地的农产品批发市场由日本农协牵头建立，为组织成员提供物流服务，负责农产品的分级销售、冷藏等工作，并最终销售给消费者。日本农协为农产品物流的标准化起到重要的作用，如托盘、包装、集装箱等载体的标准化，运输设备、库房等设施设备的标准化，进而提高农产品流通效率，降低农产品损耗，提升了农产品绿色物流的发展水平。

为配合日益提高的政府及社会的环保要求，日本百货业协会成立了一个专门委员会，研究新包装方法，并制定了两套百货业包装方案。第一套为包装标准，规定为保证产品不致变坏、破碎或破裂，包装必须具有防水、防潮、防干燥和防震等功能；包装原料及容器必须不危害人体安全。此外，应尽量少用弃置后难以处理的包装原材料；尽量缩小包装容器的体积，容器内的空间不应超过产品体积的 20%；包装成本不应超过产品售价的 15%；包装应正确显示产品的价值，以免误导消费者。第二套包括各种新颖的包装及包裹方法。主张采用最简单的包裹，甚至完全不加以包裹，即使在产品运输时，也应采用最简单的包裹方法。日本百货公司一般采用双重包裹方法，即先用花纸包裹，然后再以白纸包裹，方便送礼者写上姓名。为避免浪费，建议以贺卡取代白纸，或者只将物品包裹一次；尽量不用弃置后难以处理的包裹原料。为了促进包装垃圾的回收利用，日本还设立了容器包装物回收利用协会，指导消费者积极配合包装垃圾的回收利用，同时还接受企业的委托，协助它们回收利用容器包装垃圾等。

（三）企业层面

日本企业在发展过程中十分注重自身品牌形象，且企业在法规强制要求下，逐渐转换运输模式，把低公害、高效率、共同配送作为企业发展方向。运作过程中选择对环境负荷小的运输工具，货主和物流企业自觉减少 CO_2 的排放量，并以简单易懂的方式介绍物流信息，从而获得了国民和消费者对各项工作的理解与合作。降低企业物流活动中 CO_2 的排放量不仅要依靠个别从业者的自觉行动，更要依靠集体的

① 节选自《环境·循环型社会·生物多样性白皮书》。

智慧，促进货主企业、物流从业者、经济团体、政府部门间的相互合作。

1. 提高燃料利用率

2002年，日本CO_2排放量已经低于《京都议定书》规定的目标基准年（1990年）排放量的水平。为了进一步减少物流领域的能源使用量，日本采取了两点措施。首先，为了提高运输工具的单位燃料能量利用率，以提高卡车运输效率为出发点，推进车辆的大型化、信息化，并降低车辆空载率。通过实现卡车运输的大型化，即把家用卡车换成效率较高的企业用卡车，提高了每台卡车的燃料效率及性能。其次，通过引进环保驾驶管理系统（EMS）等措施，扭转了卡车CO_2排放量持续上升的趋势，于1996年后开始出现下降。

2. 实行共同配送

企业店铺为了减少每日的到货次数，逐渐探索出了共同配送型零售业物流模式。在零售商和店铺之间设置物流中心，将店铺商品集中后再进行配送，使配送车辆大大减少，既有效降低了企业CO_2排放量，也降低了企业物流成本。其中，7－11便利店的店均库存量单位达3500件，通过在中心城市区域覆盖35平方公里，在其他区域以市场为中心方圆60公里的地方，设置7－11共同配送中心，一端跨过批发商直接连接供应商，另一端连接各店铺，实现了高频度、多品种、小单位的配送。通过构建7－11共同配送中心，7－11便利店每日所需运输车辆数由以前的70辆降至12辆，减少了大量运输成本及能源的损耗。

3. 龙头企业牵头积极推广多式联运

随着经济的发展和《京都议定书》的生效，日本对环保要求更加严格，尤其加强了对货运卡车尾气排放的管制。通过区域间的货物运输，公路、铁路以及水路等运输方式之间整合，契合各种运输方式特性的合理分工，推进了多式联运体系的建立。通过多式联运，在环境方面控制能源消费量的增加，同时削减环境的负荷。其中，JR公司是日本最大的铁路货运公司，为了实施铁路和公路的联合运输，持续推进铁路货物中转站的公路建设，集装箱中转站、货物箱中转站等多式联运基础设施建设，增加集装箱等多式联运的机器设备，力求保障工程建设的低成本和经济性，实现经营与环境之间的平衡。JR公司研究集装箱专用货车，使装载大型集装箱、运行高速化和海陆联运成为可能。日本夏普公司积极采取措施，逐步用铁路运输方式取代公路运输方式。

4. 积极推行绿色包装

近年来，日本相继推出一系列法律法规，在减少包装材料使用量、增加资源再利用率等方面提出相关要求。例如，当商店向消费者出售的商品包装对环境有污染时，商店会向消费者收取押金。待消费者返还包装后，商家再将押金退回。日本百货业协会成立了专门委员会进行绿色包装的研究，并与供应商、包装制造商签订协议进行合作。该委员会还制定了两个百货行业商品包装标准，从包装减量等方面推进了日本绿色物流的发展。

日本企业积极探索对包装材料的使用量以及容积效用进行精细化管理，追求在不改变成本和缓冲性能的前提下使用绿色包装。其中，汽车行业在用于更换部件的周转箱上安装电子标签，把握部件的位置信息，提高回收的准确性。日本90%的牛奶都是采用利乐包装出售，这种容易压扁的包装不但生产成本较低，而且能够减少占用空间，方便送往再循环加工，并减少运输成本。日本常见的饮料——养乐多也使用一种底部可撕开的杯形容器。在撕开底部后，能够轻易地把容器压扁，便于送去再循环加工。

此外，日本东京每年都举行包装设计比赛，促进新型绿色包装技术的发展。目前，日本的包装垃圾的比例并不比其他发达国家多，而且还略低于这些国家。其中，按重量计算，英、美等国家的家庭垃圾中，约 33% 是包装垃圾。而日本《环境白皮书》提供的数据则表明，日本的家庭垃圾中，包装垃圾只占 22%。

5. 探索研发新技术

由于《蒙特利尔议定书》规定，2020 年全面废止冷藏、冷冻仓库等所使用的制冷剂 HCFC 的生产与进口。因此，日本近些年来提倡企业在仓库等物流设施中使用天然制冷剂，并促进节能性能良好的冷冻、冷藏、空调设备的引进，以削减 CO_2 排放量，加快含氟制冷剂的淘汰进程。

目前，日本拥有世界领先的配货系统、智能运输系统、仓储系统及分拣设备系统，可自动计算高效的交付路线规划、满载率高的调度计划。物流机械设备已凸显出无人化、自动化和智能化趋势。双臂机器人和自动导引车实现无人拣选，移动机器人可自行完成收货、分拣、搬运、出入库等作业，节约 58% 的人力成本，提升 84% 的工作效率，最终降低资源的消耗。

另外，积极开发并应用各种环保车辆，包括新开发的车型，一些企业重新定义了绿色节能车辆，停止引进甲醇车和电动汽车，转向重视引进低公害化的大型车，以混合动力车和新规制的适用车等为中心进行运输。

（四）消费者层面

在日本政府的宣传引导下，消费者积极参与改善环境的行动，朝着低环境负荷的生活方式转变。其中，在消费过后，消费者主动将垃圾进行分类，对包装物进行回收或处理；多使用可重复使用的外卖包装。20 世纪 90 年代，为了鼓励消费者进行生活方式的转变，日本政府把绿色化生活观念纳入动画片、宣传片、广告片中，以贴近生活的方式使人们认识到保护环境的重要性。消费者绿色消费观念逐渐在政府的引领下形成，并自觉地维护法律法规体系。同时，消费者更加关注企业在环境保护方面所采取的行动，在购买商品和服务以及进行股票投资时，支持对改善环境作出贡献的企业，这从侧面鼓励了日本的企业进行绿色化转变，推进了日本一体化绿色物流体系的建设，进而推动整个社会向“绿色社会”发展。

（北京物资学院物流学院院长、教授　姜旭）